はしがき

昨今の土地の上昇により、土地に関する税金について興味を持つ人が非常に増えました。

しかし、日本の税法は非常に難解で、専門家でも全部を理解するのは困難です。ましてや、専門家以外の一般の方にとっては非常に分かりにくいものとなっています。

現に出版されている税金の本の多くは、一般の方が読むと理解できない部分が数多くあります。

我々はこのような状況の中で、一般の方に対して譲渡・相続・贈与の税金について、持ち運びに便利で・実用的で・分かりやすい本を提供したいという気持ちから本書を書きました。

本書の特徴としては、ズバリ次の3点があげられます。

（1） 適用可否チェックリスト（適用要件の確認）の使用により

（2） 専門家から専門家以外の方まで

（3） すばやく的確に税額が算出できる

したがって本書は上記の特徴から分かるように、税理士・公認会計士等の専門家からまったく税法を知らない人まで、使用方法さえ間違わなければ、同じ答えが出る仕組みになっています。

なお、本書は譲渡に関して特例の適用については、使用頻度の高い①居住用3,000万円特別控除の特例、②居住用低率分離課税の特例、③居住用買換の特例、④事業用買換の特例、⑤交換の特例の5つに限定してあります。

最後に、本書の出版に際しまして御尽力頂いた株式会社にじゅういち出版の代表取締役宮沢隆氏に御礼申し上げます。

平成元年5月吉日　税理士　佐藤清次

税理士　奥山雅治

令和3年版の改訂にあたって

（1）　令和3年中に適用される税制に対応し、令和3年度の譲渡・相続・贈与用に改訂しました。

（2）　①【令和2年改訂版】は、コロナの影響により、出版が大幅に遅れ申し訳ありませんでした。

②本年度もコロナの影響下、皆様におかれましては不測の基で、諸事情を判断せざる得ない状況であると推察されます。

③コロナ対策として、この【令和3年改正版不動産税額ハンドブック】は、『令和3年度税制大綱（令和2年12月21日閣議決定）』を基に、各省庁の資料に基づき執筆を致しました。

④現在、『税制改正の法律案』が国会審議中でありますので、本書記載と異なる場合に至った場合には『㈱にじゅういち出版』のホームページで、【変更箇所等】にて随時発表する予定です。

⑤更にHPからメールアドレスをご登録して頂きました購入者様には、改正点の追加・変更等が発表された段階でメールでお知らせいたします。

㈱にじゅういち出版ホームページ URL：https://www.21-pub.co.jp/

皆様の御支援によりおかげさまで平成元年版から毎年版を重ね、今年で33年目となりました。令和4年版の改訂に資するため、皆様の御要望・御意見を心よりお待ちしております。

令和3年3月吉日　税理士　佐藤清次

土地建物にかかわる税金

土地税制の体系

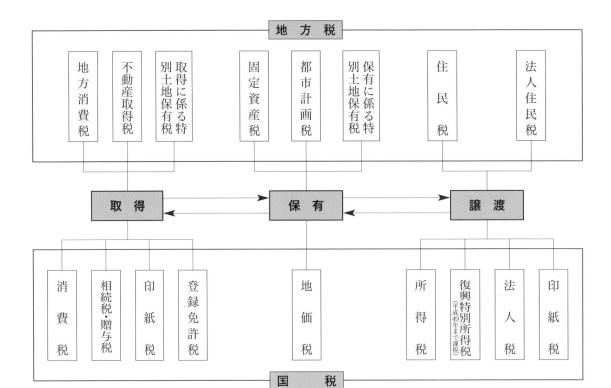

〔1〕取得した場合

税金の種類	内　　　　　容
不動産取得税 （地方税）	土地・建物を売買・交換・増改築・贈与等した場合に課税されます。税額は、原則としてその不動産等の固定資産税の評価額の3％です。居住用土地・建物には軽減の特例があります。（p.202参照）
登録免許税 （国税）	建物の表題登記・所有権の保存登記を申請する時に係ります。税額は登記の移動や原因によって異なります。（p.200参照）
消費税 （国税＋地方税）	課税されるもの　……　建物、仲介手数料、ローン事務手数料など。 課税されないもの　……　土地、ローン保証料、火災保険料など。（p.194参照）
特別土地保有税 （地方税）	1月1日（又は7月1日）前1年間に取得した同一市町村内の土地の合計面積が一定以上の者に係ります。税額は、土地の取得価額×3％－不動産取得税相当額。 平成15年度以降の新たな課税を停止。
印紙税 （国税）	売買契約書、工事請負契約書、住宅ローンの契約書、領収書等を作成した時に、その契約書等の種類や記載金額により決まります。（p.222参照）

〔2〕保有している場合

税金の種類	内　　　容
固定資産税 (地方税)	1月1日現在に土地・建物の所有者として固定資産税課税台帳に登録されている者に課税されます。税額は通常固定資産税の評価額の1.4％。小規模住宅用地、新築住宅で一定の要件を満たす場合等、軽減措置があります。（p.205参照）
都市計画税 (地方税)	1月1日現在、都市計画法で定める市街化区域等の土地・建物の所有者として固定資産税課税台帳に登録されている者に課税されます。税額は通常の評価額の0.3％。固定資産税と同様、軽減措置があります。（p.209参照）
特別土地保有税 (地方税)	1月1日現在保有する土地の合計面積が基準面積以上の者に課税されます。税額は、保有する土地の取得価額 × 1.4％ − 固定資産税相当額。 平成15年度以降の新たな課税を停止。
地価税 (国税)	1月1日現在において所有する土地等の価額が基礎控除額を超える者に課税されます。税額は（課税価額 − 基礎控除額）× 0.15％。（当分の間、適用停止）

〔3〕譲渡した場合

税金の種類	内　　　容
所得税 (国税) 住民税 (地方税)	土地等・建物等を譲渡した場合は、過去の値上がり益に対して課税されるため他の所得と分離して課税されます。原則は長期と短期に分けてその譲渡者に一定の税率で課税されます。特例として税率の軽減・特別控除などがたくさんあります。
復興特別所得税 (国税)	平成25年から令和19年までの25年間の各年分の所得税に一律2.1％の復興特別所得税が上乗せとなります。
印紙税	〔1〕参照　（p.222 参照）

〔4〕相続・贈与があった場合

税金の種類	内　　　容
相続税 (国税)	相続等により財産を取得した者に課税されます。建物は固定資産税評価額、土地等は路線価等により評価して被相続人の財産の合計額を算出し、税額を計算します。（p.90参照）
贈与税 (国税)	贈与により財産を取得した者に課税されます。居住用財産については、婚姻期間が20年以上の夫婦間の贈与については2,000万円まで特別控除があります。又、一定の親子間等における贈与については、2,500万円（一定の住宅取得資金の場合 p.153を参照）までの特別控除等の相続時精算課税制度があります。（p.142 参照）
不動産取得税	〔1〕参照　（p.202 参照）
登録免許税	〔1〕参照　（p.200 参照）

本書の使用方法の説明

●本書は次の順序で使用してください。

〈譲渡の場合〉

(1) 譲渡の形態に応じて、一般譲渡、居住用3,000万円特別控除の特例、居住用低率分離課税の特例、居住用買換の特例、事業用買換の特例、交換の特例等いずれに該当するかどうかを判定してください。

(2) 該当する特例の適用可否チェックリストのチェック欄で全部チェックできるかどうか確認してください。

(3) ① チェック欄は通常ケースと特殊ケースがあります。

② 通常ケースで一つでもチェックできない場合には、もう一度事実関係を調べ直すか、専門家に相談してください。

③ 特殊ケースは専門家に相談してください。

(3) 各々の特例の計算表の記入においては、共通事項（p.17～19）を参照してください。

(5) 計算表の課税譲渡所得金額を求めてください。

(6) 税額は表の中で直接算出できる場合もあります。

その他の場合は確定税額算出法（p.72又はp.76）又は概算税額表（p.73～75、p.77～78）に当てはめて求めてください。

(7) 資金繰りを計算したい方は資金繰り表（p.51～52）を使用してください。

(8) ① 原則として土地等・建物は各々別々に税額を計算します。

② 但し、次の場合は土地等・建物の一括計算もできます。

㋑	土地等（長期）・建物（長期）	土地等・建物の一括計算可
㋺	土地等（短期）・建物（短期）	
㋩	土地等（長期）・建物（短期）	(注) 土地等・建物の一括計算不可
㋦	土地等（短期）・建物（長期）	

(注) ㋩、㋦に該当しても居住用3,000万円特別控除の特例の適用を受ける場合には、短期物件の譲渡益が3,000万円に満たない場合に限り、土地等・建物の一括計算可となります。

(9) 土地等・建物の一括譲渡において、それぞれの売却代金が区分されていない場合には、売却代金をそれぞれの時価で按分してください。

(10) 課税譲渡所得金額には所得控除額は影響はないものとしています。

〈相続の場合〉

(1) 具体的土地評価の計算表（p.104〜109）等で正味遺産総額を計算してください。

(2) 正味遺産総額を各相続形態に応じて、相続税の概算税額表（p.114〜140）に当てはめて求めてください。

（基礎控除額は概算税額表の中で計算されています）

法定相続人が概算税額表の人数より多い場合は、相続税額の計算表（p.110〜111）で計算してください。

(3) 納税額は概算税額表の金額から贈与税額控除、未成年者控除、障害者控除等を差し引きます。

〈贈与の場合〉

(1) 一般贈与

税額は確定税額算出表（p.143〜144）で計算してください。

(2) 配偶者特例贈与

① 配偶者控除の特例の適用可否チェックリストで適用があるかどうかチェックしてください。

② 税額は確定税額算出表（p.143〜144）で計算してください。

(2) 住宅資金贈与

相続時精算課税制度に係る住宅取得資金贈与の特例の適用可否チェックリストで適用があるかどうかチェックしてください。

(4) 相続時精算課税制度

税額は概算税額表（p.152）に当てはめて求めてください。

令和3年改正版 不動産税額ハンドブック
目 次

相　続　税

贈　与　税

住宅取得等促進税制

その他の税金

令和３年度主要改正点

　この【令和３年改正版不動産税額ハンドブック】は、『令和３年度税制大綱（令和２年12月21日閣議決定）』を基に、各省庁の資料に基づき執筆を致しました。

　現在、『税制改正の法律案』が国会審議中でありますので、本書記載と異なる場合に至った場合には『㈱にじゅういち出版』のホームページで、【変更箇所等】にて随時発表する予定です。

　にじゅういち出版㈱ホームページ URL：https：//www.21-pub.co.jp/

土地・住宅関係

〔１〕住宅ローン控除の緩和

　消費税等が10％である住宅の取得の住宅ローン控除の所得要件が２区分になり、床面積40㎡以上50㎡未満でも適用されることになりました。

改正前		
控除期間	１３年	
居住要件	通常の場合：令和２年12月31日までに居住すること	
居住要件	新築の場合	令和３年１月１日から令和３年12月31日までに居住すること
居住要件	令和２年９月30日まで契約した場合	令和３年１月１日から令和３年12月31日までに居住すること
居住要件	建売・中古・増改築等の場合	令和３年１月１日から令和３年12月31日までに居住すること
居住要件	令和２年11月30日まで契約した場合	令和３年１月１日から令和３年12月31日までに居住すること
面積要件 所得要件	床面積	適用年の合計所得金額
面積要件 所得要件	50㎡以上の住宅	3,000万円以下

改正後		
控除期間	１３年	
居住要件	通常の場合：令和３年12月31日までに居住すること	
居住要件	新築の場合	令和３年１月１日から令和４年12月31日までに居住すること
居住要件	令和３年９月30日まで契約した場合	令和３年１月１日から令和４年12月31日までに居住すること
居住要件	建売・中古・増改築等の場合	令和３年１月１日から令和４年12月31日までに居住すること
居住要件	令和２年12月１日から令和３年11月30日まで契約した場合	令和３年１月１日から令和４年12月31日までに居住すること
面積要件 所得要件	床面積	適用年の合計所得金額
面積要件 所得要件	① 40㎡以上50㎡未満の住宅	1,000万円以下
面積要件 所得要件	② 50㎡以上の住宅	3,000万円以下

〔2〕**住宅取得等資金の贈与税の非課税規定の見直し**

　親・祖父母等の直系尊属から、住宅取得等資金の贈与を受けた場合の贈与税の非課税規定が、以下の①②の見直しがありました。

① 受贈者の合計所得金額が2区分され、それによる床面積の引き下げ

改正前		
所得要件 面積要件	受贈者の合計所得金額	床面積
	2,000万円以下	50㎡以上240㎡以下

改正後		
所得要件 面積要件	受贈者の合計所得金額	床面積
	1,000万円以下	① 40㎡以上240㎡以下
	1,000万円超から2,000万円以下	② 50㎡以上240㎡以下

② 非課税限度額

改正前

（イ）下記（ロ）以外の場合

住宅用家屋の新築等の締結日	省エネ等住宅	左記以外の住宅
令和3年4月1日〜令和3年12月31日	800万円	300万円

（ロ）住宅用家屋の新築等の額に含まれる消費税が10%である場合

住宅用家屋の新築等の締結日	省エネ等住宅	左記以外の住宅
令和3年4月1日〜令和3年12月31日	1,200万円	800万円

改正後

（イ）下記（ロ）以外の場合

住宅用家屋の新築等の締結日	省エネ等住宅	左記以外の住宅
令和3年4月1日〜令和3年12月31日	1,000万円	500万円

（ロ）住宅用家屋の新築等の額に含まれる消費税が10%である場合

住宅用家屋の新築等の締結日	省エネ等住宅	左記以外の住宅
令和3年4月1日〜令和3年12月31日	1,500万円	1,000万円

〔3〕直系尊属から教育資金の一括贈与を受けた場合の贈与税の非課税

適用期限が令和5年3月31日まで2年延長されました。

改正前	改正後
令和3年3月31日まで適用	令和5年3月31日まで適用

〔4〕直系尊属から結婚・子育て資金の一括贈与を受けた場合の贈与税の非課税

適用期限が令和5年3月31日まで2年延長されました。

改正前	改正後
令和3年3月31日まで適用	令和5年3月31日まで適用

〔5〕登録免許税

土地の売買の所有権移転の税率が、現行の1.5%の軽減税率に据え置かれました。

改正前	改正後
令和3年3月31日まで適用	令和5年3月31日まで適用

〔6〕不動産取得税

中古住宅及びその敷地の買取再販に関する税率が軽減税率に据え置かれ、延長されます。

〔7〕固定資産税

① 令和3年度は評価替えの基準年度ですが、コロナの影響により、前年度に据え置来ます。

② 現行の負担調整措置が延長され、評価額が一定割合上昇する土地については、課税標準を令和3年度の課税標準を令和2年度と同額にします。

〔8〕住宅ローン控除の緩和

下記の『一定の期間』に契約した方については、引渡し期限が延長され、床面積要件も緩和がされることになります。

一定の期間	注文住宅の場合	令和2年10月1日から令和3年9月30日まで
	分譲住宅・既存住宅の取得の場合	令和2年12月1日から令和3年11月30日まで
引渡し期限	上記期間に契約された方・・・令和3年12月31日から令和4年12月31日までに延長	
床面積	上記期間に契約された方・・・50㎡以上から40㎡以上に緩和	

譲渡所得税

〔1〕譲渡所得税

　土地等（借地権等を含む。以下同じ）や建物を譲渡した場合の譲渡所得に対する税金は総合課税されず、他の所得とは分離して税額が算出されます。

譲渡代金	取得費	商売に例えると譲渡代金は売上に相当し取得費は仕入に相当します。具体的には共通事項（p.17 〜 20）を参照してください。
	譲渡費用	売却に関連して直接に要した費用です。具体的には共通事項（p.18）を参照してください。
	特別控除	税法上はある一定の要件に当てはまると、税金が軽減されます。それを税法上では特別控除といいます。 　例：居住用財産の 3,000 万円特別控除。
	課税譲渡所得金額	課税譲渡所得金額 ＝ 譲渡代金 － （取得費＋譲渡費用）－ 特別控除

※譲渡代金には固定資産税精算金を加算します（判例により）。

（1）所有期間による区分

　譲渡した土地等や建物の所有期間によって、長期保有物件と短期保有物件に区別され、それぞれ別々の方法で税額計算されます。

① 長 期 長期保有物件とは譲渡した年の 1 月 1 日において、その所有期間が 5 年を超える物件をいいます。
② 短 期 短期保有物件とは譲渡した年の 1 月 1 日において、その所有期間が 5 年以下の物件をいいます。
　　　　具体的には共通事項の「長期・短期の区分」（p.19）を参照してください。

（2）税額計算方式

① 長 期 ……… 確定税額算出法（p.72）を参照してください。
② 短 期 ……… 確定税額算出法（p.76）を参照してください。

〔2〕共通事項

(1) 取得費

	取 得 費		
1	土地等・建物の購入代金	12	使用開始前の借入金利息
2	建物建築請負代金	⑬	借入に伴い支出する公正証書作成費用
3	購入時の仲介手数料		（抵当権設定登記費用・保険料等）
④	購入時の契約書の印紙代	⑭	契約解除に伴い支出する解約違約金
⑤	購入時の登記費用（登録免許税、司法書士・	15	借地の更新料、増改築承諾料
	測量士・土地家屋調査士等の手数料）	16	建物の増改築代金
6	購入時の固定資産税精算金	⑰	所有権等を確保するために要した訴訟費用・
⑦	不動産取得税		和解金・弁護士費用等
⑧	特別土地保有税	18	代償分割により取得した土地・建物の取得時
9	購入時に支払った立退料等		の時価
10	土地造成費用等	19	離婚の財産分与により取得した土地・建物の
11	土地建物一括購入後おおむね1年以内に取り		取得時の時価
	壊した建物の購入代金及び取り壊し費用（廃	20	申告期限後3年以内に譲渡した場合の相続税
	材の処分価額を除く）	21	その他取得関連費用

※ 建物の取得費は購入代金等から償却費相当額を控除した金額です。
※ 業務用の場合④⑤⑦⑧⑬⑭⑰で必要経費に算入したものは取得費から除かれます。

(2) 取得費のポイント

1. 9の立退料等の受取人は、原則として一時所得又は総合課税の譲渡所得となります。
2. 10の更地を駐車場とするための整地費用・アスファルト舗装費用等は土地の改良のためではないので、構築物となり減価償却の対象となります。
3. 12の資産の種類別の使用開始日は次のようになります。
   (1) 土 地
   ① 土地そのものを利用する場合（例：駐車場）→ 現実に業務の用に供した日（駐車場の場合は貸付を始めた日）
   ② 自宅の敷地として土地を利用する場合 → 建物に入居した日（建築着手日ではない）
   ③ アパート等の敷地として土地を先行取得した場合
   　（イ）新たにアパート経営等を開始する場合 → 建物を使用開始した日（建築着手日ではない）
   　（ロ）前からアパート経営等をしている場合 → 建物の建築着手日
   ④ 使用しないで土地を譲渡した場合 → 譲渡日
   (2) 建 物
   ① 自宅として利用する場合 → 建物に入居した日（建築着手日ではない）
   ② アパート等として利用する場合
   　（イ）新たにアパート経営等を開始する場合 → 建物を使用開始した日（建築着手日ではない）
   　（ロ）前からアパート経営等をしている場合 → 建物の建築着手日
   ③ 別荘として利用する場合 → 建物の取得日
   (3) 書画、骨とう、美術工芸品 → 取得日
   (4) ゴルフ会員権 → プレー可能日

4. 17の完全な所有権確保後の訴訟費用・相続時における遺産分割費用（弁護士費用等）は取得費に該当しません。
5. 18の代償分割の場合、支出した負担金は取得費に該当しません。
6. 19の土地・建物を財産分与した人は、その時に時価で譲渡したものとされます。

(3) 譲渡費用

	譲　渡　費　用		
1	売却時の仲介手数料	5	土地等を売却するために取り壊した建物の取り壊し費用
2	売却時の契約書の印紙代		
3	売却時の登記費用（登録免許税、司法書士・測量士・土地家屋調査士等の手数料、分筆費用）	6	売却契約締結後に更に有利な条件で他に売却するために支出する解約違約金
4	譲渡のために支払った立退料等	7	譲渡のための引き家費用
		8	その他譲渡関連費用

(4) 譲渡費用のポイント

①　4の立退料等の受取人は原則として一時所得又は総合課税の譲渡所得となります。
②　6の最初の契約に係る仲介手数料・契約書の印紙代は譲渡費用になりません。
③　8の固定資産税、都市計画税、地価税等の維持・管理に要した費用は譲渡費用になりません。

(5) 償却費相当額（定額法の場合のみで定率法は省略しています）

①　業務用〈平成19年4月1日以後取得分はp.229～230を参照〉

$$\boxed{購入代金等} \times 0.9 \times \boxed{償却率} \times \boxed{\dfrac{経過総月数（注）}{12}} = \boxed{償却費}$$

（注）1ヵ月未満の端数は1ヵ月とします。

②　非業務用

$$\boxed{購入代金等} \times 0.9 \times \boxed{償却率（注1）} \times \boxed{経過年数（注2）} = \boxed{償却費}$$

（注1）耐用年数×1.5の耐用年数（1年未満の端数切捨）の償却率を使用します。（p.231～232参照）
（注2）経過年数は6ヵ月以上は1年とし、6ヵ月未満の端数は切捨てます。

(6) 償却率早見表（主要なもの）

用途　　　　　　　構造		木骨モルタル造	木　造	鉄骨・鉄筋コンクリート造
店　舗　用	業　務　用	0.050	0.046	※0.022
住　宅　用	非業務用	0.034	0.031	0.015
事務所用	業　務　用	0.046	0.042	0.020
飲食店用	業　務　用	0.052	0.050	0.025

※　店舗用は0.026
※　非業務用の償却率はすでに1.5倍した耐用年数の償却率です。

(7) 概算取得費

土地等・建物の取得費は次の①②の場合には概算取得費を使うことができます。
① 取得費が不明の場合
② 実額取得費よりも概算取得費が大きい場合

> 概算取得費 = 譲渡代金 × 5%

(8) 長期・短期の区分

令和 3 年 1 月 1 日から令和 3 年 12 月 31 日までの間に譲渡した場合		
	長　　　期	短　　　期
土地等・建物	平成 27 年 12 月 31 日以前取得	平成 28 年 1 月 1 日以後取得

(9) 資産の「取得日」

①	引渡しを受けた日と売買契約効力発生日（ただし農地については引渡しをした日と売買契約日のいずれかに限る）のいずれか有利な方を選択することができます。
②	注文（請負）建築の場合は引渡しを受けた日に限ります。
③	相続・遺贈・贈与により取得した場合は被相続人・贈与者の取得日を引き継ぎます。
④	土地等・建物に資本的支出（改良・改造等）があった場合は、その資本的支出の時期にかかわらず、元の土地等・建物の取得の日が取得日となります。
⑤	借地権者が底地を取得した場合は、従前から所有していた借地権とは区分して底地を取得した日が底地の取得日となります。底地権者が借地権を取得した場合も同様に考えます。

（注 1）①において売買契約締結日に、完成していない建物や売主が所有していない資産については、売買契約日を取得日とすることはできません。
（注 2）③において相続については限定承認に係るものを除き、遺贈については包括遺贈のうち限定承認に係るものを除き、贈与については法人からの贈与・贈与者が受益者である負担付贈与を除きます。

(10) 資産の「譲渡日」

> 引渡しをした日と売買契約効力発生日のいずれか有利な方を選択することができます。
> ただし農地については引渡しをした日と売買契約日のいずれかに限ります。

〔3〕相続財産を譲渡した場合の取得費加算

　相続や遺贈により財産を取得した者が、相続開始のあった日の翌日から相続税の申告期限の翌日以後3年以内に相続財産（土地等・建物・株式など）を譲渡した場合には、相続税額のうちの一定金額を譲渡資産の取得費に加算することができます。

　但し、譲渡代金 −（通常の取得費 + 譲渡費用）= 譲渡益 を限度とします。

譲渡した相続財産の取得費に加算される相続税額

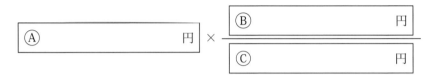

　Ⓐ：相続財産を譲渡した人の相続税額（相続税申告書第1表 ㉒ の金額）（注）
　Ⓑ：譲渡した相続財産の相続税評価額
　Ⓒ：相続財産を譲渡した人の相続税の課税価格（相続税申告書第1表 ① + ② + ⑤ の合計額）

（注）贈与税額控除又は相次相続控除を受けている場合の Ⓐ の相続税額

（1）相続税申告書第1表 の㉒の小計の額がある場合
　　（イ）　申告書第1表の⑫（暦年課税分の贈与税額控除額）
　　（ロ）　申告書第1表の⑯（相次相続控除額）
　　（ハ）　申告書第1表の⑳（相続時精算課税分の贈与税額控除額）
　　（ニ）　申告書第1表の㉒（小計額）
　　Ⓐ =（イ）+（ロ）+（ハ）+（ニ）

（2）相続税申告書第1表の㉒の小計の額がない場合
　　（イ）　申告書第1表の⑨ 又は ⑩（各人の算出税額）
　　（ロ）　申告書第1表の⑪（相続税額の2割加算金額）
　　（ハ）　（イ）+（ロ）

　　（ニ）　申告書第5表の ⑧ 又は ⑨（配偶者の税額軽減額）
　　（ホ）　申告書第6表の1の ② 又は ⑥（未成年者控除額）
　　（ヘ）　申告書第6表の2の ② 又は ⑥（障害者控除額）
　　（ト）　外国税額控除額
　　（チ）　医療法人持分税額控除額
　　（リ）　（ニ）+（ホ）+（ヘ）+（ト）+（チ）

　　　Ⓐ =（ハ）−（リ）（赤字の場合は0）

※代償分割により代償金を支払って取得した資産を譲渡した場合や、譲渡した相続財産の譲渡所得について、買換えや交換の特例の適用を受ける場合には、特有の算式が別途あります。

〔4〕譲渡の種類

(1) 一般の譲渡（p.23〜26）

① 一般の譲渡とは、居住用3,000万円特別控除・居住用低率分離課税・居住用買換・事業用買換・交換等の税法上の特例に該当しない場合をいいます。

② 具体的には、店舗・貸家・アパート・貸マンション等で事業用買換・交換等の特例を受けない場合、及び別荘等を譲渡した場合です。

③ 一般譲渡は、所有期間によって長期譲渡と短期譲渡に区分されます。

（イ）一般長期譲渡所得 〜 譲渡した年の1月1日において所有期間が5年超

（ロ）一般短期譲渡所得 〜 譲渡した年の1月1日において所有期間が5年以下

(2) 優良住宅地等の譲渡（p.72）

① 所有期間が5年超の土地等の譲渡で優良住宅地等の譲渡に該当するときは、税率が軽減されます。

② 課税長期譲渡所得を2,000万円以下の部分と2,000万円超の部分とに区分し、2,000万円以下の部分については14.21％（所得税10％＋復興特別所得税0.21％＋住民税4％）、2,000万円超の部分については20.315％（所得税15％＋復興特別所得税0.315％＋住民税5％）の税率です。

(3) 居住用財産の譲渡（p.27〜46）

① 居住用財産とは居住の用に供していた土地等と建物をいいます。

② 居住用財産は生活の基盤となる財産であるため、種々の特例があります。

③ 主要な特例には次のものがあります。

（イ）居住用3,000万円特別控除の特例

居住用財産を譲渡した場合に適用できる典型的な特例です。（3,000万円の特別控除あり）

（ロ）居住用低率分離課税の特例

所有期間が10年超の居住用財産を譲渡した場合の特例で通常より低率の税率が適用されます。（3,000万円の特別控除あり）

（ハ）特定の居住用買換の特例

所有期間が10年超の居住用財産を買換えた場合に適用される特例です。

（ニ）居住用買換の譲渡損失の損益通算・繰越控除

居住用財産の買換に伴う譲渡損失の損益通算・繰越控除が認められる特例です。

（ホ）特定居住用財産の譲渡損失の損益通算・繰越控除

居住用財産の譲渡に際して買換をしなくても譲渡損失の損益通算・繰越控除が認められる特例です。

④ 特例の選択

納税者は上記の特例の中から、自己に有利な特例を選択できます（2以上の特例に該当する場合には、各々税額を算出して有利な方を選択して下さい）。

⑤ 各特例の主要比較

項　目 ＼ 特　例	3,000万円特別控除	低率分離課税	特定の買換
課　税　形　態	特別控除分が非課税	特別控除分が非課税 軽減税率	課税の繰延
取　得　方　法	問わない	問わない	問わない
所　有　期　間	問わない	10年超	10年超
居　住　期　間	問わない	問わない	10年以上
自宅の買換	問わない	問わない	買換要
特別控除額	3,000万円	3,000万円	なし
税　　率	長期の場合 20.315% （所15%＋復0.315% ＋住5%） 短期の場合 39.63% （所30%＋復0.63% ＋住9%）	6,000万円以下の部分 14.21% （所10%＋復0.21% ＋住4%） 6,000万円超の部分 20.315% （所15%＋復0.315% ＋住5%）	買換不足分につき 20.315% （所15%＋復0.315% ＋住5%）
取得費の引き継ぎ	—	—	引き継ぐ
取得日の引き継ぎ	—	—	引き継がない

(4) **事業用買換の特例**（p.47 ～ 50）

　事業用買換とは、事業の用に供している土地等・建物を譲渡し、一定期間内に一定の事業用の土地等及び減価償却資産（建物・機械等）を取得することです。

　この場合には課税を繰延べる買換の特例が受けられます。

(5) **交換の特例**（p.55 ～ 58）

　交換差金が20%以内の交換であれば、税法上の交換の特例が適用され、交換された資産の同額部分については譲渡がなかったものとされ、交換当事者ともに課税されません。

　課税が発生するのは交換差金を受領した側で交換差金の分だけ譲渡があったものとされます。

(6) **収用等の特例**（p.59 ～ 66）

　資産が収用、買取り、換地処分等（以下「収用等」という）され、補償金、対価又は清算金（以下「補償金等」という）を取得した場合には次の収用等の特例が受けられます。

① 収用等の代替資産取得の特例

　収用等により取得した補償金等で、一定期間内に代替資産を取得した場合には課税の繰延べが受けられる特例です。

② 収用等の5,000万円特別控除の特例

　収用等により資産を譲渡した場合に、5,000万円の特別控除が受けられる特例です。

一般長期譲渡所得の計算例

〔設例〕井上氏は次の土地を売却しました。

（1）土地購入代金　20,000 千円	売却価額　　70,000 千円
取得年月日　　平成26年10月10日	売却年月日　令和3年4月18日
（2）土地購入時の諸費用	土地売却時の諸費用
①仲介手数料　　　600 千円	①仲介手数料　　　　2,100 千円
②購入時印紙代　　20 千円	②売却時の印紙代　　　60 千円
③登記費用等　　　300 千円	③登記費用等　　　　　192 千円
④不動産取得税　　80 千円	

一般長期譲渡所得の計算表

（土地）・借地権・建物　　　　　　　　　　　　　　　　　　　　　（単位：千円）

土地の計算なので、土地に○をします。

	建　物		土　地　等	
（A）譲渡代金			①	70,000
取得費	建物の購入・請負代金		土地等の購入代金	20,000
	仲介手数料		仲介手数料	600
	印　紙　代		印　紙　代	20
	登記関連費用		登記関連費用	300
	不動産取得税		不動産取得税	80
	そ　の　他		そ　の　他	
	計（建物の取得価額）（A）		計（土地の取得費）　⑩	21,000
	減価償却費　（B）		非業務用の減価償却費の計算	

非業務用の減価償却費の計算
(注1)　　償却率　　経過年数
（A）× 0.9 ×〔　　〕×〔　　〕

土地には、減価償却はありません。

	建　物		土　地　等	
取得費	建物の取得費　（A）－（B）　（C）			
	実額取得費　（C）＋⑩	21,000	} ②多い方	21,000
	概算取得費　①× 5%	3,500		
譲渡費用	仲介手数料	2,100		
	印　紙　代	60		
	登記関連費用	192		
	譲渡時の立退料・建物取壊し費用			
	そ　の　他			
	計		③	2,352
（B）取得費　＋　譲渡費用	②　＋　③		④	23,352
（C）譲渡益（課税長期譲渡所得金額）	①　－　④		⑤	46,648
税額	⑤ ×（15% ＋ 0.315% ＋ 5%）（所）（復）（住）		⑥	9,476
			内訳（所）	6,997
			（復）	147
			（住）	2,332
税　引　後　手　取　額	①－③－⑥		⑦	58,172

(注1)①業務用建物の減価償却費は毎年の確定申告において、不動産所得や事業所得の必要経費に算入されています。
従って、毎年の申告した償却費が正しければ、売却の前年度の未償却費から売却年の減価償却費を控除した金額が（C）の建物の取得費となります。
②それが、不明の時は〔2〕減価償却〔3〕減価償却の計算（p.226～238）を参照してください。

46,648 千円× 20.315％＝ 9,476 千円

所得税
　46,648 千円× 15％＝ 6,997 千円
復興特別所得税
　46,648 千円× 0.315％＝ 147 千円
住民税
　46,648 千円× 5％＝ 2,332 千円
合計税額
　6,997 千円＋ 147 千円＋ 2,332 千円
　＝ 9,476 千円

一般長期譲渡所得の計算表

土地・借地権・建物　　　　　　　　　　　　　　　　　　　　　　　　　　　（単位：千円）

（A）譲渡代金			①	

	建　　物		土　地　等	
取 得 費	建物の購入・請負代金		土地等の購入代金	
	仲介手数料		仲介手数料	
	印　紙　代		印　紙　代	
	登記関連費用		登記関連費用	
	不動産取得税		不動産取得税	
	そ　の　他		そ　の　他	
	計（建物の取得価額）	Ⓐ	計（土地の取得費）	Ⓓ
	減価償却費	Ⓑ	非業務用の減価償却費の計算	
	建物の取得費　Ⓐ－Ⓑ	Ⓒ	（注1）　　　　　　償却率　　　　経過年数 Ⓐ× 0.9 ×〔　　　　〕×〔　　　　〕	
	実額取得費　　　　　　　Ⓒ＋Ⓓ			②多い方
	概算取得費　　　　　　　①× 5 %			

譲 渡 費 用	仲介手数料	
	印　紙　代	
	登記関連費用	
	譲渡時の立退料・建物取壊し費用	
	そ　の　他	
	計	③

（B）取得費　＋　譲渡費用	②　＋　③	④

（C）譲渡益（課税長期譲渡所得金額）	①　－　④	⑤

税 額	㊟　㊰　㊟ ⑤ ×（15% ＋ 0.315% ＋ 5%）	⑥ 内訳 ㊟ ㊰ ㊟

税　引　後　手　取　額	①－③－⑥	⑦

（注1）平成 19 年 4 月 1 日以降取得分についての減価償却費は p.226 ～ 238 を参考にしてください。

一般短期譲渡所得の計算例

〔設例〕井上氏は次の居宅（木造）を売却しました。

（1）建物の請負代金　10,000 千円　　　　　売却価額　　30,000 千円
　　　取得年月日　　平成29年5月5日　　　　売却年月日　令和3年4月18日

（2）建物購入時の諸費用　　　　　　　　　建物売却時の諸費用
　　　①仲介手数料　　　300 千円　　　　　①仲介手数料　　　　900 千円
　　　②その他費用　　　200 千円　　　　　②売却時の印紙代　　 20 千円
　　　　　　　　　　　　　　　　　　　　　③登記費用等　　　　 88 千円

（3）その他の所得が 15,000 千円ある。

一般短期譲渡所得の計算表

土地・借地権・建物　　　　　　　　　　　　　　　　　　　　　（単位：千円）

（A）譲渡代金			①	30,000

建物の計算なので、建物に○をします。

	建　　物		土　地　等	
取得費	建物の購入・請負代金	10,000	土地等の購入代金	
	仲介手数料	300	仲介手数料	
	印 紙 代		印 紙 代	
	登記関連費用		登記関連費用	
	不動産取得税		不動産取得税	
	そ の 他	200	そ の 他	
	計（建物の取得価額）Ⓐ	10,500	計（土地の取得費）Ⓓ	
	減価償却費 Ⓑ	1,172	非業務用の減価償却費の計算（注1）	
	建物の取得費 Ⓐ－Ⓑ Ⓒ	9,328	償却率　　経過年数 → Ⓐ× 0.9 ×〔 0.031 〕×〔 4 〕	
	実額取得費 Ⓒ＋Ⓓ	9,328	｝多い方	
	概算取得費 ①×5%	1,500		9,328

建物の購入代金に仲介手数料等を加算した金額です。

償却率は業務用と非業務用によって異なります。
設例は非業務用（共通事項 p.18 参照）です。

譲渡費用	仲介手数料	900		
	印 紙 代	20		
	登記関連費用	88		
	譲渡時の立退料・建物取壊し費用			
	そ の 他			
	計		③	1,008

（B）取得費 ＋ 譲渡費用	②＋③	④	10,336
（C）譲渡益（課税短期譲渡所得金額）	①－④	⑤	19,664

税額	所 復 住 ⑤ ×（30% ＋ 0.63% ＋ 9%）	⑥ 内訳 所 復 住	7,793 5,899 124 1,770

税 引 後 手 取 額	①－③－⑥	⑦	21,199

19,664 千円× 39.63％＝ 7,793 千円

所得税
　19,664 千円× 30％＝ 5,899 千円
復興特別所得税
　19,664 千円× 0.63％＝ 124 千円
住民税
　19,664 千円× 9％＝ 1,770 千円
合計税額
　5,899 千円＋ 124 千円 +1,770 千円
　＝ 7,793 千円

（注1）① 業務用建物の減価償却費は毎年の確定申告において、不動産所得や事業所得の必要経費に算入されています。
　　　　　従って、毎年の申告した償却費が正しければ、売却の前年度の未償却費から売却年の減価償却費を控除した金額がⒸの建物の取得費となります。
　　　　② それが、不明の時は〔2〕減価償却〔3〕減価償却の計算（p.226～238）を参照してください。

一般短期譲渡所得の計算表

土地・借地権・建物   （単位：千円）

（A）譲渡代金				①

		建　　　物		土　地　等	
取	建物の購入・請負代金		土地等の購入代金		
	仲介手数料		仲介手数料		
	印　紙　代		印　紙　代		
	登記関連費用		登記関連費用		
	不動産取得税		不動産取得税		
	そ　の　他		そ　の　他		
得	計（建物の取得価額）	Ⓐ	計（土地の取得費）	Ⓓ	
	減価償却費	Ⓑ	非業務用の減価償却費の計算（注1）		
費	建物の取得費　Ⓐ－Ⓑ	Ⓒ	Ⓐ× 0.9 ×〔　償却率　〕×〔　経過年数　〕		
	実額取得費	Ⓒ ＋ Ⓓ			②多い方
	概算取得費	① × 5%			

譲	仲介手数料	
	印　紙　代	
渡	登記関連費用	
	譲渡時の立退料・建物取壊し費用	
費	そ　の　他	
用	計	③

（B）取得費　＋　譲渡費用	② ＋ ③	④
（C）譲渡益（課税短期譲渡所得金額）	① － ④	⑤

税額	㊞　㊵　㊟　⑤ ×（30% ＋ 0.63% ＋ 9%）	⑥ 内訳 ㊞ ㊵ ㊟

税　引　後　手　取　額	① － ③ － ⑥	⑦

（注1）平成 19 年 4 月 1 日以降取得分についての減価償却費は p.226 〜 238 を参考にしてください。

〔5-1〕 居住用 3,000 万円特別控除の特例 （措法 35 条 1 項）

（1）適用可否チェックリスト

		チェック項目	チェック欄
通常ケース	①	長期所有・短期所有物件を問わない。かつ物件の所在地を問わない	
	②	現に本人の居住用の建物であること（⑨の場合を除く） （単身赴任者の家族居住用建物等は適用あり）	
	③	自己の居住用が 2 以上ある場合には、生活の拠点となっている建物であること	
	④	新築期間中だけの仮住まい等、一時的な目的の入居建物及び別荘等でないこと	
	⑤	居住用 3,000 万円特別控除の特例を受けるために入居した建物でないこと	
	⑥	店舗兼住宅は居住用部分のみ適用可（店舗部分は事業用買換の特例適用可） ※事業用部分が 10％未満の場合は全部居住用とみなしてよい	
	⑦	原則として土地等だけの譲渡ではないこと	
	⑧	譲渡先が配偶者（内縁関係を含む）・直系血族・同族会社などでないこと	
	⑨	居住しなくなって 3 年経過後の属する年の 12 月 31 日までの譲渡であること（その期間空室でも貸付にしていても適用可）……3 年目の年末基準	
	⑩	前年または前々年に確定申告で居住用 3,000 万円特別控除の特例、居住用買い替えの特例等を受けていないこと（3 年に 1 回適用可）	
	⑪	売却後、買換してもしなくても適用可	
	⑫	譲渡年の翌年 3 月 15 日までに確定申告すること	

特殊ケース	①	譲渡先が［通常ケース］⑧以外の親族及びそれらの特殊関係者の場合	専門家に相談
	②	本人が居住しなくなった後の生計を一にする親族居住用建物の場合	
	③	居住用土地等・建物の一部譲渡の場合	
	④	譲渡した土地等と建物の所有者が異なる場合	
	⑤	土地等だけの譲渡となる場合	
	⑥	同年において他の特例（収用・交換等）を受ける場合	
	⑦	その他の特殊ケース	

適用あり

（2）特殊ケースの主要適用要件（自己点検用）

【1】譲渡先が⑧以外の親族及びそれらの特殊関係者の場合（特殊ケース①）
　　譲渡先が次のいずれかに該当すると適用なし。

	チェック欄

①　本人の配偶者及び直系血族

②　本人の親族で、譲渡時に本人と生計を一にするもの

③　本人の親族で、譲渡後に本人と譲渡家屋に同居するもの

④　本人と内縁関係にある者及びその者の親族でその者と生計を一にする者

⑤　本人の同族会社

【2】本人が居住しなくなった後の生計を一にする親族居住建物の場合（特殊ケース②）
　　次の要件を全て満たしている場合に限り、適用あり。

	チェック欄

①　本人が従来、その建物の所有者として居住用に供していたこと（いわゆる以前、
　　1回は住んでいたことがあること）
　　※配偶者が引き続き居住している場合には、この要件は必要なし

②　本人が居住しなくなった日以後、引き続き生計を一にする親族（配偶者を除く）
　　が、譲渡日まで居住していること
　　※途中で生計を一にする親族が、居住しなくなった場合又生計を一にしなく
　　　なった場合には、そのいずれか早い日から、1年以内の譲渡であること

③　譲渡者が、居住しなくなった日以後、3,000万円特別控除・居住用買換等の
　　特例を受けていないこと

④　譲渡日現在、譲渡者の居住している建物は、自己所有でないこと（いわゆる
　　借家住まいであること）
　　※配偶者が引き続き居住している場合には、単身赴任先の本人の居住建物は、
　　　自己所有でもよい

【3】居住用土地等・建物の一部譲渡の場合（特殊ケース③）

	チェック欄

①　居住用家屋の一部譲渡
　　残存建物が機能的にみて独立した建物と認められない場合に限り、適用あり

②　居住用建物の土地の一部譲渡
　　原則として建物と同時に譲渡した場合に限り、適用あり

【4】譲渡した土地等と建物の所有者が異なる場合（特殊ケース④）

	チェック欄

①　原則として建物所有者は適用あり、土地所有者は適用なし

②　例外として、次の要件を全て満たしている場合に限り、建物所有者の3,000
　　万円特別控除の控除不足額（3,000万円に満たなかった場合のその満たない
　　金額）を、土地所有者に充当することができる

　（イ）建物と共に土地等の譲渡がされること

　（ロ）建物所有者と土地所有者とが、親族関係を有し、かつ生計を一にしてい
　　　　ること

　（ハ）建物所有者、土地所有者共に、その建物を居住の用に供していること

【5】土地等だけの譲渡となる場合（特殊ケース⑤）
　　次の要件を全て満たしている場合に限り、適用あり。

	チェック欄

①　土地譲渡契約が、取り壊し日から1年以内に締結されていること

②　居住しなくなって3年経過後の属する年の12月31日までの譲渡であること

③　取り壊し後、譲渡契約締結日まで、貸付その他業務の用に供していないこと

居住用 3,000 万円特別控除の計算例

〔設例〕鈴木氏は次の自宅を売却しました。

（1）土地・建物(木造)の購入代金　　30,000 千円　　　売却価額　　60,000 千円

　　　（土地 15,000 千円、建物 15,000 千円）　　　　　売却年月日　令和 3 年 4 月 18 日

　　　購入年月日　　平成 29 年 10 月 10 日

（2）土地・建物購入時の諸費用　　　　　　　　　　　土地・建物売却時の諸費用

　　　仲介手数料他合計　　　　　1,000 千円　　　　　　①仲介手数料　　　2,160 千円

　　　（土地・建物分 500 千円ずつ）　　　　　　　　　②売却時の印紙代　　　60 千円

　　　　　　　　　　　　　　　　　　　　　　　　　　③登記費用等　　　　150 千円

（3）居住用 3,000 万円特別控除の適用要件はすべて満たしています。

居住用 3,000 万円特別控除の計算表

土地・借地権・建物　　　　　　　　　　　　　　　　　　　　　　（単位：千円）

（A）譲渡代金				①	60,000

	建　物		土　地　等		
取得費	建物の購入・請負代金	15,000	土地等の購入代金		15,000
	仲介手数料	500	仲介手数料		500
	印　紙　代		印　紙　代		
	登記関連費用		登記関連費用		
	不動産取得税		不動産取得税		
	そ　の　他	200	そ　の　他		
	計 (建物の取得価額) Ⓐ	15,500	計 (土地の取得費) Ⓓ		15,500

設例の場合は土地・建物とも短期所有（5年以内）物件のため、土地・建物の一括計算ができます。よって土地・建物の両方に○をします。

取得費	減価償却費 Ⓑ	1,730	非業務用の減価償却費の計算 (注1)
	建物の取得費 Ⓐ－Ⓑ Ⓒ	13,770	

Ⓐ× 0.9 ×〔 0.031 〕×〔 4 〕
　　　　　　　償却率　　　経過年数

実額取得費 Ⓒ＋Ⓓ	29,270
概算取得費 ①× 5%	3,000

②多い方　29,270

（注1）① 業務用建物の減価償却費は毎年の確定申告において、不動産所得や事業所得の必要経費に算入されています。
従って、毎年の申告した償却費が正しければ、売却の前年度の未償却費から売却年の減価償却費を控除した金額がⒸの建物の取得費となります。
② それが、不明の時は〔2〕減価償却〔3〕減価償却の計算（p.226 ～ 238）を参照してください。

譲渡費用	仲介手数料	2,160
	印　紙　代	60
	登記関連費用	150
	譲渡時の立退料・建物取壊し費用	
	そ　の　他	
	計 ③	2,370

（B）取得費 ＋ 譲渡費用	② ＋ ③	④	31,640
（C）譲渡益（課税長期譲渡所得金額）	① － ④	⑤	28,360
（D）特別控除額 （最高 30,000 千円まで）		⑥	28,360
（E）課税譲渡所得金額	⑤ － ⑥	⑦	0

譲渡益を限度として最高 30,000 千円です。

税額	〔長期の場合〕　　所　復　住 ⑦ ×（15% + 0.315% + 5%）	⑧	0
	〔短期の場合〕　　所　復　住 ⑦ ×（30% + 0.63% + 9%）	内訳 所 復 住	

税 引 後 手 取 額	①－③－⑧	⑨	57,630

居住用 3,000 万円特別控除の計算表

土地・借地権・建物 (単位：千円)

（A）譲渡代金				①
	建　　物		土　地　等	
取得費	建物の購入・請負代金		土地等の購入代金	
	仲介手数料		仲介手数料	
	印　紙　代		印　紙　代	
	登記関連費用		登記関連費用	
	不動産取得税		不動産取得税	
	そ　の　他		そ　の　他	
	計（建物の取得価額）	Ⓐ	計（土地の取得費）	Ⓓ
	減価償却費	Ⓑ	非業務用の減価償却費の計算（注1）	
	建物の取得費　Ⓐ－Ⓑ	Ⓒ	Ⓐ× 0.9 ×〔　償却率　〕×〔　経過年数　〕	
	実額取得費　　　　　Ⓒ＋Ⓓ		} ②多い方	
	概算取得費　　　　　①× 5%			
譲渡費用	仲介手数料			
	印　紙　代			
	登記関連費用			
	譲渡時の立退料・建物取壊し費用			
	そ　の　他			
	計			③
（B）取得費　＋　譲渡費用		②　＋　③		④
（C）譲渡益		①　－　④		⑤
（D）特別控除額		（最高 30,000 千円まで）		⑥
（E）課税譲渡所得金額		⑤　－　⑥		⑦
税額	〔長期の場合〕　　　㊟　㊝　㊟ ⑦ ×（15% ＋ 0.315% ＋ 5%）			⑧ 内訳 ㊟ ㊝ ㊟
	〔短期の場合〕　　　㊟　㊝　㊟ ⑦ ×（30% ＋ 0.63% ＋ 9%）			
税　引　後　手　取　額		①－③－⑧		⑨

（注1）平成 19 年 4 月 1 日以降取得分についての減価償却費は p.226 ～ 238 を参考にしてください。

〔5-2〕被相続人居住用 3,000 万円特別控除の特例（措法 35 条 3 項）

個人が相続又は遺贈により被相続人の居住用財産を取得して、平成 28 年 4 月 1 日から令和 5 年 12 月 31 日までの間にその居住用財産を譲渡した場合には一定の要件を満たせば居住用 3,000 万円特別控除の特例の適用を受けられることになりました。

（1）適用可否チェックリスト

			チェック項目	チェック欄
通常ケース	適用対象者	①	譲渡者は相続又は遺贈（死因贈与を含む）により被相続人の居住用土地等・建物の両方を取得した個人であること。	
	適用資産	①	相続開始直前において被相続人の居住の用に供されていた家屋及びその敷地であること。（相続後にその家屋につき行われた増築・修繕・模様替に係る部分を含む。）	
		②	昭和 56 年 5 月 31 日以前に建築された家屋（区分所有建築物を除く）。	
		③	相続開始直前に被相続人以外に居住をしていた者がいなかったこと。	
	期間	①	平成 28 年 4 月 1 日から令和 5 年 12 月 31 日までの譲渡であること。	
		②	相続開始日から同日以後 3 年を経過する日の属する年の 12 月 31 日までに譲渡すること。……3 年目の年末基準	
	適用対象譲渡	①	この規定の適用は 1 回のみ受けられます。	
		②	相続税の取得費加算の適用を受けないこと。	
		③	譲渡先が配偶者（内縁関係を含む）・直系血族・同族会社でないこと。	
		④	譲渡代金が 1 億円以下であること。	
		⑤	店舗兼住宅等の場合の譲渡代金の計算（事業用部分が 10% 未満の場合は全部居住用とみなしてよい） （イ）家屋 家屋の譲渡代金 $\times \dfrac{\text{居住の用に供されていた部分の床面積}^{(注1)}}{\text{居住用家屋の床面積}}$ （ロ）土地等 土地等の譲渡代金 $\times \dfrac{\text{居住の用に供されていた部分の敷地等の面積}^{(注2)}}{\text{居住用家屋の敷地等の面積}}$ （ハ）（イ）（ロ）とも相続開始の直前の面積により計算します。	
		⑥	〈土地・建物一括譲渡の場合〉 被相続人の居住用家屋とその土地等の譲渡で次の要件を満たすもの。 （イ）その相続の時からその譲渡時まで事業の用、貸付けの用、居住の用に供されたことがないこと。 （ロ）その譲渡時において地震に対する安全性に係る規定又はこれに準ずる基準に適合するものであること。（耐震基準適合証明書を要する）	
		⑦	〈土地等のみの譲渡の場合〉 被相続人の居住用家屋（次の（イ）の要件を満たすもの）を取壊した後におけるその敷地の用に供されていた土地等（次の（ロ）の要件を満たすもの）のみの譲渡。 （イ）その相続時から取壊し時まで事業の用、貸付けの用、居住の用に供されたことがないこと。 （ロ）その相続時から譲渡時まで事業の用、貸付けの用、居住の用に供されたことがないこと。また、取壊し時から譲渡時まで建物又は構築物の敷地の用に供されることがないこと。	

		チェック項目	チェック欄
通常ケース	添付書類	この特例は確定申告書に、地方公共団体の長等の、その被相続人の居住用家屋及びその敷地の用に供された土地等が［適用対象譲渡］⑥又は⑦の要件を満たすことの確認をした旨を証する書類その他の書類がある場合に適用されます。	
	その他	この規定の適用を受ける者は、他の居住用財産取得相続人に対して、対象譲渡をした旨、対象譲渡をした日他参考となるべき事項の通知義務があります。	

特殊ケース	①	複数の相続人が被相続人の居住用財産を取得して譲渡した場合	専門家に相談
	②	同一年内に、あるいは連年で相続人本人の居住用財産の家屋の譲渡と被相続人の居住用財産の譲渡が発生した場合	
	③	被相続人の居住用財産を連年で切り売りした場合	
	④	その他の特殊ケース	

適用あり

（注1）居住の用に供されていた部分の床面積は次の算式により計算した面積です。

$$\boxed{\begin{array}{l}\text{その家屋のうちその居}\\\text{住の用に専ら供してい}\\\text{る部分の床面積A}\end{array}} + \boxed{\begin{array}{l}\text{その家屋のうちその居}\\\text{住の用と居住の用以外}\\\text{の用とに併用され}\\\text{ている部分の床面積}\end{array}} \times \boxed{\dfrac{A}{A + \text{居住の用以外の用に専ら供されている部分の床面積}}}$$

（注2）居住の用に供されていた部分の敷地等の面積は次の算式により計算した面積です。

$$\boxed{\begin{array}{l}\text{その土地等のうちその}\\\text{居住の用に専ら供して}\\\text{いる部分の面積}\end{array}} + \boxed{\begin{array}{l}\text{その土地等のうちその居住の用}\\\text{と居住の用以外の用とに併用さ}\\\text{れている部分の面積}\end{array}} \times \boxed{\dfrac{\text{その家屋の床面積のうち（注1）で計算した床面積}}{\text{その家屋の床面積}}}$$

(2) ポイント

①被相続人が老人ホームに入居していて相続が開始した場合でも、次の要件を満たす場合には、この規定の適用があります。

　（イ）被相続人が介護保険法に規定する要介護認定等を受け、かつ、相続開始直前まで老人ホーム等に入所していたこと。

　（ロ）被相続人が老人ホーム等に入所した時から相続開始の直前まで、その者による一定の使用がなされ、かつ、事業の用、貸付の用又はその者以外の者の居住の用に供されていたことがないこと。

※平成31年4月1日以後の譲渡から適用

② 複数の相続人が被相続人の居住用財産を取得して譲渡した場合は、相続人それぞれにこの特例の適用があります。ただし、譲渡代金1億円以下の要件は全員の合計で判定します。

③ 同一年中に相続人本人の居住用財産の譲渡と被相続人の居住用財産の譲渡が発生した場合には、2つの譲渡を合わせて最高3,000万円の特別控除となります。

④ 被相続人の居住用財産を連年で切り売りした場合には、どちらかの譲渡の1回のみこの特例の適用が受けられます。

⑤ 被相続人の居住用財産の譲渡については、「居住用低率分離課税の特例」・「特定の居住用買換の特例」の適用はありません。

〔5-3〕居住用低率分離課税の特例 (措法31条の3)

(1) 適用可否チェックリスト

		チェック項目	チェック欄
通常ケース	①	土地等・建物とも、譲渡年の1月1日において、所有期間が10年超であること（令和3年分は平成22年12月31日以前取得が10年超）	
	②	「〔5-1〕居住用3,000万円特別控除の特例」チェック項目の「通常ケースの①⑩」を除いて全部チェックできること（但し、国内財産に限る）	
	③	同時に居住用買換の特例等を受けないこと	
	④	前年又は前々年に、確定申告でこの特例を受けていないこと（3年に1回適用可）	

特殊ケース	①	特定民間再開発事業に係る譲渡については、所有期間10年以下でも適用可能性あり	専門家に相　談
	②	「〔5-1〕居住用3,000万円特別控除の特例」の「特殊ケース」の①から⑦までに該当する場合	

適用あり

(2) ポイント

① 居住用3,000万円特別控除の特例と居住用低率分離課税の特例は重複適用が可能です。

② 居住用3,000万円特別控除の特例を受けられない場合でも、居住用低率分離課税のみ適用できる場合があります。

③ 土地等・建物とも所有期間（居住期間ではない）が10年超が要件ですが、過去に建物を建て替えていた場合は、建物の所有期間は建て替え後の期間で判定します。

(3) 税　率

低率分離課税の適用のある場合には、通常の長期譲渡所得の税率に代えて、次の税率を適用する。

				所得税	復興特別所得税	住民税	合　計
譲渡代金	譲渡	特別控除後の金額	6,000万円超の部分	15%	0.315%	5%	20.315%
			6,000万円以下の部分	10%	0.21%	4%	14.21%
	益	（特別控除）3,000万円					

(注) 3,000万円特別控除を受けられない場合でも、低率分離課税のみ受けられる場合もあります。

〈参考〉課税長期譲渡所得金額（特別控除後の金額）が6,000万円を超えた場合の税額計算の方法
　　　　（80,000千円の例で説明します）。

通常の方法（1）㊟ 60,000千円×10%　　　　　　　　　　　　　＝　　6,000千円
　　　　　　　　　（80,000千円−60,000千円）×15%　　　　　＝　　3,000千円
　　　　　　　　　　　　　　　　　　　　　　　　　　　　　　＝　　9,000千円

　　　　　　（2）㊵ 60,000千円×0.21%　　　　　　　　　　　　＝　　　126千円
　　　　　　　　　（80,000千円−60,000千円）×0.315%　　　　＝　　　 63千円
　　　　　　　　　　　　　　　　　　　　　　　　　　　　　　＝　　　189千円

　　　　　　（3）㊟ 60,000千円×4%　　　　　　　　　　　　　　＝　　2,400千円
　　　　　　　　　（80,000千円−60,000千円）× 5%　　　　　　＝　　1,000千円
　　　　　　　　　　　　　　　　　　　　　　　　　　　　　　＝　　3,400千円

　　　　　　（4）㊟ ＋ ㊵ ＋ ㊟　　　　　　　　　　　　　　　　＝　12,589千円

簡便方式（1）㊟ 80,000千円×15%　　−　　3,000千円　（注1）　＝　　9,000千円
　　　　　（2）㊵ 80,000千円×0.315%　−　　　63千円　（注2）　＝　　　189千円
　　　　　（3）㊟ 80,000千円×5%　　　−　　　600千円　（注3）　＝　　3,400千円

　　　　　（4）㊟ ＋ ㊵ ＋ ㊟　　80,000千円×（15%＋0.315%＋5%）−
　　　　　　　　　（3,000千円＋63千円＋600千円）＝　12,589千円

　　（注1）60,000千円までは10%でよいところ、15%を乗じたので掛け過ぎた分の 60,000千円 ×
　　　　　 5%（15%−10%）＝ 3,000千円を差し引きます。
　　（注2）同様に、60,000千円 × 0.105%（0.315%−0.21%）＝ 63千円を差し引きます。
　　（注3）同様に、60,000千円 × 1%（5%−4%）＝ 600千円を差し引きます。

居住用低率分離課税の計算例

〔設例〕加藤氏は次の自宅を売却しました。

（1）土地・建物（木骨モルタル造）の購入代金　30,000千円

　　　（土地15,000千円、建物15,000千円）　　　売却価額　　130,000千円売

　　　購入年月日　平成20年10月10日　　　　　　却年月日　令和3年4月18日

（2）土地・建物購入時の諸費用　　　　　　　　土地・建物売却時の諸費用

　　　仲介手数料他合計　　1,000千円　　　　　①仲介手数料　　　　3,300千円

　　　（土地・建物分500千円ずつ）　　　　　　②売却時の印紙代　　　100千円

　　　　　　　　　　　　　　　　　　　　　　　③登記費用等　　　　　180千円

（3）居住用低率分離課税の特例の要件はすべて満たしています。

居住用低率分離課税の計算表

（土地・借地権・建物）

（単位：千円）

	建　物		土　地　等	
（A）譲渡代金			①	130,000
取得費	建物の購入・請負代金	15,000	土地等の購入代金	15,000
	仲介手数料	500	仲介手数料	500
	印紙代		印紙代	
	登記関連費用		登記関連費用	
	不動産取得税		不動産取得税	
	その他		その他	
	計（建物の取得価額）Ⓐ	15,500	計（土地の取得費）Ⓓ	15,500
	減価償却費 Ⓑ	6,166	非業務用の減価償却費の計算（注1）	
	建物の取得費 Ⓐ－Ⓑ Ⓒ	9,334	Ⓐ×0.9×〔0.034〕× 償却率〔13〕経過年数	
	実額取得費 Ⓒ＋Ⓓ	24,834	②多い方 24,834	
	概算取得費 ①×5%	6,500		
譲渡費用	仲介手数料	3,300		
	印紙代	100		
	登記関連費用	180		
	譲渡時の立退料・建物取壊し費用			
	その他			
	計	③	3,580	
（B）取得費 ＋ 譲渡費用 ②＋③		④	28,414	
（C）譲渡益 ①－④		⑤	101,586	
（D）特別控除額（最高30,000千円まで）		⑥	30,000	
（E）課税長期譲渡所得金額 ⑤－⑥		⑦	71,586	
税額	（1）課税長期譲渡所得金額が6,000万円以下の場合 ⑦×（10%＋0.21%＋4%）	⑧	10,879	内訳
	（2）課税長期譲渡所得金額が6,000万円超の場合 ⑦×（15%＋0.315%＋5%）－（3,000千円＋63千円＋600千円）	㊿所	7,738	
		復	162	
		住	2,979	
税引後手取額 ①－③－⑧		⑨	115,541	

居住用低率分離課税の特例は土地・建物とも長期所有（10年超）物件のため土地・建物を一括して計算ができますので、土地・建物の両方に○をします。

（注1）① 業務用建物の減価償却費は毎年の確定申告において、不動産所得や事業所得の必要経費に算入されています。

従って、毎年の申告した償却費が正しければ、売却の前年度の未償却費から売却年の減価償却費を控除した金額がⒸの建物の取得費となります。

② それが、不明の時は〔2〕減価償却〔3〕減価償却の計算（p.226～238）を参照してください。

所得税
71,586千円×15%－3,000千円
＝7,738千円

復興特別所得税
71,586千円×0.315%－63千円
＝162千円

住民税
71,586千円×5%－600千円
＝2,979千円

合計税額
7,738千円＋162千円＋2,979千円
＝10,879千円

居住用低率分離課税の計算表

土地・借地権・建物 　　　　　　　　　　　　　　　　　　　　　　　　　　（単位：千円）

（A）譲　渡　代　金					①

	建　物		土　地　等		
取得費	建物の購入・請負代金		土地等の購入代金		
	仲介手数料		仲介手数料		
	印　紙　代		印　紙　代		
	登記関連費用		登記関連費用		
	不動産取得税		不動産取得税		
	そ　の　他		そ　の　他		
	計（建物の取得価額）	Ⓐ	計（土地の取得費）	Ⓓ	
	減価償却費	Ⓑ	非業務用の減価償却費の計算　（注1）		
	建物の取得費　Ⓐ－Ⓑ	Ⓒ	償却率　　　　　経過年数 Ⓐ×0.9×〔　　　　〕×〔　　　　　〕		
	実額取得費　　　　　　　Ⓒ　＋　Ⓓ				②多い方
	概算取得費　　　　　　　①　×　5％				

譲渡費用	仲介手数料		
	印　紙　代		
	登記関連費用		
	譲渡時の立退料・建物取壊し費用		
	そ　の　他		
	計		③

（B）取得費　＋　譲渡費用	②　＋　③	④	
（C）譲　渡　益	①　－　④	⑤	
（D）特別控除額	（最高30,000千円まで）	⑥	
（E）課税長期譲渡所得金額	⑤　－　⑥	⑦	

税額	（1）課税長期譲渡所得金額が6,000万円以下の場合 　　㋐　　　㋷　　　㋟ ⑦×（10％＋0.21％＋　4％）	⑧ 内訳
	（2）課税長期譲渡所得金額が6,000万円超の場合 　　　　㋐　　　　㋷　　　㋟　　　　　㋐　　　　㋷　　　　㋟ ⑦×（15％＋0.315％＋5％）－（3,000千円＋63千円+600千円）	㋐ ㋷ ㋟
税　引　後　手　取　額	①－③－⑧	⑨

（注1）平成19年4月1日以降取得分についての減価償却費はp.226〜238を参考にしてください。

〔5-4〕 特定の居住用買換の特例 （措法 36 条の 2）

(1) 適用可否チェックリスト

			チェック項目	チェック欄
通常ケース	譲渡資産	①	土地等・建物とも、譲渡年の 1 月 1 日において、所有期間が 10 年超であること。（令和 3 年分は平成 22 年 12 月 31 日以前取得が 10 年超）国内財産に限ります。	
		②	居住期間が 10 年以上であること。※居住期間に中断がある場合には、中断期間を除いて 10 年以上	
		③	譲渡代金が 1 億円以下であること。	
		④	前年又は前々年に居住用 3,000 万円特別控除の特例、居住用低率分離課税の特例、居住用買換の譲渡損失の損益通算・繰越控除の特例、特定居住用財産の譲渡損失の損益通算・繰越控除の特例を受けていないこと。	
		⑤	令和 3 年 12 月 31 日までの譲渡であること。	
		⑥	現に本人の居住用の家屋であること。（居住の用に供している部分に限る）（単身赴任者の家族居住用建物等は適用あり）	
		⑦	居住しなくなって 3 年経過後の属する年の 12 月 31 日までの譲渡であること。（その期間空室でも貸付にしていても適用可）…… 3 年目の年末基準	
		⑧	譲渡先が配偶者（内縁関係を含む）・直系血族・同族会社でないこと。	
		⑨	収用・交換等による譲渡でないこと。	
		⑩	自己の居住用が 2 以上ある場合には、主として居住の用に供している家屋であること。	
		⑪	同時に居住用 3,000 万円特別控除の特例等を受けないこと。	
	買換資産	①	家屋の居住用部分の面積が 50㎡以上、かつ、その家屋の敷地である土地等が 500㎡以下であること。又、国内財産に限る。※中古の場合には、耐火建築物（注 1）・非耐火建築物のいずれであっても（イ）取得の日以前 25 年以内に新築された物件であること、又は（ロ）耐震基準適合証明書のある物件であること。ただし、非耐火建築物に限り、耐震基準適合要件を満たなくても、買主が買換期限までに耐震改修を行なって適合した場合も含まれます。	
		②	譲渡年（又は前年）に買換資産を取得すること。又は譲渡年の翌年中に取得する見込みであること。	
		③	原則として取得後翌年中までに居住すること、又は居住する見込みであること。	
		④	贈与・交換・代物弁済による取得でないこと。	

特殊ケース	①	譲渡先が上記 ［譲渡資産］⑧以外の親族及びそれらの特殊関係者の場合	
	②	本人が居住しなくなった後の生計を一にする親族居住建物の場合	専門家に相談
	③	居住用土地等・建物の一部譲渡の場合	
	④	譲渡した土地等と建物の所有者が異なる場合	
	⑤	土地等だけの譲渡となる場合	
	⑥	買換資産を取得した者が居住期限までに死亡した場合	
	⑦	店舗兼住宅を取得した場合	
	⑧	その他の特殊ケース	

(注 1) 耐火建築物とは、その建物の主たる部分の構成材料が石造、れんが造、コンクリートブロック造、鉄骨造、鉄筋コンクリート造又は鉄骨鉄筋コンクリート造のものであるもの。

適用あり

(2) 特定の居住用買換の特例適用買換資産の取得価額と譲渡所得金額

特定の居住用買換の特例の適用を受けた場合の買換資産の取得価額は、買換資産の実際の購入代金等ではなく、次の区分によるそれぞれの金額になります。以後その金額を対象に減価償却費の計算を行ないます。

	買換取得資産の取得価額	譲渡所得金額
(1) A＝Cの場合	B	
(2) A＜Cの場合	B＋（C－A）	
(3) A＞Cの場合	$B \times \dfrac{C}{A}$	$(A-C)-B \times \dfrac{A-C}{A}$

(注) A＝譲渡代金
B＝譲渡資産の取得費・譲渡費用
C＝買換資産の取得価額（仲介手数料、登記費用等を加算）

(3) 買換資産の取得日（取得日の引継ぎなし）

買換資産の取得日は、買換資産を実際に取得した日です。

(4) ポイント

① 買換資産の面積基準は

(イ) 建物と土地が共有である時は、持分割合に関係なく建物と土地等の全体の面積で判定します。

(ロ) 店舗兼住宅は、建物については居住用部分（下記の算式）の面積で判定しますが、土地等については建物の敷地全体の面積で判定します。

A ＝ 専ら居住の用に供している部分の床面積
B ＝ 居住の用と居住の用以外の用途に併用している部分の床面積
C ＝ 居住の用以外の用に供している部分の床面積

（算式） $A + \left(B \times \dfrac{A}{A+C} \right)$

(ハ) 買換資産である土地等の面積は、譲渡年の前年1月1日から譲渡年の翌年の12月31日までに取得した土地等の面積の合計で判定します。

② 買換資産について取得先制限はありませんので、親族等から取得しても適用されます。

③ 買換資産を翌年中に取得できなかった場合

(イ) 災害・建設業者の倒産等のやむを得ない事情により取得できない場合には、一定の書類を提出して譲渡日の属する年の翌々年12月31日までに取得し、かつ居住の用に供すればこの特例が適用されます。

(ロ) やむを得ない事情により、譲渡日の属する年の翌年12月31日までに買換資産を取得できなくて、翌々年の4月30日までに修正申告書を提出する時に限り、居住用3,000万円特別控除・居住用低率分離課税の適用が受けられます。

居住用買換の計算例

〔設例〕田中氏は次の自宅を売却しました。

（１）土地・建物の購入代金　　　　　　　　売却価額　　100,000千円
　　　　不　明　　　　　　　　　　　　　　　売却年月日　令和3年4月18日

（２）土地・建物購入時の諸費用　　　　　　土地・建物売却時の諸費用
　　　　不　明　　　　　　　　　　　　　　　①仲介手数料　　　3,000千円
　　　　　　　　　　　　　　　　　　　　　　②売却時の印紙代　　　60千円
　　　　　　　　　　　　　　　　　　　　　　③登記費用等　　　　240千円

（３）居住用買換の特例の要件はすべて満たしています。
　　　　（買換資産の取得価額は70,000千円です。）

居住用買換の計算表

土地・借地権・建物

（単位：千円）

	建　物		土　地　等	
（A）譲渡代金			①	100,000
取得費	建物の購入・請負代金		土地等の購入代金	
	仲介手数料		仲介手数料	
	印　紙　代		印　紙　代	
	登記関連費用		登記関連費用	
	不動産取得税		不動産取得税	
	そ　の　他		そ　の　他	
	計（建物の取得価額）Ⓐ		計（土地の取得費）Ⓓ	
	減価償却費 Ⓑ		非業務用の減価償却費の計算（注1）	
	建物の取得費 Ⓐ－Ⓑ Ⓒ		償却率　　経過年数　Ⓐ×0.9×〔　　〕×〔　　〕	
	実額取得費 Ⓒ＋Ⓓ		} ②多い方	
	概算取得費 ①×5%	5,000		5,000
譲渡費用	仲介手数料	3,000		
	印　紙　代	60		
	登記関連費用	240		
	譲渡時の立退料・建物取壊し費用			
	そ　の　他			
	計		③	3,300
（B）取得費　＋　譲渡費用		②＋③	④	8,300

（C）課税長期譲渡所得金額
　　　　　　①譲渡代金　　買換取得代金　　⑤
　　（1）〔100,000〕－〔70,000〕＝（　30,000　）
　　　①譲渡代金を限度とする
　　　　　　　　　　　　　　　　〔30,000〕　⑥
　　（2）〔　8,300　〕×───────＝（　2,490　）
　　　　　④取得費＋譲渡費用　〔100,000〕①譲渡代金

（3）	⑤－⑥	⑦	27,510
税額	⑦×（15%＋0.315%＋5%）	⑧ 内訳	5,587
		㊸（所）	4,126
		（復）	86
		（住）	1,375

居住用買換の特例は土地・建物とも長期所有（10年超）物件のため、土地・建物の一括計算ができます。よって土地・建物の両方に○をします。

概算取得費を使用する場合は建物の減価償却費はありません。

（注1）①業務用建物の減価償却費は毎年の確定申告において、不動産所得や事業所得の必要経費に算入されています。
　　　　従って、毎年の申告した償却費が正しければ、売却の前年度の未償却費から売却年の減価償却費を控除した金額がⒸの建物の取得費となります。

　　　②それが、不明の時は〔2〕減価償却〔3〕減価償却の計算（p.226〜238）を参照してください。

購入代金が不明の場合は概算取得費（譲渡代金×5%）のみ使用します。

設例では買換資産が70,000千円ですので70,000千円を記入しますが、譲渡代金を超えた買換資産の場合でも譲渡代金が限度となります。

所得税額
　27,510千円×15%＝4,126千円
復興特別所得税
　27,510千円×0.315%＝86千円
住民税額
　27,510千円×　5%＝1,375千円
合計税額
　4,126千円＋86千円＋1,375千円
　＝5,587千円

居住用買換の計算表

土地・借地権・建物　　　　　　　　　　　　　　　　　　　　　　（単位：千円）

（A）譲　渡　代　金		①

	建　　　物		土　地　等	
取	建物の購入・請負代金		土地等の購入代金	
	仲介手数料		仲介手数料	
	印　紙　代		印　紙　代	
	登記関連費用		登記関連費用	
得	不動産取得税		不動産取得税	
	そ　の　他		そ　の　他	
	計（建物の取得価額）	Ⓐ	計（土地の取得費）	Ⓓ
	減価償却費	Ⓑ	非業務用の減価償却費の計算　（注1）	
費	建物の取得費　Ⓐ － Ⓑ	Ⓒ	償却率　　経過年数 Ⓐ×0.9×〔　　　〕×〔　　　〕	
	実額取得費	Ⓒ ＋ Ⓓ		②多い方
	概算取得費	① × 5 ％		

譲	仲介手数料	
	印　紙　代	
渡	登記関連費用	
費	譲渡時の立退料・建物取壊し費用	
用	そ　の　他	
	計	③

（B）取得費　＋　譲渡費用	② ＋ ③	④

（C）課税長期譲渡所得金額　　　　（注2）

　　　　　①譲渡代金　　　　買換取得代金　　　　⑤
　(1)　〔　　　　　　　〕－〔　　　　　　　　〕＝（　　　　　　　　　　）

　　　　　　①譲渡代金を限度とする

　　　　　④取得費＋譲渡費用　　　　　　　　　　　⑥
　(2)　〔　　　　　　　　　　　〕× 〔　　　　　　　　〕／〔　　　　　　　　〕 ＝（　　　　　　　　　）
　　　　　　　　　　　　　　　　　　　①譲渡代金

(3)	⑤ － ⑥	⑦

税 **額**	⑦×（所15％＋復0.315％＋住5％）	⑧ 内訳 所 復 住

（注1）平成19年4月1日以降取得分についての減価償却費はp.226〜238を参考にしてください。
（注2）仲介手数料・登記費用等を加算する。

〔5-5〕居住用買換の譲渡損失の損益通算・繰越控除（措法41条の5）

　個人が平成16年1月1日から令和3年12月31日までの間の住宅の買換えにおいて発生した譲渡損失については、一定の要件を満たせば、その年の他の所得との損益通算ができ、又、その年の損益通算後の控除しきれない譲渡損失については翌年以後3年間にわたり繰越控除ができます。

(1) 適用可否チェックリスト

			チェック項目	チェック欄
通常ケース	譲渡資産	①	譲渡資産は居住の用に供している土地等・建物であること。（国内財産に限ります。）居住用が2以上ある場合には生活の拠点となっている物件のみ。	
		②	平成16年1月1日から令和3年12月31日までの譲渡であること。	
		③	譲渡資産はその年の1月1日において所有期間が5年超であること。（令和3年分は平成27年12月31日以前取得が5年超）	
		④	譲渡先が配偶者（内縁関係を含む）・直系血族・同族会社でないこと。	
		⑤	譲渡年に2以上の譲渡がある場合にはいずれか1つのみ適用。	
		⑥	居住しなくなって3年経過後の属する年の12月31日までの譲渡であること。（その期間空室でも貸付にしていても適用可）……3年目の年末基準	
		⑦	譲渡資産に500m²超の土地等が含まれている場合には、その土地等に係る譲渡損失のうち500m²超の部分に相当する金額は除くこと。	
		⑧	贈与又は出資による譲渡でないこと	
	買換資産	①	繰越控除の適用を受ける年の12月31日において、買換資産に住宅ローン（償還期間は10年以上であること）が残っていること。	
		②	譲渡年の前年1月1日から譲渡年の翌年12月31日までに居住の用に供する買換資産を取得すること。（国内財産に限る）	
		③	買換資産の取得日から取得日の翌年12月31日までの間に居住の用に供すること。又は供する見込みであること。	
		④	買換資産の居住用床面積が50m²以上であること。	
		⑤	贈与・代物弁済による取得でないこと。	
	その他	①	繰越控除の適用を受ける年は合計所得金額が3,000万円以下であること。（譲渡年には所得要件なし）	
		②	譲渡損失が発生した年の前年又は前々年において居住用3,000万円特別控除の特例、居住用低率分離課税の特例、特定の居住用買換の特例、居住用財産の交換の特例を受けていないこと。	
		③	譲渡年又は譲渡年の前年以前3年以内において、特定居住用財産の譲渡損失の損益通算・繰越控除の適用を受けないこと又は受けていないこと。	
		④	譲渡年又は譲渡年の前年以前3年以内に他の居住用財産の譲渡損失についてこの規定の損益通算・繰越控除の適用を受けていないこと。譲渡資産は居住用部分のみ適用可。	

特殊ケース	①	譲渡先が［譲渡資産］④以外の親族及びそれらの特殊関係者の場合	専門家に相談
	②	本人が居住しなくなった後の生計を一にする親族居住建物の場合	
	③	居住用土地等・建物の一部譲渡の場合	
	④	譲渡した土地等と建物の所有者が異なる場合	
	⑤	土地等だけの譲渡となる場合	
	⑥	その他の特殊ケース	

適用あり

(2) ポイント

① 譲渡先の制限はありますが、買換資産の取得先制限はありませんので、親族等から取得しても適用されます。

② 譲渡年については所得制限がなく損益通算ができますが、繰越控除をする年については、合計所得金額が3,000万円以下という要件があります。

③ 繰越控除を受けようとする年の12月31日に買換資産に住宅ローンが残っていることが要件ですが、その者が年の途中で死亡した場合には死亡の日に住宅ローンが残っていれば適用を受けることができます。

④ 譲渡した土地等が500m²超の場合の譲渡損は、その年の他の所得との損益通算において、その損失の全額が対象となりますが、繰越控除の対象となる通算後譲渡損失の金額は次の算式による500m²超の部分について除きます。

$$A \times (1 - \frac{C}{B} \times \frac{D - 500m^2}{D})$$

A＝通算後譲渡損失の金額

B＝居住用財産（土地等＋建物）の譲渡損失の額

C＝土地等のみの譲渡損失の額

D＝土地等の面積

⑤ 住宅ローン控除とのダブル適用あります。

居住用買換の譲渡損失の損益通算・繰越控除の計算例

〔設例〕細谷氏は次の自宅を売却しました。

（1）土地・建物(木造)の購入代金　60,000千円　　　売却価額　　30,000千円
　　　（土地　30,000千円、建物　30,000千円）　　　　　売却年月日　令和3年8月18日
　　　購入年月日　平成25年10月10日

（2）土地・建物購入時の諸費用　　　　　　　　　土地・建物売却時の諸費用
　　　仲介手数料他合計　2,000千円　　　　　　　①仲介手数料　　　　960千円
　　　（土地・建物分1,000千円ずつ）　　　　　　②売却時の印紙代　　　20千円
　　　　　　　　　　　　　　　　　　　　　　　③登記費用等　　　　　20千円

（3）譲渡所得以外の所得は給与収入（年収）が毎年10,000千円とします。

居住用買換の譲渡損失の損益通算・繰越控除の計算表

土地・借地権・建物　　　　　　　　　　　　　　　　　　　（単位：千円）

		建　　物		土　地　等	
（A）譲渡代金				①	30,000
取得費	建物の購入・請負代金		30,000	土地等の購入代金	30,000
	仲介手数料		1,000	仲介手数料	1,000
	印　紙　代			印　紙　代	
	登記関連費用			登記関連費用	
	不動産取得税			不動産取得税	
	そ　の　他			そ　の　他	
	計（建物の取得価額）Ⓐ		31,000	計（土地の取得費）Ⓓ	31,000
	減価償却費 Ⓑ		6,919	非業務用の減価償却費の計算(注1)	
	建物の取得費 Ⓐ－Ⓑ Ⓒ		24,081	償却率　　経過年数	
				Ⓐ×0.9×〔0.031〕×〔 8 〕	
	実額取得費 Ⓒ＋Ⓓ		55,081		
	概算取得費 ①×5％		1,500	②多い方 55,081	
譲渡費用	仲介手数料				960
	印　紙　代				20
	登記関連費用				20
	譲渡時の立退料・建物取壊し費用				
	そ　の　他				
	計			③	1,000
（B）取得費＋譲渡費用		②＋③		④	56,081
（C）譲渡損		①－④		⑤	△26,081

	譲渡以外の所得	⑤譲渡損	⑥繰越譲渡損
譲渡年の損益通算〔 7,800 〕－〔 26,081 〕＝〔 △18,281 〕			

	譲渡以外の所得	⑥繰越譲渡損	⑦繰越譲渡損
繰越控除第1年度〔 7,800 〕－〔 18,281 〕＝〔 △10,481 〕			

	譲渡以外の所得	⑦繰越譲渡損	⑧繰越譲渡損
繰越控除第2年度〔 7,800 〕－〔 10,481 〕＝〔 △ 2,681 〕			

	譲渡以外の所得	⑧繰越譲渡損	⑨繰越譲渡損
繰越控除第3年度〔 7,800 〕－〔 2,681 〕＝〔 5,119 〕			

※⑥〜⑨の繰越譲渡損がプラスになると課税されます。

居住用買換の譲渡損失の損益通算・繰越控除は土地・建物とも長期所有（10年超）物件のため土地・建物を一括して計算ができますので、よって土地・建物の両方に○をします。

（注1）① 業務用建物の減価償却費は毎年の確定申告において、不動産所得や事業所得の必要経費に算入されています。
　従って、毎年の申告した償却費が正しければ、売却の前年度の未償却費から売却年の減価償却費を控除した金額がⒸの建物の取得費となります。
② それが、不明の時は〔2〕減価償却〔3〕減価償却の計算（p.226〜238）を参照してください。

給与収入(年収)　10,000千円
給与所得控除額　2,200千円（p.220参照）
給与所得　　　　7,800千円

①〜④までは通常の計算と同じです。

譲渡損△26,081千円と給与所得7,800千円との損益通算をします。損益通算後の所得税は0円、住民税は均等割のみの課税となります。

繰越譲渡損より給与所得が少ないので、この年度も所得税は0円となります。住民税は均等割のみの課税となります。

繰越譲渡損より給与所得が多いので、この年度は5,119千円に対して課税されます。もし、この繰越控除第3年度において、まだ繰越譲渡損があっても翌年には繰越はできません。この年度で繰越譲渡損は打ち切られます。

居住用買換の譲渡損失の損益通算・繰越控除の計算表

土地・借地権・建物

（単位：千円）

（A）譲　渡　代　金					①

<table>
<tr><td rowspan="12">取

得

費</td><td colspan="2" align="center">建　　物</td><td colspan="3" align="center">土　地　等</td></tr>
<tr><td>建物の購入・請負代金</td><td></td><td>土地等の購入代金</td><td></td><td></td></tr>
<tr><td>仲介手数料</td><td></td><td>仲介手数料</td><td></td><td></td></tr>
<tr><td>印　紙　代</td><td></td><td>印　紙　代</td><td></td><td></td></tr>
<tr><td>登記関連費用</td><td></td><td>登記関連費用</td><td></td><td></td></tr>
<tr><td>不動産取得税</td><td></td><td>不動産取得税</td><td></td><td></td></tr>
<tr><td>その　他</td><td></td><td>その　他</td><td></td><td></td></tr>
<tr><td>計（建物の取得価額）</td><td>Ⓐ</td><td>計（土地の取得費）</td><td>Ⓓ</td><td></td></tr>
<tr><td>減価償却費</td><td>Ⓑ</td><td colspan="3">非業務用の減価償却費の計算　（注1）</td></tr>
<tr><td>建物の取得費　Ⓐ－Ⓑ</td><td>Ⓒ</td><td colspan="3">　　　　　　償却率　　　　　経過年数
Ⓐ×0.9×〔　　　　　〕×〔　　　　　〕</td></tr>
<tr><td colspan="2" align="center">実額取得費</td><td>Ⓒ　＋　Ⓓ</td><td></td><td rowspan="2">②多い方
}</td></tr>
<tr><td colspan="2" align="center">概算取得費</td><td>①　×　5％</td><td></td></tr>
</table>

<table>
<tr><td rowspan="6">譲
渡
費
用</td><td>仲介手数料</td><td></td></tr>
<tr><td>印　紙　代</td><td></td></tr>
<tr><td>登記関連費用</td><td></td></tr>
<tr><td>譲渡時の立退料・建物取壊し費用</td><td></td></tr>
<tr><td>その　他</td><td></td></tr>
<tr><td align="center">計</td><td>③</td></tr>
</table>

（B）取得費　＋　譲渡費用	②　＋　③	④
（C）譲　渡　損	①　－　④	⑤

譲渡年の損益通算　　譲渡以外の所得〔　　　　　〕－⑤譲　渡　損〔　　　　　〕＝⑥繰越譲渡損〔　　　　　〕

繰越控除第1年度　　譲渡以外の所得〔　　　　　〕－⑥繰越譲渡損〔　　　　　〕＝⑦繰越譲渡損〔　　　　　〕

繰越控除第2年度　　譲渡以外の所得〔　　　　　〕－⑦繰越譲渡損〔　　　　　〕＝⑧繰越譲渡損〔　　　　　〕

繰越控除第3年度　　譲渡以外の所得〔　　　　　〕－⑧繰越譲渡損〔　　　　　〕＝⑨繰越譲渡損〔　　　　　〕

（注1）平成19年4月1日以降取得分についての減価償却費はp.226～238を参考にしてください。
※　⑥～⑨の繰越譲渡損がプラスになると課税されます。

〔5-6〕特定居住用財産の譲渡損失の損益通算・繰越控除（措法41条の5の2）

　個人が平成16年1月1日から令和3年12月31日までの間に住宅を売却して生じた譲渡損失については、買換えをしなくても一定の要件を満たせばその譲渡損失はその年に損益通算、控除しきれない譲渡損失については翌年以後3年間にわたり繰越控除ができることになりました。

（1）適用可否チェックリスト

		チェック項目	チェック欄
通常ケース	①	譲渡資産は居住の用に供している土地等・建物であること。（国内財産に限る）居住用が2以上ある場合には生活の拠点になっている物件のみ。	
	②	平成16年1月1日から令和3年12月31日までの譲渡であること。	
	③	譲渡資産はその年の1月1日において所有期間が5年超であること。（令和3年分は平成27年12月31日取得が5年超）	
	④	譲渡先が配偶者（内縁関係を含む）・直系血族・同族会社でないこと。	
	⑤	譲渡資産については譲渡契約日の前日において住宅ローンが残っていること。	
	⑥	その年に2以上の譲渡がある場合にはいずれか1つのみ適用。居住しなくなって3年経過後の属する年の12月31日までの譲渡であること。（その期間空室でも貸付についても適用可）……3年目の年末基準	
	⑦	繰越控除の適用を受ける年は合計所得金額が3,000万円以下であること。（譲渡年には所得要件なし）	
	⑧	譲渡年の前年以前3年以内にこの規定の適用を受けてないこと。	
	⑨	譲渡損失が発生した年の前年又は前々年において居住用3,000万円特別控除の特例、居住用低率分離課税の特例、特定の居住用買換の特例、特定居住用財産の交換の特例を受けていないこと。	
	⑩	譲渡年又は譲渡年の前年以前3年以内において、居住用買換の譲渡損失の損益通算・繰越控除の適用を受けないこと又は受けていないこと。	
	⑪	贈与又は出資による譲渡でないこと。	

特殊ケース	①	譲渡先が［通常ケース］④以外の親族及びそれらの特殊関係者の場合	専門家に相談
	②	本人が居住しなくなった後の生計を一にする親族居住建物の場合	
	③	居住用土地等・建物の一部譲渡の場合	
	④	譲渡した土地等と建物の所有者が異なる場合	
	⑤	土地等だけの譲渡となる場合	
	⑥	その他の特殊ケース	

適用あり

(2) 譲渡損失の金額の計算（損益通算・繰越控除対象金額）

① 　（取得費＋譲渡費用）－ 譲渡代金

② 　ローン残高 － 譲渡代金

③ 　①、②のうち少ない方

(3) ポイント

住宅ローン控除とのダブル適用あります。

〔6〕 事業用買換の特例 （措法 37 条）

(1) 適用可否チェックリスト

		チェック項目	チェック欄
通常ケース	①	譲渡資産及び買換資産はともに、事業用（事業に準ずるものを含む）であること。 ※「事業に準ずるもの」には、減価償却費・固定資産税・その他必要経費を回収した後において、なお、相当の利益を生ずるような対価を得て、かつ、相当期間継続貸付をしている場合をいう。	
	②	譲渡資産はその年の 1 月 1 日において所有期間が 5 年超であること。 （令和 3 年分は平成 27 年 12 月 31 日以前取得が 5 年超）	
	③	この特例の適用を受ける目的で一時的に事業の用に供したものではないこと。	
	④	たまたま物品置場・駐車場等として自己が使用したもの、又は、これらの用に一時的に貸付けたものでないこと。	
	⑤	店舗兼住宅は事業用部分のみ適用可。 （住宅部分は居住用 3,000 万円特別控除等の特例適用可） ※居住用部分が 10％未満の場合は、全部事業用とみなしてよい。	
	⑥	原則として、買換資産の面積は譲渡資産の面積の 5 倍を限度とします。	
	⑦	譲渡年（又は前年）に買換資産を取得すること。又は譲渡年の翌年中に取得する見込みであること（国内財産に限る）。	
	⑧	買換資産を取得した日から、1 年以内に事業の用に供すること。	
	⑨	収用・交換等による譲渡及び贈与・交換等による取得でないこと。	
	⑩	譲渡年の翌年 3 月 15 日までに確定申告すること。	

下の表の各号の譲渡資産を譲渡し、その号の買換資産を取得すること。
（一般的な通常ケース）

⑪

1号	一般商工業に適用 ①既成市街地等内にある ②事業所(工場、作業場、研究所、営業所、倉庫その他これらに類する施設(福利厚生施設を除く))の建物又は土地等 ③所有期間は 10 年超	一般商工業に適用 ①既成市街地等外にある ②土地等・建物・構築物・機械装置 ③農地・山林の場合は市街化区域外等々の規制があるので→専門家に相談
	適用は令和 5 年 5 月 31 日まで・・・例年延長されているので、延長の可能性大	

6号	全ての事業 旧 7 号が 6 号になりました ①国内にある土地等・建物・構築物 ②所有期間は 10 年超	全ての事業 国内にある土地等（注）・建物・構築物
	適用は令和 5 年 5 月 31 日まで・・・例年延長されているので、延長の可能性大	

事業用買換えの特例は 1 号から 7 号まであり、また上記以外に規制がありますので、必ず専門家に相談してください。

※1 一般商工業とは農業以外の事業です。
全ての事業とは農業を含めた全ての事業です。

※2 既成市街地等とは
東京都　　23 区・武蔵野市の全域・三鷹市の特定の区域
神奈川県　横浜市・川崎市の特定の区域
埼玉県　　川越市の特定の区域
大阪府　　大阪市の全域・守口市・東大阪市・堺市の特定の区域
京都府　　京都市の特定の区域
兵庫県　　神戸市・尼崎市・西宮市・芦屋市の特定の区域
愛知県　　名古屋市の特定の区域

(注)　土地等は特定施設の敷地の用に供されるもので、300㎡以上であること。
（特定施設の事業活動に必要な駐車場も含まれる）
※特定施設とは、事務所・工場・作業場・研究所・営業所・店舗・倉庫・住宅等で福利厚生施設に該当しないものをいいます。
※建物又は構築物の敷地の用に供されていないことについて開発許可申請書等のやむを得ない事情のある駐車場。

チェック項目		チェック欄
特殊ケース ①	［通常ケース］⑤において、5倍を超える買換の場合	専門家に相談
②	2以上の資産を譲渡した場合	
③	譲渡資産のうち長期保有資産と短期保有資産がある場合	
④	譲渡資産・買換資産の所有者と事業主が異なる場合	
⑤	同年に他の特例（収用・交換等）の適用を受ける場合	
⑥	その他の特殊ケース	

適用あり

(2) 課税の繰延割合（7号買換）

　課税の繰延割合は原則80％ですが、改正地域再生法の施行日（平成27年8月10日）以後に譲渡資産の譲渡・買換資産の取得の両方があった場合には、次のようになります。

区分	課税の繰延割合
地方^(注1) ⇨ 東京23区	70％
地方^(注1) ⇨ 東京23区以外の大都市^(注2)	75％
上記以外	80％

（注1）「地方」とは「東京23区」及び「東京23区以外の大都市」を除いた地域です。

（注2）「東京23区以外の大都市」とは、「東京23区を除く首都圏既成市街地」、「首都圏近郊整備地帯等」、「近畿圏既成都市区域」、「名古屋市の特定区域」です。

(3) 事業用買換の特例適用買換資産の取得価額と譲渡所得金額（課税の繰延割合が80％の場合）

　事業用買換の特例の適用を受けた場合の買換資産の取得価額は、買換資産の実際の購入代金等ではなく、次の区分によるそれぞれの金額になります。以後その金額を対象に減価償却費の計算を行います。

	買換取得資産の取得価額	譲渡所得金額
(1) A＝Cの場合	$B \times 0.8 + A \times 0.2$	$(A-B) \times 0.2$
(2) A＜Cの場合	$B \times 0.8 + C - A \times 0.8$	
(3) A＞Cの場合	$B \times \dfrac{C \times 0.8}{A} + C \times 0.2$	$A - C \times 0.8 - B \times \dfrac{A - C \times 0.8}{A}$

（注）A＝譲渡代金

B＝譲渡資産の取得費・譲渡費用

C＝買換資産の取得価額（仲介手数料、登記費用等を加算）

(4) 買換資産の取得日（取得日の引継ぎなし）

　買換資産の取得日は、買換資産を実際に取得した日です。

事業用買換の計算例

〔設例〕渡辺氏は次の鉄骨鉄筋コンクリート造の事務所を売却して、事業用買換の特例を受けたいと思っています。

（1）土地・建物の購入代金　　29,000 千円
　　　　（土地 19,300 千円、建物 9,700 千円）
　　　購入年月日　　平成 8 年 10 月 10 日

（2）土地・建物購入時の諸費用
　　　仲介手数料他合計　　　　1,000 千円
　　　（土地分 700 千円、建物分 300 千円）

売却価額　　100,000 千円
売却年月日　　令和 3 年 4 月 18 日

土地・建物売却時の諸費用
　①仲介手数料　　　3,000 千円
　②売却時の印紙代　　60 千円
　③登記費用等　　　300 千円

（3）買換資産の取得価額は 130,000 千円　課税の繰延割合 80％

（4）事業用買換の特例の要件はすべて満たしています。

事業用買換の計算表

（土地・借地権・建物）　　　　　　　　　　　　　　　　　　　　　　　（単位：千円）

（A）譲渡代金			①	100,000

設例の場合は土地・建物とも長期所有（5年超）物件のため、土地・建物の一括計算ができます。よって土地・建物の両方に○をします。

	建　物		土　地　等	
取得費	建物の購入・請負代金	9,700	土地等の購入代金	19,300
	仲介手数料	300	仲介手数料	700
	印　紙　代		印　紙　代	
	登記関連費用		登記関連費用	
	不動産取得税		不動産取得税	
	そ　の　他		そ　の　他	
	計（建物の取得価額）Ⓐ	10,000	計（土地の取得費）Ⓓ	20,000
	減価償却費　Ⓑ	4,380		
	建物の取得費　Ⓐ－Ⓑ　Ⓒ	5,620		
	実額取得費　Ⓒ＋Ⓓ		25,620	
	概算取得費　①×5％		5,000	②多い方 25,620

減価償却費の計算
p.236 の減価償却費の計算表を使用してください。

9 年までは旧耐用年数、10 年からは新耐用年数で計算します。
この設例の場合は p.235 の計算表を参照してください。

譲渡費用	仲介手数料	3,000
	印　紙　代	60
	登記関連費用	300
	譲渡時の立退料・建物取壊し費用	
	そ　の　他	
	計 ③	3,360

買換資産の金額が 130,000 千円でも譲渡代金の 100,000 千円が限度となります。

（B）取得費 ＋ 譲渡費用　　②＋③	④	28,980

（C）課税長期譲渡所得金額

（1）　①譲渡代金　　　　買換取得代金　　70　　　⑤
　　　〔 100,000 〕－（〔 100,000 〕× 75 ％）＝（ 20,000 ）
　　　　　　　　　　　　　　　　　　　　　80
　　　　　①譲渡代金を限度とする

（2）　④取得費＋譲渡費用　　　　　　⑥
　　　〔 28,980 〕×　 20,000 　　＝（ 5,796 ）
　　　　　　　　　　　 100,000　　①譲渡代金

（3）⑤ － ⑥	⑦	14,204

税額	⑦ ×（15％ + 0.315％ + 5％）	⑧ 内訳	2,886
	（所）（復）（住）	（所）	2,131
		（復）	45
		（住）	710

課税の繰延割合には 80％以外もありますが、本書では実務上の使用頻度を考慮して、すべて 80％にしています。

所得税
　14,204 千円×15％＝2,131 千円
復興特別所得税
　14,204 千円×0.315％＝45 千円
住民税
　14,204 千円×5％＝710 千円
合計税額
　2,131 千円＋45 千円＋710 千円
　＝2,886 千円

事業用買換の計算表

土地・借地権・建物 (単位：千円)

(A) 譲 渡 代 金						①

	建　　物		土 　地 　等			
取 得 費	建物の購入・請負代金		土地等の購入代金			
	仲介手数料		仲介手数料			
	印　紙　代		印　紙　代			
	登記関連費用		登記関連費用			
	不動産取得税		不動産取得税			
	そ　の　他		そ　の　他			
	計（建物の取得価額）	Ⓐ	計（土地の取得費）	Ⓓ		
	減価償却費	Ⓑ	減価償却費の計算 p.236の減価償却の計算表を使用してください。			
	建物の取得費 Ⓐ－Ⓑ	Ⓒ				
	実額取得費	Ⓒ ＋ Ⓓ			②多い方	
	概算取得費	① × 5％				

譲 渡 費 用	仲介手数料	
	印　紙　代	
	登記関連費用	
	譲渡時の立退料・建物取壊し費用	
	そ　の　他	
	計	③

(B) 取得費 ＋ 譲渡費用	② ＋ ③	④

(C) 課税長期譲渡所得金額

(注1)

(1) ①譲渡代金 〔　　　　　　〕 － （〔買換取得代金　　　　〕 × 75％）$= \dfrac{70}{80}$ （　　　　　　　　）⑤

①譲渡代金を限度とする

(2) ④取得費＋譲渡費用 〔　　　　　　〕 × $\dfrac{〔　　　　　　〕}{〔　　　　　　〕}$ ①譲渡代金 = （　　　　　　　　）⑥

(3)	⑤ － ⑥	⑦

税 額	〔長期の場合〕　⑦× （所15％＋ 復0.315％＋ 住5％）	⑧ 内訳 所 復 住
	〔短期の場合〕　⑦× （所30％＋ 復0.63％＋ 住9％）	

(注1) 仲介手数料・登記費用等を加算する。

〔7〕資金繰り表の計算例

〔設例〕事業用買換の設例において資金繰り表を作成して下さい。

追加設例事項	
既存借入金の返済	10,000千円
手許に残しておきたい資金	3,000千円
新規資産購入価格	125,000千円
新規資産取得に伴う諸費用	5,000千円

資金繰り表

(単位：千円)

〔1〕譲渡代金		① 100,000	
〔2〕譲渡所得税・住民税		② 2,886	← 事業用買換の計算表の税額欄の税額を転記します（p.49⑧参照）。
〔3〕税引後手取額 ①−②		③ 97,114	
〔4〕譲渡時所要資金			
(1) 仲介手数料	3,000		←
(2) 契約書の印紙代	60		← 事業用買換の計算表の譲渡費用を転記します（p.49参照）。
(3) 登記費用・司法書士報酬等	300		←
(4) 譲渡時の立退料・移転料			
(5) 譲渡時の建物取壊し費用			
(6) 違約金等支払費用			
(7) 借地権買取費用			
(8) 底地権買取費用			
(9) その他の費用			
計		④ 3,360	
③−④ 差引残高		⑤ 93,754	
〔5〕既存借入金の返済		⑥ 10,000	
⑤−⑥ 差引残高		⑦ 83,754	
〔6〕手許に残しておきたい資金		⑧ 3,000	
⑦−⑧ 差引残高		⑨ 80,754	
〔7〕新規資産購入価格 （イ）	125,000	（イ）+（ロ）	
新規資産取得に伴う諸費用（ロ）（手数料・登記費用・司法書士報酬他）	5,000	⑩ 130,000	
⑨−⑩ 差引残高		△49,246	

資金繰り表

（単位：千円）

〔1〕 譲渡代金			①
〔2〕 譲渡所得税・住民税			②
〔3〕 税引後手取額	①−②		③
〔4〕 譲渡時所要資金 (1) 仲介手数料			
(2) 契約書の印紙代			
(3) 登記費用・司法書士報酬等			
(4) 譲渡時の立退料・移転料			
(5) 譲渡時の建物取壊し費用			
(6) 違約金等支払費用			
(7) 借地権買取費用			
(8) 底地権買取費用			
(9) その他の費用			
計			④
	③−④	差引残高	⑤
〔5〕 既存借入金の返済			⑥
	⑤−⑥	差引残高	⑦
〔6〕 手許に残しておきたい資金			⑧
	⑦−⑧	差引残高	⑨
〔7〕 新規資産購入価格	（イ）		（イ）＋（ロ） ⑩
新規資産取得に伴う諸費用 （仲介手数料・登記費用・司法書士報酬他）	（ロ）		
	⑨−⑩	差引残高	

〔8〕長期譲渡所得の1,000万円特別控除 (措法35条の2)

　平成21年1月1日から平成22年12月31日までの間に、国内にある土地等（棚卸資産を除く）を取得し、その土地等を所有期間が5年超（長期譲渡）となってから譲渡した場合には、一定の要件を満たせば譲渡益から1,000万円の特別控除が受けられます。具体的には平成27年1月1日以後の譲渡から適用されます。

(1) 適用可否チェックリスト

チ ェ ッ ク 項 目			チェック欄
適用対象者	個人・法人（清算中の法人は除く）		
取得土地等	国内にある土地等（棚卸資産は除く）		
取得時期	平成21年1月1日から平成22年12月31日の間		
取得の内容	①	取得先が配偶者（内縁関係を含む）・直系血族・同族会社でないこと（注1）	
	②	相続・遺贈・贈与による取得でないこと	
	③	交換による取得でないこと	
	④	所有権移転外リース取引による取得でないこと	
	⑤	代物弁済による取得でないこと	
所有期間	譲渡する場合には所有期間が5年超であること		
譲渡の範囲	①	譲渡には譲渡所得の起因となる不動産の貸付を含むものとする（時価の50％超の権利金支払を受ける借地権設定）	
	②	所得税法の交換、収用交換等の5,000万円特別控除、居住用3,000万円特別控除等を受ける場合には、この特例の譲渡の範囲に含まれない（注2）	
	③	その年中に譲渡したこの特例の対象となる土地等の全部又は一部につき事業用資産の買換等の一定の特例を受けないこと（注3）	
手続規定（譲渡時）	確定申告書に特例適用の旨の記載をして、売買契約書の写し・譲渡した土地等の謄本・その他の書類で平成21年1月1日から平成22年12月31日までの間に取得したことを証明する書類を添付すること		

⇩

特 殊 ケ ー ス	専門家に相　　談

⇩

適用あり

（注1）次に掲げる者は適用除外（取得時で判定）
① 本人の配偶者及び直系血族（父母・孫等）
② 本人の親族（①以外の者）で本人と生計を一にする者
③ 本人と内縁関係にある者及びその親族でその者と生計を一にする者
④ 本人から受ける金銭等による生計維持者（使用人を除く）及びその者の親族でその者と生計を一にする者（①～③を除く）
⑤ 本人の同族会社

（注2）次の特例の適用を受ける譲渡は、この特例の譲渡の範囲に含まれません。
① 固定資産の交換の特例
② 収用交換等の5,000万円特別控除の特例
③ 居住用3,000万円特別控除の特例
④ 特別土地区画整理事業等の2,000万円特別控除の特例
⑤ 特定住宅地造成事業等の1,500万円特別控除の特例
⑥ 農地保有合理化等の800万円特別控除の特例

（注3）この特例の対象となる土地等の全部又は一部につき次の特例を受ける場合は、この特例の適用はありません。
① 収用等に伴い代替資産を取得した場合の特例
② 交換処分等に伴い資産を取得した場合の特例
③ 換地処分等に伴い資産を取得した場合の特例
④ 特定の居住用財産の買換の特例
⑤ 特定の居住用財産の交換の特例
⑥ 特定事業用資産の買換の特例
⑦ 特定事業用資産の交換の特例
⑧ 認定事業用地適正化計画の事業用地の区域内にある土地等の交換等の特例

(2) ポイント
① 生計一でない兄弟姉妹からの取得は適用あります。
② 相続取得物件は売却しても1,000万円特別控除はありません。
③ 5年超所有期間経過後の譲渡時期の制限はありません。
④ 取得時と違って譲渡先に制限はありません。
⑤ 〔8〕の土地等の先行取得の届出書を提出していても後に1,000万円特別控除の特例に変更できます。
⑥ 土地等の取得後の用途は問いません。
⑦ 上記の適用可否チェックリストの要件を満たした土地等が複数あれば平成27年以後毎年それぞれの土地等につき1,000万円特別控除の適用が可能です。

〔9〕交換の特例（所法58条）

(1) 適用可否チェックリスト

チェック項目			チェック欄
通常ケース	①	引渡資産と取得資産はともに交換時固定資産であること。 法人、個人を問わず棚卸資産（商品）でないこと。	
	②	同種資産の交換であること。 （イ）土地と土地との交換……………………適用可 （ロ）土地と借地権との交換…………………適用可 （ハ）建物と建物との交換……………………適用可 （ニ）土地又は借地権と建物との交換………適用不可（双方とも適用不可）	
	③	引渡資産は1年以上所有していること。 （イ）1年以上所有…………………………適用可 （ロ）1年未満の所有………………………適用不可（双方とも適用不可）	
	④	取得資産は相手方が交換目的で取得したものでなく、かつ1年以上所有していること。 （イ）相手方が交換目的で取得したもの……………………双方とも適用不可 （ロ）相手方が交換目的で取得したものではなく、1年以上所有……適用可 （ハ）相手方が交換目的で取得したものではなく、1年未満の所有…双方とも適用不可	
	⑤	交換の相手方は個人、法人どちらでも適用可。	
	⑥	取得資産を、引渡資産の譲渡直前の用途に供すること。（注1） 〈具体例〉●引渡資産の譲渡直前の用途　　●取得資産の新しい用途 　　土地　　宅地　　────→　宅地 　　　　　　田畑　　────→　田畑 　　　　　　山林　　────→　山林 　　建物　　居住の用　　────→　居住の用 　　　　　　店舗又は事務所用────→　店舗又は事務所用 　　　　　　工場用　　────→　工場用 　　　　　　倉庫用　　────→　倉庫用 　　※宅地 → 田畑や居住用 → 店舗用にすると、同一用途に供しない者のみ適用不可となります。	
	⑦	交換差金が交換売買金額の高い方の20%を超えないこと。	
	⑧	翌年3月15日までに⑥の用途に供すること。	

チェック項目			チェック欄
特殊ケース	①	土地・建物込みと土地・建物込みとで交換した場合 ※土地は土地、建物は建物と交換したことになりますので、全体が等価でも差額が出る場合があります。その差額は各々の交換差金とみなされます。	専門家に相談
	②	取得資産を複数取得し、そのうち一つを同一用途に供しない場合	
	③	土地は交換、建物は売買とした場合	
	④	取得資産を同一用途に供するため、改造等をした場合	
	⑤	同一資産を一部分を交換にし、残りの部分を売買にしている場合	
	⑥	その他の特殊ケース	

適用あり

(2) 交換の特例適用時の交換取得資産の取得価額と譲渡所得

交換の特例を適用した場合の交換取得資産の取得価額と譲渡所得については、次の区分によるそれぞれの金額となります。以後、その金額を対象に減価償却の計算を行います。

	交換取得資産の取得価額	譲渡所得金額
(1) A＝Cの場合	B	
(2) A＜Cの場合	B＋E	
(3) A＞Cの場合	$B \times \dfrac{C}{C+D}$	$D - B \times \dfrac{D}{C+D}$

A＝交換譲渡資産の時価
B＝交換譲渡資産の取得費・譲渡費用
C＝交換取得資産の時価
D＝取得した交換差金等
E＝支払った交換差金等

(3) 交換取得資産の取得日 （取得日の引継ぎあり）

交換取得資産の取得日は、交換譲渡資産の取得日を引継ぎます。

(4) ポイント

① 交換の譲渡費用には次の（イ）（ロ）（ハ）があります。
　（イ）仲介手数料、取り外し費、荷役費、運送保険料その他譲渡に要した経費
　（ロ）交換のために、土地の上にある建物等を取り壊した場合の取り壊し費用とその建物の未償却残高（取り壊しに伴い借家人に支払った立退料を含む）
　（ハ）交換のため支払った費用が、交換譲渡資産のために要した費用か、交換取得資産のために要した費用か、明らかでない時は、その費用の50％ずつをそれぞれに区分します。

② 交換取得資産の登記費用は原則として交換取得資産の取得価額となります。（交換取得資産が業務の用に供されるものである時は、不動産所得等の必要経費となります）

③ 交換取得資産を引渡資産の譲渡直前の用途と「同一用途に供すること」とは
　（イ）双方とも同一用途に供する必要はなく、交換の特例を受けようとする者が同一用途に供していれば、相手方が同一用途に供さなくても交換の特例の適用があります。
　（ロ）交換取得資産を交換直後に他に転売した時は同一用途に供したことになりません。

④　同一用途に供する時期
　（イ）その交換の日の属する年分の確定申告書の提出期限までに同一用途に供すること。
　（ロ）同一用途に供するために、改造等が必要な場合には、確定申告書の提出期限までに、改造
　　　等に着手していること（改造等は相当期間内に完了する見込みであること）。

⑤　交換取得資産を複数取得し、そのうち一つを同一用途に供しない場合は、同一用途に供しない
　　資産が交換差金となります。

⑥　同一資産の一部を交換とし、残りの部分を売買としている場合は、売買部分が交換差金となり
　　ます。

⑦　土地は交換、建物は売買によって譲渡した場合
　　次の（イ）（ロ）を満たす場合は、土地について交換の特例を適用できます。
　（イ）土地と土地の交換が等価であること。
　（ロ）建物の売買価額が時価相当額であること。

⑧　交換取得資産を再交換する場合の所有期間の判定
　（イ）交換取得資産を譲渡する場合は、交換譲渡資産の取得費・取得日の引継ぎをします。
　（ロ）再交換する場合に「1年以上所有していた固定資産」に該当するかどうかは、実際に交換に
　　　よって取得した日を基礎として判定します。

⑨　借家権は固定資産に含まれないので、交換の特例の適用はありません。

交換の計算表

土地・借地権・建物 (単位：千円)

（A）譲　渡　代　金				①

	建　　　物		土　地　等	
取	建物の購入・請負代金		土地等の購入代金	
	仲介手数料		仲介手数料	
	印　紙　代		印　紙　代	
	登記関連費用		登記関連費用	
得	不動産取得税		不動産取得税	
	そ　の　他		そ　の　他	
	計（建物の取得価額）	Ⓐ	計（土地の取得費）	Ⓓ
費	減価償却費	Ⓑ	減価償却費の計算（注1）　　　　償却率　　　経過年数	
	建物の取得費　Ⓐ－Ⓑ	Ⓒ	Ⓐ ×0.9×〔　　　　〕×〔　　　　〕	
	実額取得費	Ⓒ ＋ Ⓓ		②多い方
	概算取得費	① × 5 ％		

譲	仲介手数料		
	印　紙　代		
渡	登記関連費用		
費	譲渡時の立退料・建物取壊し費用		
用	そ　の　他		
	計		③

（B）取得費　＋　譲渡費用		② ＋ ③	④

（C）課税譲渡所得金額

（1）　① 譲渡代金（引渡資産の金額）　　　取得代金（取得資産の金額）　　⑤交換差金
〔　　　　　　　　　　　　　〕－〔　　　　　　　　　　　　　〕＝〔　　　　　　　　〕

　⑤交換差金
〔　　　　　　〕＝ 0 ‥‥‥‥‥‥‥‥‥‥‥‥→交換適用可で課税ナシ

　⑤交換差金　　　　①譲渡代金（引渡資産の金額）×20%
〔　　　　　　〕＞〔　　　　　　　　　　　　　　　〕‥‥‥→双方交換適用不可で一般の譲渡計算へ

　⑤交換差金　　　　①譲渡代金（引渡資産の金額）×20%
〔　　　　　　〕≦〔　　　　　　　　　　　　　　　〕‥‥‥→双方交換適用可で次に進む

　④取得費＋譲渡費用　　　　⑤交換差金
（2）〔　　　　　　　　　〕× 〔　　　　　　　　　　〕 ／ ①譲渡代金（引渡資産の金額）〔　　　　　　　　〕 ＝〔⑥　　　　　　　〕

（3）長期の場合　⑤－⑥		⑦
短期の場合　⑤－⑥		⑦

税	〔長期の場合〕　　　　　　㊟　　㊟　　㊟ ⑦×（15%＋0.315%＋5%）	⑧ 内訳 ㊟
額	〔短期の場合〕　　　　　　㊟　　㊟　　㊟ ⑦×（30%＋0.63%＋9%）	㊟ ㊟

（注1）平成19年4月1日以降取得分についての減価償却費はp.226〜238を参考にしてください。

〔10〕収用等の補償金の種類と課税関係

(1) ① 自己の資産が収用等された場合は種々の名義で補償金がもらえます。

その補償金は④対価補償金、回収益補償金、ハ経費補償金、二移転補償金、ホ精神補償金に分類され、その区分ごとに課税関係が異なります。

② 区画整理事業においても同種の補償金が受領され、収用等の課税関係が適用されます。

(2) 補償金の課税関係は下記の表の通りです。

収用等の主要な特例は、①収用等の5,000万円特別控除、②収用等の代替資産取得の特例があります。

(3) この二つの特例は対価補償金で分離課税の譲渡所得に該当した場合しか適用できません。

① 対価補償金　　分離課税の譲渡所得・総合課税の譲渡所得
② 収益補償金　　総合課税の事業所得・不動産所得・雑所得
③ 経費補償金　　総合課税の事業所得・不動産所得・雑所得
④ 移転補償金　　総合課税の一時所得
⑤ 精神補償金　　非課税

補償区分		補償金	所得区分
①対価補償	土地等補償	土　　地	分離譲渡所得
		借　地　権	
		残　　地	
		計	
	建物等補償	建　　物	
		工　作　物	
		収益補償金からの振替額	
		計	
	借家人補償	借家人	総合譲渡所得
		計	

補償区分	補償金	所得区分
②収益補償	営　　業	事業・不動産・雑所得
	家　賃　減　収	
	建物補償への振替額	
	差　引　計	
③経費補償		
	計	
④移転補償	仮　住　居	一時所得
	動　産　移　転	
	移　転　雑　費	
	計	
⑤精神補償		非課税
	計	

区画整理の場合のポイント

(1) 土地・建物等が収用された場合はその土地・建物等の対価として対価補償金を受領します。
  対価補償金は通常の土地・建物等を売却した場合の売却代金と同じです。
  よって土地・建物等が収用された場合は所有権がなくなるので、「収用等の5,000万控除の特例」「収用等の代替資産取得の特例」などの譲渡所得の特例が適用できます。
  土地区画整理事業（以下「区画整理」といいます）においては土地の売却という概念がありません。したがって所有権はなくならず、単なる土地の場所、面積が変更されるだけです。
  結果として区画整理においては対価補償金の受領という概念はありません。

(2) ① 区画整理では、例えば未整備の1,000m²の土地が整備されて600m²の土地が戻ってきます。
    戻ってくる土地は（イ）現位置の場合、（ロ）現位置近くの場合、（ハ）現位置と離れた場所の場合があります。

  ② 戻ってこない400m²は減歩といい、例えば200m²は道路公園等の公共整備に提供されて（公共減歩）、残り200m²は土地区画整理組合が取得し、組合がその土地を売却して区画整理事業の費用に充当します（保留地減歩）。

(3) ① たまたま減歩される土地の上に建物等が存在すると、その建物等を移転しなければなりません。その建物等を移転する費用に充てるため、移転補償金を受領します。（建物を曳き家工法で曳く移転費用を移転補償金として受領すると考えれば分かり易いようです）

  ② 移転補償金の課税は一時所得で総合課税されます。
  （移転補償金の額 － 移転費用 － 特別控除50万円）× $\frac{1}{2}$ ＝ 一時所得の金額。

    例えば、移転補償金1,000万円受領し、その建物等の移転費用に800万円を支出した場合は、
  （1,000万円 － 800万円 － 50万円）× $\frac{1}{2}$ ＝ 75万円が一時所得として総合課税されます。

  ③ 但し、建物等を取壊した場合は移転補償金を対価補償金とすることができる税務上の規定があります。
    対価補償金になれば譲渡所得の課税となり、ここで始めて「収用等の5,000万控除の特例」「収用等の代替資産取得の特例」などの適用が受けられます。
    現実の実務では建物の曳き家工法はまれで、建物を取り壊して再建築するケースが圧倒的に多いので、実態は対価補償金の性質に限りなく近いものであるから、税務の適用も取り壊した場合は譲渡所得扱いとするようです。
    例えば、移転補償金5,500万円受領し、その建物を取り壊し「収用等の5,000万控除の特例」を適用した場合は、建物を再建築するしないにかかわらず、
  5,500万円 － 5,000万円 ＝ 500万円が譲渡所得として課税されます。

  (注)建物を取り壊さないで曳き家工法で移転した場合は一時所得の課税で、建物を取り壊した場合のみ上記の譲渡所得の課税が受けられます。

(4) 区画整理の概略手順

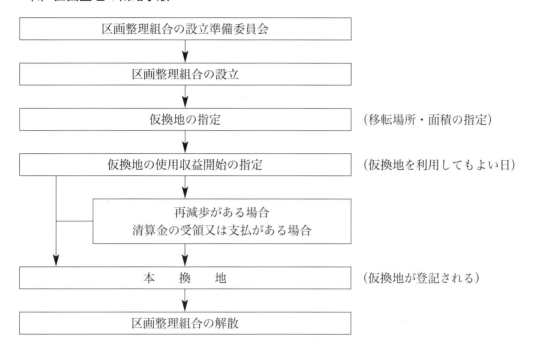

区画整理組合の設立準備委員会

↓

区画整理組合の設立

↓

仮換地の指定	（移転場所・面積の指定）

↓

仮換地の使用収益開始の指定	（仮換地を利用してもよい日）

再減歩がある場合 清算金の受領又は支払がある場合

本　換　地	（仮換地が登記される）

区画整理組合の解散

(5)仮換地の指定通知書の概略

＜ケース1＞

従　前　地		→	仮　換　地	
○○市○○町111番1	1,000m²		○○市○○町5街区15	600m²

111番1の一筆(1,000m²)が5街区15の一筆(600m²)に仮換地された。

＜ケース2＞

従　前　地		→	仮　換　地	
○○市○○町222番5	1,000m²		○○市○○町11街区6	300m²
			○○市○○町22街区17	200m²

222番5の一筆(1,000m²)が11街区6(300m²)と22街区17(200m²)の二筆に仮換地された。

＜ケース3＞

従　前　地		→	仮　換　地	
○○市○○町333番1	1,000m²		○○市○○町7街区21	900m²
○○市○○町888番5	500m²			

333番1(1,000m²)と888番5(500m²)の二筆が7街区21(900m²)の一筆に仮換地された。

(6)区画整理中の土地・建物等の売買

① 区画整理地区内の土地の売買は、下記のようになります。
  （イ）仮換地の指定前は売買の対象物件は従前地です。
  （ロ）仮換指定後だと仮換地の土地が売買の対象物件となるので、どうなるか疑問を生じます。
     この場合でも仮換地自体を売買するのではなく、仮換地の従前地を売買することになります。
     （仮換地中は仮換地として登記するという概念はありません。）
  （ハ）通常は仮換地がそのまま本換地となって初めて登記されます。
     （しかし近年保留地の売却単価が当初予定の単価より低額となり区画整理の事業費が不足
     し、更に再減歩される場合があります。）

＜ケース1＞の仮換地55街区15（600㎡）を売却するには従前地111番1（1,000㎡）の売買となります。

＜ケース2＞の仮換地11街区6（300㎡）を売却するには従前地222番5（1,000㎡）を分筆して売買
となります。
  この場合、単純に従前地222番5（1,000㎡）を分筆するのに$1,000㎡ \times \dfrac{300㎡}{500㎡} =600㎡$とすることはできません。
  11街区6と22街区17とでは土地の単価が異なります。
  具体的には区画整理組合に依頼し、11街区6（300㎡）に対応する従前地の面積を計算してもらいます。

② 区画整理地区内の土地の売買において、従前地が自宅の敷地・事業用の敷地であった場合は一定の要件を満たせば居住用の特例・事業用買換の特例が適用されます。

収用等の5,000万円特別控除の特例 （措法33条の4）

収用等により対価補償を受領することは資産を譲渡したことと同じで、譲渡所得の課税となります。
この特例は譲渡代金（対価補償金）から5,000万円を控除する特例です。
（本特例か「収用等の代替資産取得の特例」のいずれか一方を受けることができます。）

（1）適用可否チェックリスト

		チェック項目	チェック欄
通常のケース	①	収用等による譲渡であること。	
	②	棚卸資産（商品）の譲渡でないこと。	
	③	対価補償金に該当すること。	
	④	その年中に収用交換等されたすべての資産について、「収用等の代替資産取得の特例」を受けていないこと。	
	⑤	最初に買取り等の申出を受けた日から、6ヵ月以内の譲渡であること。	
	⑥	譲渡をした者は、最初に買取り等の申出を受けた者であること。 ※但し、最初に買取り等の申出を受けた者から相続又は遺贈により取得した場合は、この特例の適用が受けられます。 ※売買や贈与等により取得した者については適用が受けられません。	
	⑦	同一の収用等の事業で、例えばA譲渡は本年、B譲渡は翌年というように、年度をまたがった場合は最初のA譲渡しか適用できません。	
	⑧	「収用等の代替資産取得の特例」の適用を受ける予定であったところ、期限内に代替資産を取得できなかったため、修正申告書を提出するときは、この特例の適用が受けられます。	
	⑨	その他	

特殊ケース	専門家に相談

適用あり

（2）ポイント

① 短期保有資産でも長期保有資産でも適用が受けられます。
② 居住用資産でも非居住用資産でも適用が受けられます。
③ 収用等された資産が10年超の居住用であれば居住用低率分離課税の軽減税率は適用できます。

収用等の5,000万円特別控除の計算表

土地・借地権・建物・借家権 　　　　　　　　　　　　　　　　　　　　　　　　　（単位：千円）

<table>
<tr><td rowspan="2">（A）譲渡代金</td><td colspan="2">ⓐ対価補償金の額　　　　ⓑ譲渡費用の超過額（注1）</td><td>① (ⓐ－ⓑ)</td></tr>
<tr><td colspan="2">〔　　　　　　　　　〕－〔　　　　　　　　　〕</td><td></td></tr>
<tr><td rowspan="13">取　得　費</td><td>建　　物</td><td>土　地　等</td><td></td></tr>
<tr><td>建物の購入・請負代金</td><td>土地等の購入代金</td><td></td></tr>
<tr><td>仲介手数料</td><td>仲介手数料</td><td></td></tr>
<tr><td>印　紙　代</td><td>印　紙　代</td><td></td></tr>
<tr><td>登記関連費用</td><td>登記関連費用</td><td></td></tr>
<tr><td>不動産取得税</td><td>不動産取得税</td><td></td></tr>
<tr><td>その　他</td><td>その　他</td><td></td></tr>
<tr><td>計（建物の取得価額）　Ⓐ</td><td>計（土地の取得費）　Ⓓ</td><td></td></tr>
<tr><td>減価償却費　Ⓑ</td><td rowspan="2">減価償却費の計算（平成19年3月31日以前取得分）
（注2）　　　　　　償却率　　　　経過年数
Ⓐ ×0.9×〔　　　〕×〔　　　　〕</td><td></td></tr>
<tr><td>建物の取得費　Ⓐ－Ⓑ　Ⓒ</td><td></td></tr>
<tr><td>実額取得費　　　　　　Ⓒ ＋ Ⓓ</td><td rowspan="2">②多い方</td><td></td></tr>
<tr><td>概算取得費　　　　（A）ⓐ×5％</td><td></td></tr>
<tr><td colspan="2">（B）譲　渡　益　　　　　　　　　　　　① － ②</td><td>③</td></tr>
</table>

（C）特別控除額　　　　　　　　　　（最高5,000万円まで）　④

（C）課税譲渡所得金額　　　　　　　　③ － ④　　　⑤

<table>
<tr><td rowspan="4">税　額</td><td>〔長期の場合〕

　　　　　　　　　　　　所　　　復　　　住
　　　　　　　　　　⑤×（15％＋0.315％＋5％）</td><td>⑧</td></tr>
<tr><td>〔短期の場合〕

　　　　　　　　　　　　所　　　復　　　住
　　　　　　　　　　⑤×（30％＋0.63％＋9％）</td><td rowspan="3">内訳
所

復

住</td></tr>
<tr><td>〔10年超所有の居住用の場合〕
(1) ⑤が6,000万円以下の場合
　　　　　　　　　　　所　　　復　　　住
　　⑤　　×　（10％＋0.21％＋4％）
(2) ⑤が6,000万円超の場合
　　　　　　　　　所　　　復　　　住　　　　所　　　復　　　住
　　⑤　　×　（15％＋0.315％＋5％）－（3,000千円＋63千円＋600千円）</td></tr>
</table>

（注1）譲渡費用の超過額とは、収用等された資産の譲渡費用 ＞ 交付金額の場合の（譲渡費用 － 交付金額)のことです。

（注2）平成19年4月1日以降取得分についての減価償却費はp.226～238参考にしてください。

収用等の代替資産取得の特例（措法33条）

　収用等により取得した補償金等で、一定期間内に受領補償金の額以上の代替資産を取得した場合には、課税しない（課税の繰延べ）制度です。

　（本特例か「収用等の5,000万円特別控除の特例」のいずれか一方を受けることができます。）

（1）適用可否チェックリスト

		チェック項目	チェック欄
通常のケース	①	収用等による譲渡であること。	
	②	棚卸資産（商品）の譲渡でないこと。	
	③	対価補償金に該当すること。	
	④	その年中に収用等されたすべての資産について「収用等の5,000万円特別控除の特例」を受けていないこと。	
	⑤	代替資産の取得期限 （イ）収用等のあった日から2年以内に代替資産を取得すること。 （ロ）特例　延長の申請書を提出し、税務署長の承認を受けることにより2年超になる場合も認められます。	
	⑥	代替資産は、個別法、一組法、事業継続法の要件を満たすこと。	
	⑦	その他	

特殊ケース	専門家に相談

適用あり

（2）ポイント

① 事業用買換の特例のように、70％、75％又は80％の課税の繰延べという制限はありません。100％課税の繰延べです。又、面積制限もありません。

② 短期保有資産でも長期保有資産でも適用が受けられます。

③ 居住用資産でも非居住用資産でも適用が受けられます。

収用等の代替資産取得の計算表

土地・借地権・建物・借家権 　　　　　　　　　　　　　　　　　　　　　　（単位：千円）

（A）譲渡代金	ⓐ対価補償金の額 〔　　　　　　　〕 － 〔	ⓑ譲渡費用の超過額（注1） 　　　　　　　　　〕	① (ⓐ－ⓑ)

<table>
<tr><td rowspan="11">取　得　費</td><td colspan="2" align="center">建　　　物</td><td colspan="2" align="center">土　地　等</td></tr>
<tr><td>建物の購入・請負代金</td><td></td><td>土地等の購入代金</td><td></td></tr>
<tr><td>仲介手数料</td><td></td><td>仲介手数料</td><td></td></tr>
<tr><td>印　紙　代</td><td></td><td>印　紙　代</td><td></td></tr>
<tr><td>登記関連費用</td><td></td><td>登記関連費用</td><td></td></tr>
<tr><td>不動産取得税</td><td></td><td>不動産取得税</td><td></td></tr>
<tr><td>そ　の　他</td><td></td><td>そ　の　他</td><td></td></tr>
<tr><td>計（建物の取得価額）</td><td>Ⓐ</td><td>計（土地の取得費）</td><td>Ⓓ</td></tr>
<tr><td>減価償却費</td><td>Ⓑ</td><td rowspan="2">減価償却費の計算（平成19年3月31日以前取得分）
（注2）　　　　　償却率　　　経過年数
Ⓐ ×0.9× 〔　　　〕 × 〔　　　　〕</td><td></td></tr>
<tr><td>建物の取得費　Ⓐ－Ⓑ</td><td>Ⓒ</td><td></td></tr>
<tr><td colspan="2" align="center">実額取得費　　　　Ⓒ ＋ Ⓓ</td><td></td><td rowspan="2">②多い方</td></tr>
<tr><td colspan="2" align="center">概算取得費　　　（A）ⓐ× 5 ％</td><td></td></tr>
</table>

（B）課税譲渡所得金額

（1） 　①譲渡代金　　　　代替資産の取得代金　　　　　　　③
　　〔　　　　　　〕 － 〔　　　　　　　　　　〕 ＝ （　　　　　　　）

　　　　　①譲渡代金を限度とする

（2）　②収用等された資産の取得費（注3）　　　〔　　　　　　　　〕　　　　　　　④
　　〔　　　　　　　　〕 × ―――――――――――― ＝ （　　　　　　　）
　　　　　　　　　　　　　　　　〔　　　　　　　　〕
　　　　　　　　　　　　　　①譲渡代金

（3）	③　－　④	⑤

<table>
<tr><td rowspan="2">税　　額</td><td>〔長期の場合〕

　　　　　　㊗　　㊪　　㊟
　⑤× (15%＋0.315%＋ 5 %)</td><td rowspan="2">⑥

内訳
㊗

㊪

㊟</td></tr>
<tr><td>〔短期の場合〕

　　　　　　㊗　　㊪　　㊟
　⑤× (30%＋0.63%＋ 9 %)</td></tr>
</table>

（注1）譲渡費用の超過額とは、収用等された資産の譲渡費用 ＞ 交付金額の場合の(譲渡費用 － 交付金額)のことです。
（注2）平成19年4月1日以降取得分についての減価償却費はp.226〜238を参考にしてください。
（注3）仲介手数料・登記費用等を加算する。

〔１１〕 低未利用土地等の 100 万円特別控除の特例（措法 35 の 3）

個人が、令和 2 年 7 月 1 日から令和 4 年 12 月 31 日までの間において、都市計画区域内にある一定の低未利用土地等を 500 万円以下で譲渡した場合には、譲渡益から 100 万円を控除することができる制度が創設されました。

(1) 適用可否チェックリスト

チ ェ ッ ク 項 目			チェック欄
通常ケース	①	譲渡土地等が都市計画区域内にある低未利用土地等であること。	
	②	未利用土地等とは、居住の用、事業の用その他の用途に利用されておらず、又はその利用の程度がその周辺の地域における同一の用途若しくはこれに類する用途に利用されている土地の利用の程度に比し、著しく劣っている土地や当該低未利用土地の上に存する権利のことをいいます。	
	③	譲渡年の 1 月 1 日において、所有期間が 5 年を超えること。（令和 3 年分は平成 27 年 12 月 31 日以前取得が 5 年超）	
	④	譲渡先が配偶者（内縁関係を含む）・直系血族・同族会社などでないこと。	
	⑤	譲渡代金が、低未利用土地等の代金とその敷地にある建物等の代金との合計額で 500 万円以下であること。	
	⑥	譲渡後に、その低未利用土地等の利用がされること。	
	⑦	譲渡益（譲渡代金 - 取得費－譲渡費用）から 100 万円の特別控除があります。ただし、譲渡益が 100 万円に満たない場合には、その譲渡益が限度です。	
手続き規定		この特例適用を受けるには、確定申告書に次の書類等を添えて提出することが必要です。	
	①	譲渡所得の内訳書 (確定申告書付表兼計算明細書)　[土地・建物用]	
	②	譲渡土地等の所在地の市区町村長の、次のイからニまでに掲げる事項を確認した旨並びにホ及びへに掲げる事項を記載した書類	
		イ　譲渡土地等が都市計画区域内にあること	
		ロ　譲渡土地等が、売った時において低未利用土地等に該当するものであること	
		ハ　譲渡土地等が、売った後に利用されていること又は利用される見込みであること	
		ニ　売った土地等の所有期間が 5 年を超えるものであること	
		ホ　売った土地等と一筆であった土地からその年の前年又は前々年に分筆された土地等の有無	
		へ　上記ホの分筆された土地等がある場合には、その土地等につきこの (2) の書類のその土地等を売った者への交付の有無	
	③	譲渡金額が、低未利用土地等の上にある建物等の対価を含めて 500 万円以下であることを明らかにする書類（売買契約書のコピー等）	

⬇

特殊ケース	①	この低未利用土地等と一筆であった土地から前年又は前々年に分筆された土地等について、前年又は前々年にこの特例を受けていないこと。	専門家に 相　談
	②	譲渡土地等について、収用等の場合の特別控除・事業用買換の特例他の譲渡所得の課税の特例を受けないこと。	
	③	その他の特殊ケース	

⬇

適用あり

低未利用土地等の100万円特別控除の計算表

土地・借地権・建物　　　　　　　　　　　　　　　　　　　　　　　（単位：千円）

（A）譲　渡　代　金			①

	建　　物		土　地　等	
取	建物の購入・請負代金		土地等の購入代金	
	仲介手数料		仲介手数料	
	印　紙　代		印　紙　代	
	登記関連費用		登記関連費用	
得	不動産取得税		不動産取得税	
	そ　の　他		そ　の　他	
	計（建物の取得価額）	Ⓐ	計（土地の取得費）	Ⓓ
費	減価償却費	Ⓑ	非業務用の減価償却費の計算　（注1）	
	建物の取得費　Ⓐ－Ⓑ	Ⓒ	Ⓐ×0.9×〔　償却率　〕×〔　経過年数　〕	

	実額取得費	Ⓒ　＋　Ⓓ	}②多い方
	概算取得費	①　×　5％	

譲渡費用	仲介手数料		
	印　紙　代		
	登記関連費用		
	譲渡時の立退料・建物取壊し費用		
	そ　の　他		
	計		③

（B）取得費　＋　譲渡費用	②　＋　③	④
（C）譲　渡　益	①　－　④	⑤
（D）特別控除額	（最高1,000千円まで）	⑥
（E）課税譲渡所得金額	⑤　－　⑥	⑦

税額	⑦×（㊐15％＋㊫0.315％＋㊕5％）	⑧ 内訳 ㊐ ㊫ ㊕

税　引　後　手　取　額	①－③－⑧	⑨

（注1）平成19年4月1日以降取得分についての減価償却費はp.226〜238を参考にしてください。

〔12〕応用計算表　その1
一般長期・一般短期・3,000万円控除・低率分離課税

土地・借地権・建物　　　　　　　　　　　　　　　　　　　　　　　　　（単位：千円）

課　税　譲　渡　所　得　金　額　の　計　算				
（A）譲　渡　代　金				①
	建　　物		土　地　等	
取　得　費	建物の購入・請負代金		土地等の購入代金	
	仲介手数料		仲介手数料	
	印　紙　代		印　紙　代	
	登記関連費用		登記関連費用	
	不動産取得税		不動産取得税	
	そ　の　他		そ　の　他	
	計（建物の取得価額）Ⓐ		計（土地の取得費）Ⓓ	
	減価償却費 Ⓑ		減価償却費の計算 (注1)　　償却率　　　　経過年数	
	建物の取得費 Ⓐ－Ⓑ Ⓒ		Ⓐ ×0.9×〔　　　　〕×〔　　　　　〕	
	実額取得費 Ⓒ ＋ Ⓓ			②多い方 }
	概算取得費 ① × 5 ％			
譲　渡　費　用	仲介手数料			
	印　紙　代			
	登記関連費用			
	譲渡時の立退料・建物取壊し費用			
	そ　の　他			
	計			③
（B）取得費　＋　譲渡費用			② ＋ ③	④
（C）譲　渡　益			① － ④	⑤
（D）特別控除	一般短期・・・・・・・・・・・・・・・・・・・・・・・0円			⑥
	一般長期・・・・・・・・・・・〔原 則〕〔措法35条の3〕〔措法35条の2〕　　　　　　　　　　　　　　0円　　1,000 千円　　10,000 千円			
	3,000万円控除・・・・・・・・・・・・・・・・・30,000千円			
	低率分離課税・・・・・・・・・・・・・・・・・30,000千円			
（E）課税譲渡所得金額			⑤ － ⑥	⑦

（注1）平成19年4月1日以降取得分についての減価償却費はp.226〜238を参考にしてください。

税 額	一般長期	⑦×（㊛15%＋㊝0.315%＋㊟5%）	⑧
	一般短期	⑦×（㊛30%＋㊝0.63%＋㊟9%）	⑧
	3000万円控除	〔長期の場合〕 ⑦×（㊛15%＋㊝0.315%＋㊟5%）	⑧
		〔短期の場合〕 ⑦×（㊛30%＋㊝0.63%＋㊟9%）	⑧
	低率分離課税	(1) 課税長期譲渡所得金額が6,000万円以下の場合 ⑦×（㊛10%＋㊝2.1%＋㊟4%） (2) 課税長期譲渡所得金額が6,000万円超の場合 ⑦×（㊛15%＋㊝0.315%＋㊟5%）－（㊛3,000千円＋㊝63千円＋㊟600千円）	⑧

応用計算表　その2

居住用買換・事業用買換
〔①～④までは応用計算表その1に同じ〕

（単位：千円）

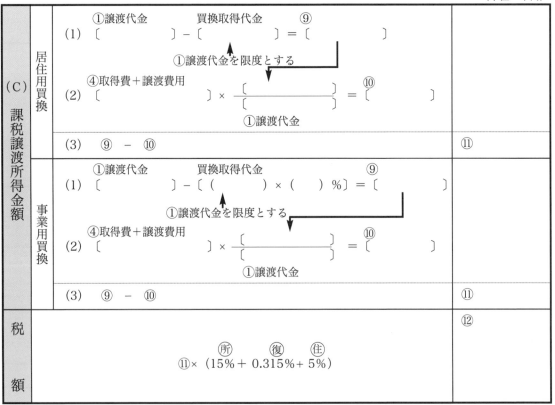

（C）課税譲渡所得金額	居住用買換	(1) ①譲渡代金〔　　〕－買換取得代金〔　　〕＝⑨〔　　〕 ①譲渡代金を限度とする (2) ④取得費＋譲渡費用〔　　〕× 〔　　〕／①譲渡代金〔　　〕 ＝⑩〔　　〕	
		(3) ⑨－⑩	⑪
	事業用買換	(1) ①譲渡代金〔　　〕－買換取得代金〔（　　）×（　　）%〕＝⑨〔　　〕 ①譲渡代金を限度とする (2) ④取得費＋譲渡費用〔　　〕× 〔　　〕／①譲渡代金〔　　〕 ＝⑩〔　　〕	
		(3) ⑨－⑩	⑪
税 額		⑪×（㊛15%＋㊝0.315%＋㊟5%）	⑫

〔１３〕共有の場合の計算表

共有者					
共有割合	％	％	％	％	％
各人の譲渡代金	①×共有割合	①×共有割合	①×共有割合	①×共有割合	①×共有割合
各人の譲渡益	⑤×共有割合	⑤×共有割合	⑤×共有割合	⑤×共有割合	⑤×共有割合
各人の特別控除	一般短期　　0円 一般長期　　0円 3,000万円　30,000千円 特別控除 低率分離　30,000千円 課　税	一般短期　　0円 一般長期　　0円 3,000万円　30,000千円 特別控除 低率分離　30,000千円 課　税	一般短期　　0円 一般長期　　0円 3,000万円　30,000千円 特別控除 低率分離　30,000千円 課　税	一般短期　　0円 一般長期　　0円 3,000万円　30,000千円 特別控除 低率分離　30,000千円 課　税	一般短期　　0円 一般長期　　0円 3,000万円　30,000千円 特別控除 低率分離　30,000千円 課　税
各人の課税所得金額					
各人の税額					

※①、⑤は居住用買換・事業用買換・交換・収用の計算表以外の各計算表の①、⑤を指します。

〔14〕長期譲渡所得の概算税額表

確定税額算出法

（1）一般長期譲渡の場合

（単位：千円）

	課税長期譲渡所得金額			税　額
所得税	〔　　　　　〕×	15％	＝	〔　　　　　〕
復興特別所得税	〔　　　　　〕×	0.315％	＝	〔　　　　　〕
住民税	〔　　　　　〕×	5 ％	＝	〔　　　　　〕
合　計		20.315％	＝	〔　　　　　〕

（2）優良住宅地等の長期譲渡の場合

（単位：千円）

① 課税長期譲渡所得金額が2,000万円以下の部分

	課税長期譲渡所得金額			税　額
所得税	〔　　　　　〕×	10％	＝	〔　　　　　〕
復興特別所得税	〔　　　　　〕×	0.21％	＝	〔　　　　　〕
住民税	〔　　　　　〕×	4 ％	＝	〔　　　　　〕
合　計		14.21％	＝	〔　　　　　〕

② 課税長期譲渡所得金額が2,000万円超の部分

	課税長期譲渡所得金額			税　額
所得税	〔　　　　　〕×	15％	＝	〔　　　　　〕
復興特別所得税	〔　　　　　〕×	0.315％	＝	〔　　　　　〕
住民税	〔　　　　　〕×	5 ％	＝	〔　　　　　〕
合　計		20.315％	＝	〔　　　　　〕

簡便法

（2,000万円超の場合）
課税長期譲渡所得金額

〔　　　　　　　　　〕×（15％＋ 0.315％＋ 5％）　　　　　　　税　　額
　　　　　　　　－（1,000千円＋21千円＋200千円）＝〔　　　　　　〕

〈概算税額表の見方〉

（例）課税長期譲渡所得金額が３億円の場合は、下の表の３億円の欄を見て下さい。一般長期譲渡の場合は60,945千円、優宅譲渡の場合は59,724千円となります。譲渡の方法でこれだけの差があります。

長期譲渡所得の概算税額表

（単位：千円）

課税長期譲渡所得金額	一般長期譲渡の税額	優宅譲渡の税額	課税長期譲渡所得金額	一般長期譲渡の税額	優宅譲渡の税額
62,000	12,595	11,374	88,000	17,877	16,656
63,000	12,798	11,577	89,000	18,080	16,859
64,000	13,002	11,781	90,000 (9,000万円)	18.284	17,063
65,000	13,205	11,984	92,000	18,690	17,469
66,000	13,408	12,187	94,000	19,096	17,875
67,000	13,611	12,390	96,000	19,502	18,281
68,000	13,814	12,593	98,000	19,909	18,688
69,000	14,017	12,796	100,000 (1億円)	20,315	19,094
70,000 (7,000万円)	14,221	13,000	200,000 (2億円)	40,630	39,409
71,000	14,424	13,203	300,000 (3億円)	60,945	59,724
72,000	14,627	13,406	400,000 (4億円)	81,260	80,039
73,000	14,830	13,609	500,000 (5億円)	101,575	100,354
74,000	15,033	13,812	600,000 (6億円)	121,890	120,669
75,000	15,236	14,015	700,000 (7億円)	142,205	140,984
76,000	15,439	14,218	800,000 (8億円)	162,520	161,299
77,000	15,643	14,422	900,000 (9億円)	182,835	181,614
78,000	15,846	14,625	1,000,000 (10億円)	203,150	201,929

※課税長期譲渡所得金額＝譲渡代金−（取得費＋譲渡費用）−特別控除

長期譲渡所得の概算税額表

（単位：千円）

課税長期 譲渡所得金額	一般長期 譲渡の税額	優宅譲渡の税額	課税長期 譲渡所得金額	一般長期 譲渡の税額	優宅譲渡の税額
1,000	203	142	27,000	5,485	4,264
2,000	406	284	28,000	5,688	4,467
3,000	609	426	29,000	5,891	4,670
4,000	813	568	30,000 (3,000万円)	6,095	4,874
5,000	1,016	711	31,000	6,298	5,077
6,000	1,219	853	32,000	6,501	5,280
7,000	1,422	995	33,000	6,704	5,483
8,000	1,625	1,137	34,000	6,907	5,686
9,000	1,828	1,279	35,000	7,110	5,889
10,000 (1,000万円)	2,032	1,421	36,000	7,313	6,092
11,000	2,235	1,563	37,000	7,517	6,296
12,000	2,438	1,705	38,000	7,720	6,499
13,000	2,641	1,847	39,000	7,923	6,702
14,000	2,844	1,989	40,000 (4,000万円)	8,126	6,905
15,000	3,047	2,132	41,000	8,329	7,108
16,000	3,250	2,274	42,000	8,532	7,311
17,000	3,454	2,416	43,000	8,735	7,514
18,000	3,657	2,558	44,000	8,939	7,718
19,000	3,860	2,700	45,000	9,142	7,921
20,000 (2,000万円)	4,063	2,842	46,000	9,345	8,124
21,000	4,266	3,045	47,000	9,548	8,327
22,000	4,469	3,248	48,000	9,751	8,530
23,000	4,672	3,451	49,000	9,954	8,733
24,000	4,876	3,655	50,000 (5,000万円)	10,158	8,937
25,000	5,079	3,858	51,000	10,3614	9,140
26,000	5,282	4,061	52,000	10,564	9,343

長期譲渡所得の概算税額表

（単位：千円）

課税長期 譲渡所得金額	一般長期 譲渡の税額	優宅譲渡の税額	課税長期 譲渡所得金額	一般長期 譲渡の税額	優宅譲渡の税額
53,000	10,767	9,546	79,000	16,049	14,828
54,000	10,970	9,749	80,000 （8,000万円）	16,252	15,031
55,000	11,173	9,952	81,000	16,455	15,234
56,000	11,376	10,155	82,000	16,658	15,437
57,000	11,580	10,359	83,000	16,861	15,640
58,000	11,783	10,562	84,000	17,065	15,844
59,000	11,986	10,765	85,000	17,268	16,047
60,000 （6,000万円）	12,189	10,968	86,000	17,471	16,250
61,000	12,392	11,171	87,000	17,674	16,453
62,000	12,595	11,374	88,000	17,877	16,656
63,000	12,798	11,577	89,000	18,080	16,859
64,000	13,002	11,781	90,000 （9,000万円）	18,284	17,063
65,000	13,205	11,984	92,000	18,690	17,469
66,000	13,408	12,187	94,000	19,096	17,875
67,000	13,611	12,390	96,000	19,502	18,281
68,000	13,814	12,593	98,000	19,909	18,688
69,000	14,017	12,796	100,000 （1億円）	20,315	19,094
70,000 （7,000万円）	14,221	13,000	200,000 （2億円）	40,630	39,409
71,000	14,424	13,203	300,000 （3億円）	60,945	59,724
72,000	14,627	13,406	400,000 （4億円）	81,260	80,039
73,000	14,830	13,609	500,000 （5億円）	101,575	100,354
74,000	15,033	13,812	600,000 （6億円）	121,890	120,669
75,000	15,236	14,015	700,000 （7億円）	142,890	140,984
76,000	15,439	14,218	800,000 （8億円）	162,520	161,299
77,000	15,643	14,422	900,000 （9億円）	182,835	181,614
78,000	15,846	14,625	1,000,000 （10億円）	203,150	201,929

〔15〕短期譲渡所得の概算税額表

確定税額算出法

（1）一般短期譲渡の場合

（単位：千円）

	課税短期譲渡所得金額				税　　額
所得税	〔　　　　　　〕	×	30 %	=	〔　　　　　　〕
復興特別所得税	〔　　　　　　〕	×	0.63 %	=	〔　　　　　　〕
住民税	〔　　　　　　〕	×	9 %	=	〔　　　　　　〕
合　計			39.63 %	=	〔　　　　　　〕

（2）国等に対する短期譲渡の場合

（単位：千円）

	課税短期譲渡所得金額				税　　額
所得税	〔　　　　　　〕	×	15 %	=	〔　　　　　　〕
復興特別所得税	〔　　　　　　〕	×	0.315 %	=	〔　　　　　　〕
住民税	〔　　　　　　〕	×	5 %	=	〔　　　　　　〕
合　計			20.315 %	=	〔　　　　　　〕

短期譲渡所得の概算税額表

(単位：千円)

課税短期 譲渡所得金額	一般短期 譲渡の税額	課税短期 譲渡所得金額	一般短期 譲渡の税額	課税短期 譲渡所得金額	一般短期 譲渡の税額
1,000	396	27,000	10,700	53,000	21,004
2,000	793	28,000	11,096	54,000	21,400
3,000	1,189	29,000	11,493	55,000	21,797
4,000	1,585	30,000 (3,000万円)	11,889	56,000	22,193
5,000	1,982	31,000	12,285	57,000	22,589
6,000	2,378	32,000	12,682	58,000	22,985
7,000	2,774	33,000	13,078	59,000	23,382
8,000	3,170	34,000	13,474	60,000 (6,000万円)	23,778
9,000	3,567	35,000	13,871	61,000	24,174
10,000 (1,000万円)	3,963	36,000	14,267	62,000	24,571
11,000	4,359	37,000	14,663	63,000	24,967
12,000	4,756	38,000	15,059	64,000	25,363
13,000	5,152	39,000	15,456	65,000	25,760
14,000	5,548	40,000 (4,000万円)	15,852	66,000	26,156
15,000	5,945	41,000	16,248	67,000	26,552
16,000	6,341	42,000	16,645	68,000	26,948
17,000	6,737	43,000	17,041	69,000	27,345
18,000	7,133	44,000	17,437	70,000 (7,000万円)	27,741
19,000	7,530	45,000	17,834	71,000	28,137
20,000 (2,000万円)	7,926	46,000	18,230	72,000	28,534
21,000	8,322	47,000	18,626	73,000	28,930
22,000	8,719	48,000	19,022	74,000	29,326
23,000	9,115	49,000	19,419	75,000	29,723
24,000	9,511	50,000 (5,000万円)	19,815	76,000	30,119
25,000	9,908	51,000	20,211	77,000	30,515
26,000	10,304	52,000	20,608	78,000	30,911

短期譲渡所得の概算税額表

（単位：千円）

課税短期 譲渡所得金額	一般短期 譲渡の税額	課税短期 譲渡所得金額	一般短期 譲渡の税額	課税短期 譲渡所得金額	一般短期 譲渡の税額
79,000	31,308	125,000	49,538	310,000	122,853
80,000	31,704	130,000	51,519	320,000	126,816
81,000	32,100	135,000	53,501	330,000	130,779
82,000	32,497	140,000	55,482	340,000	134,742
83,000	32,893	145,000	57,464	350,000	138,705
84,000	33,289	150,000	59,445	360,000	142,668
85,000	33,686	155,000	61,427	370,000	146,631
86,000	34,082	160,000	63,408	380,000	150,594
87,000	34,478	165,000	65,390	390,000	154,557
88,000	34,874	170,000	67,371	400,000 （4億円）	158,520
89,000	35,271	175,000	69,353	410,000	162,483
90,000	35,667	180,000	71,334	420,000	166,446
91,000	36,063	185,000	73,316	430,000	170,409
92,000	36,460	190,000	75,297	440,000	174,372
93,000	36,856	195,000	77,279	450,000	178,335
94,000	37,252	200,000 （2億円）	79,260	460,000	182,298
95,000	37,649	210,000	83,223	470,000	186,261
96,000	38,045	220,000	87,186	480,000	190,224
97,000	38,441	230,000	91,149	490,000	194,187
98,000	38,837	240,000	95,112	500,000 （5億円）	198,150
99,000	39,234	250,000	99,075	520,000	206,076
100,000 （1億円）	39,630	260,000	103,038	540,000	214,002
105,000	41,612	270,000	107,001	560,000	221,928
110,000	43,593	280,000	110,964	580,000	229,854
115,000	45,575	290,000	114,927	600,000 （6億円）	237,780
120,000	47,556	300,000 （3億円）	118,890	1,000,000 （10億円）	396,300

〔１６〕居住用低率分離課税と居住用買換の有利不利一覧表

〈有利不利一覧表の見方〉

　下の表は居住用財産を売却した場合に、居住用低率分離課税の特例を受けるか、居住用買換の特例を受けるかを判定するための一覧表です。

居住用低率分離課税と居住用買換の有利不利一覧表

売却代金のうち60％の金額で買換えた場合の税額です

（単位：千円）

課　税　益	低率分離課税の税額	買換有利不利分岐点割合	各買換適用割合における買換の税額				
			90%	80%	70%	60%	50%
82,000	7,389	55.6%	1,666	3,332	4,997	6,663	8,329
83,000	7,531	55.3%	1,686	3,372	5,058	6,745	8,431
84,000	7,673	55.0%	1,706	3,413	5,119	6,826	8,532
85,000	7,816	54.7%	1,727	3,454	5,180	6,907	8,634
86,000	7,958	54.5%	1,747	3,494	5,241	6,988	8,735
87,000	8,100	54.2%	1,767	3,535	5,302	7,070	8,837
88,000	8,242	53.9%	1,788	3,575	5,363	7,151	8,939
89,000	8,384	53.6%	1,808	3,616	5,424	7,232	9,040
90,000 (9,000万円)	8,526	53.4%	1,828	3,657	5,485	7,313	9,142
91,000	8,729	52.8%	1,849	3,697	5,546	7,395	9,243
92,000	8,932	52.2%	1,869	3,738	5,607	7,476	9,345
93,000	9,135	51.6%	1,889	3,779	5,668	7,557	9,446
94,000	9,339	51.1%	1,910	3,819	5,729	7,638	9,548
95,000	9,542	50.6%	1,930	3,860	5,790	7,720	9,650
96,000	9,745	50.0%	1,950	3,900	5,851	7,801	9,751
97,000	9,948	49.5%	1,971	3,941	5,912	7,882	9,853
98,000	10,151	49.0%	1,991	3,982	5,973	7,963	9,954

　　　居住用低率分離課税を受ける場合の税額です（3,000万円特別控除後の税額）

　居住用3,000万円特別控除前の金額です

（例）居住用財産を１億円で売却しました。取得費と譲渡費用の合計額を10,000千円とすると、この場合の譲渡益は90,000千円となります。低率分離課税の特例を受けると、税額は8,526千円です。
①　売却代金１億円のうち5,000万円（50％）を買換適用すると、税額は9,142千円となります。
②　売却代金１億円のうち6,000万円（60％）を買換適用すると、税額は7,313千円となります。上記の税額を比較すると、60％までの買換適用は有利であり、50％買換になると不利であることが分かります。
③　売却代金１億円のうち5,334万円（53.4％）を買換適用すると、税額は約8,526千円となり、低率分離課税の特例を適用した場合と同額になります。53.4％が買換の特例を適用する際の有利不利の分岐点です。

居住用低率分離課税と居住用買換の有利不利一覧表

（単位：千円）

譲　渡　益	低率分離課税の税額	買換有利不利分岐点割合	各買換適用割合における買換の税額				
			90%	80%	70%	60%	50%
30,000 (3,000万円)	0	100.0%	609	1,219	1,828	2,438	3,047
31,000	142	97.7%	630	1,260	1,889	2,519	3,149
32,000	284	95.6%	650	1,300	1,950	2,600	3,250
33,000	426	93.6%	670	1,341	2,011	2,682	3,352
34,000	568	91.8%	691	1,381	2,072	2,763	3,454
35,000	711	90.0%	711	1,422	2,133	2,844	3,555
36,000	853	88.3%	731	1,463	2,194	2,925	3,657
37,000	995	86.8%	752	1,503	2,255	3,007	3,758
38,000	1,137	85.3%	772	1,544	2,316	3,088	3,860
39,000	1,279	83.9%	792	1,585	2,377	3,169	3,961
40,000 (4,000万円)	1,421	82.5%	813	1,625	2,438	3,250	4,063
41,000	1,563	81.2%	833	1,666	2,499	3,332	4,165
42,000	1,705	80.0%	853	1,706	2,560	3,413	4,266
43,000	1,847	78.9%	874	1,747	2,621	3,494	4,368
44,000	1,989	77.7%	894	1,788	2,682	3,575	4,469
45,000	2,132	76.7%	914	1,828	2,743	3,657	4,571
46,000	2,274	75.7%	934	1,869	2,803	3,738	4,672
47,000	2,416	74.7%	955	1,910	2,864	3,819	4,774
48,000	2,558	73.8%	975	1,950	2,925	3,900	4,876
49,000	2,700	72.9%	995	1,991	2,986	3,982	4,977
50,000 (5,000万円)	2,842	72.0%	1,016	2,032	3,047	4,063	5,079
51,000	2,984	71.2%	1,036	2,072	3,108	4,144	5,180
52,000	3,126	70.4%	1,056	2,113	3,169	4,226	5,282
53,000	3,268	69.6%	1,077	2,153	3,230	4,307	5,383
54,000	3,410	68.9%	1,097	2,194	3,291	4,388	5,485
55,000	3,553	68.2%	1,117	2,235	3,352	4,469	5,587

居住用低率分離課税と居住用買換の有利不利一覧表

(単位：千円)

譲　渡　益	低率分離課税の税額	買換有利不利分岐点割合	各買換適用割合における買換の税額				
			90%	80%	70%	60%	50%
56,000	3,695	67.5%	1,138	2,275	3,413	4,551	5,688
57,000	3,837	66.9%	1,158	2,316	3,474	4,632	5,790
58,000	3,979	66.2%	1,178	2,357	3,535	4,713	5,891
59,000	4,121	65.6%	1,199	2,397	3,596	4,794	5,993
60,000 (6,000万円)	4,263	65.0%	1,219	2,438	3,657	4,876	6,095
61,000	4,405	64.5%	1,239	2,478	3,718	4,957	6,196
62,000	4,547	63.9%	1,260	2,519	3,779	5,038	6,298
63,000	4,689	63.4%	1,280	2,560	3,840	5,119	6,399
64,000	4,831	62.8%	1,300	2,600	3,900	5,201	6,501
65,000	4,974	62.3%	1,320	2,641	3,961	5,282	6,602
66,000	5,116	61.8%	1,341	2,682	4,022	5,363	6,704
67,000	5,258	61.4%	1,361	2,722	4,083	5,444	6,806
68,000	5,400	60.9%	1,381	2,763	4,144	5,526	6,907
69,000	5,542	60.5%	1,402	2,803	4,205	5,607	7,009
70,000 (7,000万円)	5,684	60.0%	1,422	2,844	4,266	5,688	7,110
71,000	5,826	59.6%	1,442	2,885	4,327	5,769	7,212
72,000	5,968	59.2%	1,463	2,925	4,388	5,851	7,313
73,000	6,110	58.8%	1,483	2,966	4,449	5,932	7,415
74,000	6,252	58.4%	1,503	3,007	4,510	6,013	7,517
75,000	6,395	58.0%	1,524	3,047	4,571	6,095	7,618
76,000	6,537	57.7%	1,544	3,088	4,632	6,176	7,720
77,000	6,679	57.3%	1,564	3,129	4,693	6,257	7,821
78,000	6,821	57.0%	1,585	3,169	4,754	6,338	7,923
79,000	6,963	56.6%	1,605	3,210	4,815	6,420	8,024
80,000 (8,000万円)	7,105	56.3%	1,625	3,250	4,876	6,501	8,126
81,000	7,247	56.0%	1,646	3,291	4,937	6,582	8,228

居住用低率分離課税と居住用買換の有利不利一覧表

（単位：千円）

譲　渡　益	低率分離課税の税額	買換有利不利分岐点割合	各買換適用割合における買換の税額				
			90%	80%	70%	60%	50%
82,000	7,389	55.6%	1,666	3,332	4,997	6,663	8,329
83,000	7,531	55.3%	1,686	3,372	5,058	6,745	8,431
84,000	7,673	55.0%	1,706	3,413	5,119	6,826	8,532
85,000	7,816	54.7%	1,727	3,454	5,180	6,907	8,634
86,000	7,958	54.5%	1,747	3,494	5,241	6,988	8,735
87,000	8,100	54.2%	1,767	3,535	5,302	7,070	8,837
88,000	8,242	53.9%	1,788	3,575	5,363	7,151	8,939
89,000	8,384	53.6%	1,808	3,616	5,424	7,232	9,040
90,000 （9,000万円）	8,526	53.4%	1,828	3,657	5,485	7,313	9,142
91,000	8,729	52.8%	1,849	3,697	5,546	7,395	9,243
92,000	8,932	52.2%	1,869	3,738	5,607	7,476	9,345
93,000	9,135	51.6%	1,889	3,779	5,668	7,557	9,446
94,000	9,339	51.1%	1,910	3,819	5,729	7,638	9,548
95,000	9,542	50.6%	1,930	3,860	5,790	7,720	9,650
96,000	9,745	50.0%	1,950	3,900	5,851	7,801	9,751
97,000	9,948	49.5%	1,971	3,941	5,912	7,882	9,853
98,000	10,151	49.0%	1,991	3,982	5,973	7,963	9,954
99,000	10,354	48.5%	2,011	4,022	6,034	8,045	10,056
100,000 （1億円）	10,558	48.0%	2,032	4,063	6,095	8,126	10,158
110,000	12,589	43.7%	2,235	4,469	6,704	8,939	11,173
120,000	14,621	40.0%	2,438	4,876	7,313	9,751	12,189
130,000	16,652	36.9%	2,641	5,282	7,923	10,564	13,205
140,000	18,684	34.3%	2,844	5,688	8,532	11,376	14,221
150,000	20,715	32.0%	3,047	6,095	9,142	12,189	15,236
200,000 （2億円）	30,873	24.0%	4,063	8,126	12,189	16,252	20,315
300,000 （3億円）	51,188	16.0%	6,095	12,189	18,284	24,378	30,473

〔17〕事業用買換の概算税額表

〈概算税額表の見方〉

下の表は事業用財産を売却した場合に、一般長期譲渡所得の税額と事業用買換の特例適用を受ける場合の税額を一覧表にしたものです。

課税の繰延割合

事業用買換の概算税額表（80％の場合）

売却代金のうち90％の金額で買換えた場合の税額です。例えば１億円の物件を売却して、9,000万円の物件を購入した場合の買換割合を90％といいます。

（単位：千円）

譲 渡 益	長期譲渡所得税額	各買換適用割合における買換の税額				
		100％以上	90％	80％	70％	60％
60,000	12,189	2,438	3,413	4,388	5,363	6,338
65,000	13,205	2,641	3,697	4,754	5,810	6,8660
70,000	14,221	2,844	3,982	5,119	6,257	7,395
75,000	15,236	3,047	4,266	5,485	6,704	7,923
80,000	16,252	3,250	4,551	5,851	7,151	8,451
85,000	17,268	3,454	4,835	6,216	7,598	8,979
90,000 (9,000万円)	18,284	3,657	5,119	6,582	8,045	9,507
95,000	19,299	3,860	5,404	6,948	8,492	10,036
100,000 (1億円)	20,315	4,063	5,688	7,313	8,939	10,564
110,000	22,347	4,469	6,257	8,045	9,832	11,620
120,000	24,378	4,876	6,826	8,776	10,726	12,677

（例）(1) 事業用資産を１億円で売却しました。

(2) 取得費と譲渡費用の合計額を10,000千円とすると譲渡益は90,000千円です。

(3) この場合、一般長期譲渡所得で申告すると18,284千円となります。

(4) 事業用買換の特例の適用を受ける場合には、新たに取得する（買換する）事業用資産の金額によって税額が、例えば以下のように異なります。

① 売却代金は１億円であるが、１億2,000万円（100％以上）の買換物件を取得した場合……3,657千円

② 売却代金１億円で１億（100％）の買換物件を取得した場合……3,657千円

③ 売却代金１億円で90,000千円（90％）の買換物件を取得した場合……5,119千円

④ 売却代金１億円で80,000千円（80％）の買換物件を取得した場合……6,582千円

⑤ 買換適用割合が小さくなればなるほど税額が増大します。

（注1）売却代金と同額と同額以上では税額に差はありません。

（注2）売却代金と同額または同額以上（100％）の買換物件を購入する場合が一番税額は少ないのですが、資金繰りにおいては、必ず税金と仲介手数料等の資金負担が必要となります。

事業用買換の概算税額表 (80%の場合)

(単位：千円)

譲　渡　益	長期譲渡所得税額	各買換適用割合における買換の税額				
		100%以上	90%	80%	70%	60%
2,000	406	81	114	146	179	211
5,000	1,016	203	284	366	447	528
10,000 (1,000万円)	2,032	406	569	731	894	1,056
15,000	3,047	609	853	1,097	1,341	1,585
20,000	4,063	813	1,138	1,463	1,788	2,113
25,000	5,079	1,016	1,422	1,828	2,235	2,641
30,000	6,095	1,219	1,706	2,194	2,682	3,169
35,000	7,110	1,422	1,991	2,560	3,129	3,697
40,000	8,126	1,625	2,275	2,925	3,575	4,226
45,000	9,142	1,828	2,560	3,291	4,022	4,754
50,000 (5,000万円)	10,158	2,032	2,844	3,657	4,469	5,282
55,000	11,173	2,235	3,129	4,022	4,916	5,810
60,000	12,189	2,438	3,413	4,388	5,363	6,338
65,000	13,205	2,641	3,697	4,754	5,810	6,866
70,000	14,221	2,844	3,982	5,119	6,257	7,395
75,000	15,236	3,047	4,266	5,485	6,704	7,923
80,000	16,252	3,250	4,551	5,851	7,151	8,451
85,000	17,268	3,454	4,835	6,216	7,598	8,979
90,000	18,284	3,657	5,119	6,582	8,045	9,507
95,000	19,299	3,860	5,404	6,948	8,492	10,036
100,000 (1億円)	20,315	4,063	5,688	7,313	8,939	10,564
110,000	22,347	4,469	6,257	8,045	9,832	11,620
120,000	24,378	4,876	6,826	8,776	10,726	12,677
130,000	26,410	5,282	7,395	9,507	11,620	13,733
140,000	28,441	5,688	7,963	10,239	12,514	14,789
150,000	30,473	6,095	8,532	10,970	13,408	15,846

課税の繰延割合
事業用買換の概算税額表（80%の場合）

（単位：千円）

譲　渡　益	長期譲渡所得税額	各買換適用割合における買換の税額				
		100%以上	90%	80%	70%	60%
160,000	32,504	6,501	9,101	11,701	14,302	16,902
170,000	34,536	6,907	9,670	12,433	15,196	17,958
180,000	36,567	7,313	10,239	13,164	16,089	19,015
190,000	38,599	7,720	10,808	13,895	16,983	20,071
200,000	40,630	8,126	11,376	14,627	17,877	21,128
250,000	50,788	10,158	14,221	18,284	22,347	26,410
300,000	60,945	12,189	17,065	21,940	26,816	31,691
350,000	71,103	14,221	19,909	25,597	31,285	36,973
400,000	81,260	16,252	22,753	29,254	35,754	42,255
450,000	91,418	18,284	25,597	32,910	40,224	47,537
500,000 （5億円）	101,575	20,315	28,441	36,567	44,693	52,819
550,000	111,733	22,347	31,285	40,224	49,162	58,101
600,000	121,890	24,378	34,129	43,880	53,632	63,383
650,000	132,048	26,410	36,973	47,537	58,101	68,665
700,000	142,205	28,441	39,817	51,194	62,570	73,947
750,000	152,363	30,473	42,662	54,851	67,040	79,229
800,000	162,520	32,504	45,506	58,507	71,509	84,510
850,000	172,678	34,536	48,350	62,164	75,978	89,792
900,000	182,835	36,567	51,194	65,821	80,447	95,074
950,000	192,993	38,599	54,038	69,477	84,917	100,356
1,000,000 （10億円）	203,150	40,630	56,882	73,134	89,386	105,638

事業用買換の計算例（簡便方式）

　事業用買換の概算税額表をp.84〜85に記載しましたが、更に細かく計算したい方に以下の簡便な算式を掲げました。

（例）①　㋑　５億円の事業用物件を売却しました。この物件の取得費を25,000千円、譲渡費用を25,000千円とすると譲渡益は450,000千円です。

　　　　㋺　４億6,500万円（93％の買換割合）の買換物件を取得した場合の税額を計算してください。

　　　　㋩　課税の繰延割合は80％です。

（1）買換割合をもとめる

$$\frac{買換代金〔\ 465,000\ 〕千円}{売却代金〔\ 500,000\ 〕千円} = \boxed{93}\,\%　①買換割合$$

（2）譲渡益をもとめる

売却代金	取得費	譲渡費用	②譲渡益

〔 500,000 〕千円 − 〔 25,000 〕千円 − 〔 25,000 〕千円 ＝ 　450,000 　千円

（3）課税譲渡所得金額をもとめる

　②譲渡益　　　　　　　　　　　　　　　　　①買換割合　　　③課税長期譲渡所得金額

$$\boxed{450,000}\ 千円 \times (1 - \boxed{80}\%\times\boxed{93}\%) = \boxed{115,200}\ 千円$$

　　　　　　　　　　　　　　　—課税の繰延割合

（4）税額を算出する

　③課税長期譲渡所得金額　　　　　㊙　㊙　㊙　　　　　税　額

$$\boxed{115,200}\ 千円 \times (15\% + 0.315\% + 5\%) = \boxed{23,403}\ 千円$$

②ちなみに上記の例で、買換物件が下記の場合の税額を記載しておきましたので参考にして下さい。

買換物件	買換割合	税　額 課税の繰延割合 80％の場合
500,000千円	100％	18,284千円
450,000	90％	25,597千円
425,000	85％	29,254千円
390,000	78％	34,373千円
385,000	77％	35,104千円

事業用買換の計算表（簡便方式）

（1）買換割合をもとめる

$$\frac{買換代金〔\qquad\qquad〕千円}{売却代金〔\qquad\qquad〕千円} = \boxed{\qquad}\% \quad ①買換割合$$

（2）譲渡益をもとめる

売却代金 　　　　　　　取得費 　　　　　　　譲渡費用 　　　　　　　②譲渡益

〔　　　　　〕千円 －〔　　　　　〕千円 －〔　　　　　〕千円 ＝ $\boxed{\qquad\qquad}$ 千円

（3）課税譲渡所得金額をもとめる

②譲渡益 　　　　　　　　　　　　①買換割合 　　　　　③課税長期譲渡所得金額

$\boxed{\qquad}$ 千円 ×（1 － $\boxed{\qquad}$% × $\boxed{\qquad}$% ）＝ $\boxed{\qquad}$ 千円

　　　　　　　　　　↑
　　　　　　　　　　└─ 課税の繰延割合

（4）税額を算出する

③課税長期譲渡所得金額 　　　　　　　　　　　　　　　　　税　額

$\boxed{\qquad}$ 千円 × ㊟ ㊣ ㊩ （15％＋0.315％＋5％）＝ $\boxed{\qquad}$ 千円

相続税

〔1〕相続税

(1) 相続税のしくみ

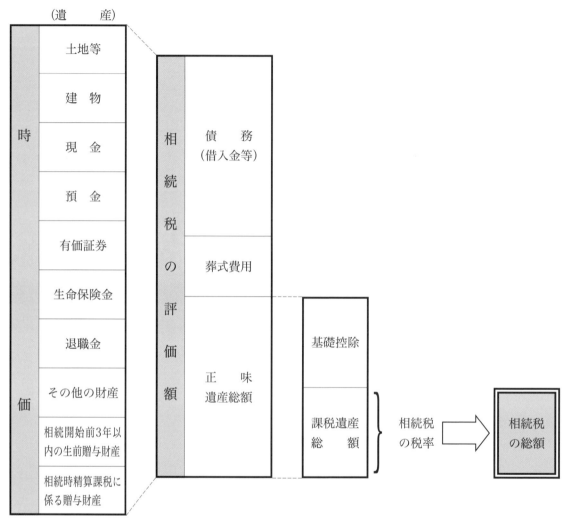

※相続開始前3年以内の生前贈与財産がある場合には、その分が遺産に加算されます。
※相続時精算課税制度の適用を受けた贈与財産がある場合には、その分が遺産に加算されます。
※相続税は正味遺産総額が基礎控除を超えた場合に、実際に相続した人にかかります。

① **基礎控除**
    3,000万円＋600万円×法定相続人の数
② **優遇措置**
    (イ) 配偶者の税額軽減
        配偶者が実際に相続した正味遺産総額が1億6,000万円以下
        1億6,000万円を超えても正味遺産総額×配偶者の法定相続分 }⇒  無　税
    (ロ) 未成年者控除・障害者控除等

（ハ）小規模宅地等の評価減

① 被相続人等の事業又は居住の用に供されていた宅地の評価減は下記の通りです。

② 特定居住用宅地等の③については、平成30年4月1日（施行日）以後の相続等により取得する財産に係る相続税について適用します。但し、③のロ又はハについては、以下の要件に該当する宅地は、従前のままとする経過措置が設けられました。

(イ) 施行日から令和2年3月31日までの間に相続等により取得する財産のうちに、施行日の前日においてその相続等があったものとした場合に改正前の「家なき子特例」要件に該当することとなる宅地（経過措置対象宅地等）

(ロ) 施行日以後の相続等により取得する経過措置対象宅地等につき、令和2年3月31日時点においてその経過措置対象宅地等で建物の新増築等の工事が行われており、かつ、その工事完了前にその相続等があった場合におけるその宅地等（その宅地を取得した親族が申告期限までその建物に居住している場合に限ります）

③ 貸付事業用宅地等の①のハについては、施行日以後の相続等により取得する財産に係る相続税について適用する。但し、施行日前から貸付事業の用に供されている宅地等については適用しない。

④ 専門家に相談して下さい。

具 体 的 ケ ー ス			評価減の割合
特定事業用宅地等（一400㎡）	特定事業用宅地等（注1）（貸付事業用宅地等を除く）※①の親族にはその宅地等を取得したその親族の相続人を含む。※②において申告期限とは親族が申告期限前に死亡した場合には死亡日までをいう。	① 相続開始時から申告期限までの間に親族がその土地等の上で営まれていた被相続人の事業を引き継ぎ、申告期限まで引き続きその事業を営んでいる場合	80%
		② 被相続人と生計を一にしていた親族が、相続開始前から申告期限まで引き続きその土地等を自己の事業の用に供している場合	
		③ 被相続人等の相続開始前3年以内に新たに事業の用に供された宅地等は、特定事業用宅地等の範囲から除かれます。但し、その宅地の上で事業の用に供されている減価償却資産の価額が、その宅地等の相続時の価額の15％以上である場合は特定事業用宅地等になります。この規定は、平成31年4月1日以後に相続等により取得する財産に係る相続税について適用します。	
	特定同族会社事業用宅地等（貸付事業用宅地等を除く）	① 相続開始直前の被相続人等の持株割合が50％超の法人事業の用に供されていた土地等を親族が取得し、申告期限まで引き続きその法人の事業の用に供している場合	

具 体 的 ケ ー ス				評価減の割合
特定居住用宅地等（330㎡）	特定居住用宅地等（注2）	①	被相続人の配偶者が取得した場合	80%
		②	被相続人と同居していた親族が取得し、申告期限まで引き続き所有し居住している場合	
		③	被相続人の居住用宅地等を取得した者であって、次の要件の全てを満たす者であること	
			イ　被相続人の配偶者又は相続開始直前に同居法定相続人がいないこと	
			ロ　相続開始前3年以内に、国内にある次に掲げる者の所有する家屋に居住したことがないこと	
			㋑　自己又は自己の配偶者	
			㋺　3親等内の親族	
			㋩　特別の関係がある同族会社又は一般社団法人等	
			ハ　相続開始時に居住していた家屋を、相続開始前において所有していたことがないこと	
			ニ　相続開始時から申告期限まで引き続きその宅地等を所有していること	
		④	被相続人と生計を一にしていた親族が相続開始前から申告期限まで引き続きその土地等を自己の居住の用に供している場合	
貸付事業用宅地等（200㎡）	貸 付 事 業 用 宅 地 等	①	被相続人の親族が相続等により取得した宅地等で、次の要件の全てを満たすこと	50%
			イ　被相続人の貸付事業の用に供されていた宅地等であること	
			ロ　特定同族会社事業用宅地でないこと	
			ハ　相続開始前3年以内に新たに貸付事業の用に供された宅地等でないこと。但し、相続開始前3年より前から被相続人が事業的規模で貸付事業を行っていた場合は相続開始前3年以内に新たに貸付事業の用に供された宅地でも可	
		②	被相続人の親族が相続等により取得した宅地等で、次の要件のいずれかを満たすこと	
			イ　相続開始から申告期限までの間にその宅地等に係る被相続人の貸付事業を引き継ぎ、申告期限まで引き続きその宅地等を所有し、かつ、貸付事業の用に供していること	
			ロ　被相続人の親族がその被相続人と生計を一にしていた者であって、相続開始時から申告期限まで引き続きその宅地等を所有し、かつ、相続開始時から申告期限まで引き続きその宅地を貸付事業の用に供していること	

（注1）特定事業用宅地等について
　（※1）相続税の申告期限まで未分割の宅地等には適用なし。但し、申告期限から3年以内に分割されれば更正の請求可
　（※2）特例適用面積は以下の通りです。
　　　①　特定事業用宅地等（特定事業用宅地等＋特定同族会社事業用宅地等）のみの場合は400㎡まで適用
　　　②　特定居住用宅地等のみの場合は330㎡まで適用
　　　③　貸付事業用宅地等のみの場合は200㎡まで適用
　　　④　選択する宅地等の全てが特定事業用宅地等及び特定居住用宅地等である場合には、それぞれの適用対象面積まで適用可能となる。つまり、最大730㎡まで適用
　　　⑤　特定事業用宅地等（A㎡）と特定居住用宅地等（B㎡）と貸付事業用宅地等（C㎡）が混合している場合は、次の計算式による面積まで適用

$$A㎡ \times \frac{200}{400} + B㎡ \times \frac{200}{330} + C㎡ \leqq 200㎡$$

　（※3）一の宅地等について共同相続があった場合には、取得した者ごとに適用要件を判定します。
　（※4）一棟の建物の敷地の用に供されていた宅地等のうちに特定居住用宅地等・特定事業用宅地等・特定同族会社事業用宅地等の要件に該当する部分とそれ以外の部分がある場合には、部分ごとに按分して軽減割合を計算します。

（注2）特定居住用宅地等について
　1　特定居住用宅地等は、主として居住の用に供されていた一の宅地等に限られることになりました。

　2　一棟の二世帯住宅で構造上区分のあるものについて、被相続人及びその親族が独立した部分に居住していた場合には、その親族が相続または遺贈により取得したその敷地の用に供されていた宅地等のうち、被相続人及びその親族が居住していた部分に対応する部分を特例の対象にする。

　3　①　老人ホームに入所したことにより被相続人の居住の用に供されなくなった家屋の敷地の用に供されていた宅地等は、次の要件が満たされる場合に限り、相続の開始の直前において被相続人の居住の用に供されていたものとして特例を適用する。
　　　　　イ　被相続人に介護が必要なため入所したものであること
　　　　　ロ　その家屋が貸付け等の用に供されていないこと
　　　②　介護医療院に入所したことにより、被相続人の居住の用に供されなくなった家屋の敷地の用に供されていた宅地等は、相続開始の直前において被相続人の居住の用に供されていたものとする。

(2) 相続人の順位と法定相続分

配偶者は常に相続人となる			
第1順位	① 被相続人の子 ② 代襲相続人（子が被相続人より先に死亡している場合は孫又は曾孫）		
	相続分	配偶者 $\frac{1}{2}$	子全員で $\frac{1}{2}$ かつ各々均等
第2順位	第1順位の者がいない時は、親等の最も近い直系尊属（通常被相続人の父母等）		
	相続分	配偶者 $\frac{2}{3}$	直系尊属で $\frac{1}{3}$ かつ各々均等
第3順位	① 第1順位・第2順位の者がいない時は、被相続人の兄弟姉妹 ② 代襲相続人（兄弟姉妹が被相続人より先に死亡している場合は甥又は姪）		
	相続分	配偶者 $\frac{3}{4}$	兄弟姉妹全員で $\frac{1}{4}$ かつ各々均等
子、直系尊属、兄弟姉妹が2人以上いる場合は、各自の相続分は均等			
代襲相続人の相続分は、被代襲相続人の相続分と同一で、代襲相続人が2人以上いる場合には各自の相続分は均等			
非嫡出子・父母の一方のみが同じである兄弟姉妹の相続分については専門家に相談			

(3) 相続税の申告期限

① 相続開始の翌日から10ヵ月以内が申告期限です。
　例えば、2月2日に相続が開始した場合は12月2日が申告期限となります。
② 申告期限までに相続税の申告書の提出と相続税額を現金納付しなければなりません。
　もし、同日までに現金納付ができない場合は、必ず同日までに延納申請書又は物納申請書を提出してください。

相続税の申告・納付までの作業日程

経過月	作 業 日 程	必 要 書 類
	○ 相続開始日	
2ヵ月 ｜ 5ヵ月	(1) 相続税の概算計算 　① 被相続人の相関関係図の作成 　② 相続財産の確定 　③ 相続財産の評価 　④ 債務、葬式費用の確定 (2) 納税方法の打ち合わせ 　① 納税は、金銭納付、延納、物納の 　　順であることを説明 　② 納税のため、相続財産の一部の譲 　　渡の是非	① 被相続人・相続人の戸籍謄本・除籍謄本 ② 被相続人の除住民票 ③ 相続人の住民票・印鑑証明 ④ 土地・建物の謄本と土地の公図 ⑤ 土地・建物の課税台帳、名寄帳 ⑥ 預貯金及び債務の残高証明書 ⑦ 普通預金通帳（過去2～3年程度） ⑧ 株券、ゴルフ会員権等の証券 ⑨ 債務、葬式費用の書類 ⑩ その他の財産及び債務の明細
6ヵ月 ｜ 7ヵ月	(1) 遺産分割の打ち合わせ及び下書き 　① 単純な分割、共有分割、代償分割 　　等の説明	
8ヵ月 ｜ 9ヵ月	(1) 遺産分割の決定・協議書の作成 (2) 相続税額の計算 (3) 納税方法の決定 (4) 相続登記	○ 相続登記の必要な書類 ① 遺産分割協議書 ② 上記①～⑤までの書類
10ヵ月	○ 相続税の申告・納付	

（4）配偶者居住権

平成 30 年 7 月 13 日に公布された民法改正で、新規に「配偶者居住権」という新規の債権が創設されました（令和 2 年 4 月 1 日から施行）。

配偶者居住権とは、相続開始の時に被相続人の建物に居住していた配偶者が、その建物を終身または一定期間、無償で居住できる権利です。

この民法の大改正により、生存配偶者が自宅での居住を確保しながら、老後生活資金である金融資産の確保も考慮した遺産分割が図れ、安心した老後がより一層可能となります。

これに伴って税法では、相続税では配偶者居住権等の評価方法が定められ、また配偶者居住権等の有償消滅の場合の譲渡所得税・無償消滅の場合の贈与税の計算方法が定められました。

本書では譲渡所得税・贈与税の課税は、まだ当分ないと思われるので説明は割愛しています。

配偶者居住権・配偶者短期居住権の一覧

	配偶者居住権	配偶者短期居住権
内容概説	相続開始の時に、被相続人の建物に居住していた配偶者が、その建物の全部を無償で居住できる権利	相続開始の時に、被相続人の建物に居住していた配偶者が、その建物を無償で居住できる権利
施行日	令和 2 年 4 月 1 日から施行	
取得事由	遺産分割	配偶者が相続開始の時に、被相続人の建物に無償で居住していた場合
	遺贈	
	遺産分割の審判	
存続期間	原則：終身 但し、遺産分割・遺贈・審判で別段の定めがある場合はその日	①相続開始日　②遺産分割確定日 ①②のいずれか遅い日から 6 ヶ月を経過する日まで
有償・無償	居住用建物の全部が無償で使用・収益可 従前、居住の用でなかった部分についても居住可	居住用建物の配偶者居住部分が無償
譲　渡	配偶者居住権は第三者に譲渡不可	同左
転　貸	配偶者居住権は第三者に使用・収益不可	同左
増改築	居住建物は増改築不可	同左
消滅事由	配偶者の死亡 但し、遺産分割・遺贈・審判で別段の定めがある場合はその期間満了時	同左
		同左
	居住建物が配偶者の所有になった場合（共有者がいる場合は消滅しない）	同左
	配偶者の善管注意義務違反・無断増改築・第三者に使用貸借させたばいで、一定の是正勧告に従わなかったとき	同左
	居住建物の全部が滅失等したとき	同左
登　記	配偶者でなく、所有者が登記する	登記制度なし

配偶者居住権の評価の計算例

〔設例〕妻は次の通り相続を受けました。

建物所有権	被相続人（夫）
土地所有者	被相続人（夫）
建 築 日	2010 年 12 月 1 日
構 造	木 造
賃貸の有無	な し

相続開始日	2020 年 10 月 1 日
遺産分割日	2021 年 3 月 20 日
配偶者の年齢	80 才 10 か月（分割時）
平均余命	11 年 3 か月
居住権存続期間	終身
法定利率	3%

相続開始　前

建物

建物所有権：被相続人（夫）

相続税評価額　20,000 千円

土地

土地所有権：被相続人（夫）

相続税評価額　50,000 千円

遺産分割　後

① 「配偶者 (建物) 居住権」：配偶者（妻）

相続税評価額　13,295 千円

② 「配偶者 (建物) 居住権付き建物」：長男
相続税評価額　6,705 千円

③ 「配偶者 (土地) 利用権」：配偶者（妻）
相続税評価額　14,950 千円

④ 「配偶者 (土地) 利用権付き土地」：長男

相続税評価額　35,050 千円

正式な用語では説明しにくいので、内容を理解し易いように略語（著者造語）を用いました。

	正式用語	内　　　容	本書での略語	分類
①	配偶者居住権	被相続人の建物に、相続開始時に配偶者が居住していた場合には、その建物に無償で終身または一定期間に渡り住み続けることができる権利です。（民法第 1028 条）	配偶者 (建物) 居住権	債権
②	居住建物	配偶者居住権の目的となっている建物です。	配偶者 (建物) 居住権付き建物所有権	所有権
③	配偶者居住権に基づく敷地利用権	配偶者居住権の目的となっている建物の敷地の用に供される土地等を当該配偶者居住権に基づき使用する権利です。	配偶者 (土地) 利用権	債権
④	居住建物の敷地の用に供される土地	配偶者居住権の目的となっている建物の敷地の用に供される土地等（借地権等を含みます）です。	配偶者 (土地) 利用権付き土地所有権	所有権

配偶者居住権等の評価の計算例

単位：千円

この計算表は次の場合を前提にしています。　令和2年4月1日以降適用

	✓
① 被相続人の居住用建物・土地等が、単有（共有でない）の場合	✓
② 被相続人が賃貸に、していない場合	✓
③ 配偶者居住権の存続期間が、終身である場合	✓
④ 遺産分割協議である場合	✓
被相続人の居住用の建物・土地等が、共有場合・一部賃貸な場合・遺産分割協議以外・その他特殊の場合	⇒ 専門家に相談

基礎入力

居住建物の内容	**＜建物の耐用年数＞** ＜参考1＞「 配偶者居住権等の評価で用いる建物の構造別の耐用年数」にて、建物の構造別の耐用年数を求める。	耐用年数	①	33	年
	＜建築後の経過年数＞ 建築日から配偶者居住権が設定された日までの、経過年数と月数を計算する。（6月以上の端数は1年　6月未満の端数は切捨て） 2010年12月01日から2021年03月20日　｜10 年｜3 ヶ月	経過年数	②	10	年
配偶者居住権の存続年数等	**＜残存期間が終身の場合の残存年数＞** 配偶者居住権が設定された日における、配偶者の満年齢と生年月日・性別を記入し、＜参考2＞「第22回生命表（完全生命表）に基づく平均余命　※平成29年3月1日公表日（厚生労働省）」にて、満年齢別と性別別の平均余命を求める。	残存年数	③	12	年
	満｜80｜歳｜生年月日｜○○年○○月○○日｜性別｜女				
	＜参考3＞「複利現価表（法定利率3％）」にて、③の残存年数に対応する複利現価率を求める。	複利現価率	④	0.701	
評価の基礎となる価額	居住建物の相続税評価額｜固定資産税評価明細書の建物の評価額		⑤	20,000	千円
	居住土地の相続税評価額｜路線価方式・倍率方式で評価した価額		⑥	50,000	千円

（1）配偶者居住権の価額・・・（配偶者の債権）

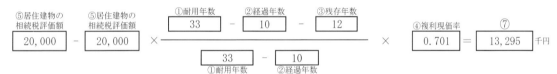

⑤居住建物の相続税評価額 20,000 − ⑤居住建物の相続税評価額 20,000 × $\dfrac{①耐用年数\ 33 − ②経過年数\ 10 − ③残存年数\ 12}{①耐用年数\ 33 − ②経過年数\ 10}$ × ④複利現価率 0.701 ＝ ⑦ 13,295 千円

（2）配偶者居住権付き建物の価額・・・（配偶者以外の相続人の所有権）

⑤居住建物の相続税評価額 20,000 − ⑦配偶者居住権の価額 13,295 ＝ ⑧ 6,705 千円

（3）配偶者土地利用権の価額・・・（配偶者の債権）

⑥ 50,000 − ⑥ 50,000 × ④複利現価率 0.701 ＝ ⑨ 14,950 千円

（4）配偶者土地利用権付き土地の価額・・・（配偶者以外の相続人の所有権）

⑥ 50,000 − ⑨ 14,950 ＝ 35,050 千円

配偶者居住権等の評価の計算表

単位：千円

この計算表は次の場合を前提にしています。　令和2年4月1日以降適用

① 被相続人の居住用建物・土地等が、単有（共有でない）の場合	
② 被相続人が賃貸に、していないの場合	
③ 配偶者居住権の存続期間が、終身である場合	
④ 遺産分割協議である場合	
被相続人の居住用の建物・土地等が、共有場合・一部賃貸な場合・遺産分割協議以外・その他特殊の場合 → 専門家に相談	

基礎入力

居住建物の内容	**＜建物の耐用年数＞** ＜参考 1＞「 配偶者居住権等の評価で用いる建物の構造別の耐用年数」にて、建物の構造別の耐用年数を求める。	耐用年数	①	年
	＜建築後の経過年数＞ 建築日から配偶者居住権が設定された日までの、経過年数と月数を計算する。（6月以上の端数は1年　6月未満の端数は切捨て） 　　　　年　月　日から　　　　年　月　日　　　　年　　　ヶ月	経過年数	②	年
配偶者居住権の存続年数等	**＜残存期間が終身の場合の残存年数＞** 配偶者居住権が設定された日における、配偶者の満年齢と生年月日・性別を記入し、＜参考 2＞「第22回生命表（完全生命表）に基づく平均余命　※平成29年3月1日公表日（厚生労働省）」にて、満年齢別と性別別の平均余命を求める。 満　　　　歳　生年月日　　年　　月　　日　性別	残存年数	③	年
	＜参考 3＞「複利現価表（法定利率3％）」にて、③の残存年数に対応する複利現価率を求める。	複利現価率	④	
評価の基礎となる価額	居住建物の相続税評価額　　固定資産税評価明細書の建物の評価額		⑤	千円
	居住土地の相続税評価額　　路線価方式・倍率方式で評価した価額		⑥	千円

（1）配偶者居住権の価額・・・（配偶者の債権）

$$\text{⑤居住建物の相続税評価額} - \text{⑤居住建物の相続税評価額} \times \frac{\text{①耐用年数} - \text{②経過年数} - \text{③残存年数}}{\text{①耐用年数} - \text{②経過年数}} \times \text{④複利現価率} = \text{⑦ 千円}$$

（2）配偶者居住権付き建物の価額・・・（配偶者以外の相続人の所有権）

$$\text{⑤居住建物の相続税評価額} - \text{⑦配偶者居住権の価額} = \text{⑧ 千円}$$

（3）配偶者土地利用権の価額・・・（配偶者の債権）

$$\text{⑥} - \text{⑥} \times \text{④複利現価率} = \text{⑨ 千円}$$

（4）配偶者土地利用権付き土地の価額・・・（配偶者以外の相続人の所有権）

$$\text{⑥} - \text{⑨} = \text{千円}$$

< 参考 1 > 配偶者居住権等の評価で用いる建物の構造別の耐用年数

構造	耐用年数	構造	耐用年数
鉄骨鉄筋コンクリート造又は鉄筋コンクリート造	71	金属造（骨格材の肉厚 3㎜以下）	29
れんが造、石造又はブロック造	57	木造又は合成樹脂造	33
金属造（骨格材の肉厚 4㎜超）	51	木骨モルタル造	30
金属造（骨格材の肉厚 3㎜超〜 4㎜以下）	41		

< 参考 2 > 第 22 回生命表（完全生命表）に基づく平均余命※平成 29 年 3 月 1 日公表（厚生労働省）

満年齢	平均余命 男	平均余命 女	満年齢	平均余命 男	平均余命 女	満年齢	平均余命 男	平均余命 女	満年齢	平均余命 男	平均余命 女	満年齢	平均余命 男	平均余命 女
16	−	71	36	46	52	56	27	32	76	11	15	96	3	3
17	−	70	37	45	51	57	26	32	77	11	14	97	3	3
18	63	69	38	44	50	58	25	31	78	10	13	98	2	3
19	62	68	39	43	49	59	24	30	79	9	12	99	2	3
20	61	67	40	42	48	60	24	29	80	9	12	100	2	3
21	60	66	41	41	47	61	23	28	81	8	11	101	2	2
22	59	65	42	40	46	62	22	27	82	8	10	102	2	2
23	58	64	43	39	45	63	21	26	83	7	10	103	2	2
24	57	63	44	38	44	64	20	25	84	7	9	104	2	2
25	56	62	45	37	43	65	19	24	85	6	8	105	2	2
26	55	61	46	36	42	66	19	23	86	6	8	106	2	2
27	54	60	47	35	41	67	18	22	87	5	7	107	1	2
28	53	59	48	34	40	68	17	22	88	5	7	108	1	1
29	52	58	49	33	39	69	16	21	89	5	6	109	1	1
30	51	57	50	32	38	70	16	20	90	4	6	110	1	1
31	50	56	51	31	37	71	15	19	91	4	5	111	1	1
32	49	55	52	31	36	72	14	18	92	4	5	112	1	1
33	49	55	53	30	35	73	13	17	93	3	4	113	−	1
34	48	54	54	29	34	74	13	16	94	3	4	114	−	1
35	47	53	55	28	33	75	12	16	95	3	4	115	−	1

< 参考 3 > 複利現価表（法定利率 3 ％）

存続年数	複利現価率	存続年数	複利現価率	存続年数	複利現価率	存続年数	複利現価率	存続年数	複利現価率	存続年数	複利現価率	存続年数	複利現価率
1	0.971	11	0.722	21	0.538	31	0.400	41	0.298	51	0.221	61	0.165
2	0.943	12	0.701	22	0.522	32	0.388	42	0.289	52	0.215	62	0.160
3	0.915	13	0.681	23	0.507	33	0.377	43	0.281	53	0.209	63	0.155
4	0.888	14	0.661	24	0.492	34	0.366	44	0.272	54	0.203	64	0.151
5	0.863	15	0.642	25	0.478	35	0.355	45	0.264	55	0.197	65	0.146
6	0.837	16	0.623	26	0.464	36	0.345	46	0.257	56	0.191	66	0.142
7	0.813	17	0.605	27	0.450	37	0.335	47	0.249	57	0.185	67	0.138
8	0.789	18	0.587	28	0.437	38	0.325	48	0.242	58	0.180	68	0.134
9	0.766	19	0.570	29	0.424	39	0.316	49	0.235	59	0.175	69	0.130
10	0.744	20	0.554	30	0.412	40	0.307	50	0.228	60	0.170	70	0.126

相続税の計算例

〔設例〕夫が死亡し、妻と長男・長女が2億円の正味遺産を法定相続分の割合で相続しました。

課税遺産総額の計算

ステップ1

課税財産	土地等
	建物
	現金
	預金
	有価証券
	生命保険金
	退職金
	その他の財産
	相続開始前3年以内の生前贈与財産
	相続時精算課税に係る贈与財産
非課税財産	

ステップ2

相続税の評価額

ステップ3

債務

葬式費用

正味遺産総額（合計遺産価格）

2億円

ステップ4

基礎控除 48,000千円

課税遺産総額

152,000千円

ステップ1	ステップ2	ステップ3	ステップ4
被相続人の全ての相続財産を集計し相続税のかからない財産を除きます。	相続税のかかる財産を種類ごとに評価します。	相続財産から、控除される債務、葬式費用を差し引きます。	相続税の基礎控除額を算出して、差し引きます。①基礎控除額 30,000千円＋(6,000千円×3人)＝48,000千円②2億円 － 48,000千円＝152,000千円

| 相続税の総額の計算 | | | 納付税額の計算 | | |

ステップ5	ステップ6	ステップ7	ステップ8	ステップ9	ステップ10
法定取得分	法定取得分に対応する各人の税額	相続税の総額	各人の算出税額	税額控除等	各人の納付税額

ステップ5

$\times \dfrac{1}{2}$　76,000千円　×税率

$\times \dfrac{1}{4}$　38,000千円　×税率

$\times \dfrac{1}{4}$　38,000千円　×税率

ステップ6

15,800千円

5,600千円

5,600千円

合計する

ステップ7

27,000千円

実際の相続割合
$\times$
$\times$　〃
$\times$　〃

ステップ8

$\dfrac{1}{2}$　13,500千円

$\dfrac{1}{4}$　6,750千円

$\dfrac{1}{4}$　6,750千円

ステップ9

$-$　13,500千円

$-$　0

$-$　0

ステップ10

$=$　0

$=$　6,750千円

$=$　6,750千円

ステップ5

課税遺産総額を、法定相続人に応じて、各法定相続人ごとの遺産額に分割します。

①妻
$152,000千円 \times \dfrac{1}{2}$
$=76,000千円$
②長男及び長女
$152,000千円 \times \dfrac{1}{4}$
$=38,000千円$

ステップ6

相続税の税率をかけた額から控除額を引きます。
①妻
$76,000千円 \times 30\%$
$-7,000千円$
$=15,800千円$
②長男及び長女
$38,000千円 \times 20\%$
$-2,000千円$
$=5,600千円$

ステップ7

各人の税額を単純に合計します。

ステップ8

相続税の総額を各相続人が、実際に取得した遺産の割合に応じて、各人の税額を算出します。

①妻
$27,000千円 \times \dfrac{1}{2}$
$=13,500千円$
②長男及び長女
$27,000千円 \times \dfrac{1}{4}$
$=6,750千円$

ステップ9

各人ごとに、税額控除又は2割加算を行います。

①妻（配偶者控除）
$27,000千円$
$\times \dfrac{1}{2}$
$=13,500千円$
②長男及び長女 なし

ステップ10

ここで、各人の納付税額が確定します。

＊便宜上、それぞれの計算過程において、小数点以下は切捨てをしています。

相続税の計算表

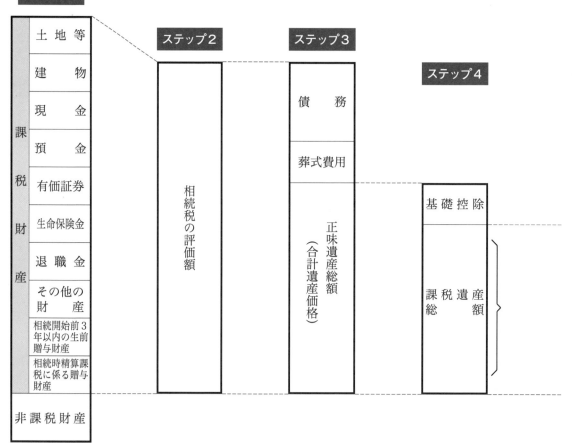

課税遺産総額の計算

ステップ1

課税財産	土　地　等
	建　　　物
	現　　　金
	預　　　金
	有価証券
	生命保険金
	退　職　金
	その他の財産
	相続開始前3年以内の生前贈与財産
	相続時精算課税に係る贈与財産
非　課　税　財　産	

ステップ2 … 相続税の評価額

ステップ3 … 債　務／葬式費用／正味遺産総額（合計遺産価格）

ステップ4 … 基礎控除／課税遺産総額

ステップ1	ステップ2	ステップ3	ステップ4
被相続人の全ての相続財産を集計し相続税のかからない財産を除きます。	相続税のかかる財産を種類ごとに評価します。	相続財産から、控除される債務、葬式費用を差し引きます。	相続税の基礎控除額を算出して、差し引きます。

相続税の総額の計算　　　　**納付税額の計算**

ステップ5	ステップ6	ステップ7	ステップ8	ステップ9	ステップ10
法定取得分	法定取得分に対応する各人の税額	相続税の総額	各人の算出税額	税額控除等	各人の納付税額

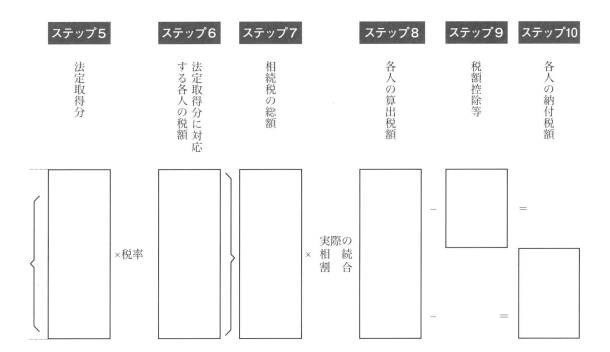

ステップ5	ステップ6	ステップ7	ステップ8	ステップ9	ステップ10
課税遺産総額を、法定相続人に応じて、各法定相続人ごとの遺産額に分割します。	相続税の税率をかけた額から控除額を引きます。※控除額はp.111の「相続税の速算表」参照。	各人の税額を単純に合計します。	相続税の総額を各相続人が、実際に取得した遺産の割合に応じて、各人の税額を算出します。	各人ごとに、税額控除又は2割加算を行います。	ここで、各人の納付税額が確定します。

具体的土地評価の計算例

〔設例〕アパートの敷地（正面と側面が路面に面している）として使用している宅地の評価例

所在地番	東京都○○区○○町１丁目２番３号
地区区分	ビル街地区　高度商業地区　繁華街地区　普通商業・併用住宅地区　（普通住宅地区） 中小工場地区　大工場地区

地積〔⑤　*375*　m²〕借地権割合〔⑥　*70*　%〕借家権割合〔⑦　*30*　%〕

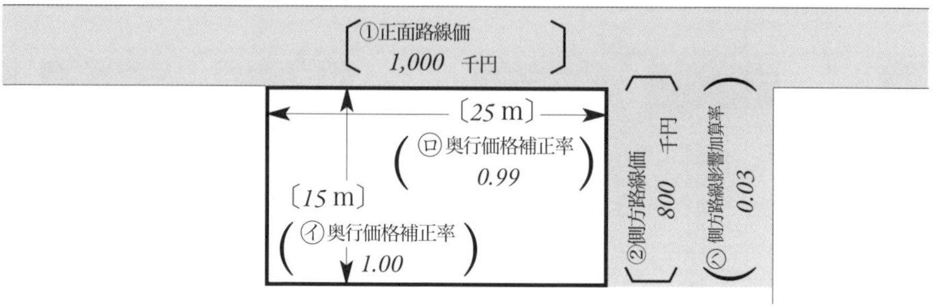

（単位：千円）

路線価方式による基礎評価基準	(1)	〔①正面路線価 *1,000*〕×（イ奥行価格補正率 *1.00*）	＝〔Ⓐ *1,000*〕
	(2)	〔②側方路線価 *800*〕×（ロ奥行価格補正率 *0.99*）×（ハ側方路線影響加算率 *0.03*）	＝〔Ⓑ *23*〕
	(3)	〔③側方路線価〕×（ロ奥行価格補正率）×（ニ側方路線影響加算率）	＝〔Ⓒ〕
	(4)	〔④二方路線価〕×（イ奥行価格補正率）×（ホ二方路線影響加算率）	＝〔Ⓓ〕
	(5)	Ⓐ ＋ Ⓑ ＋ Ⓒ ＋ Ⓓ	＝〔Ⓔ *1,023*〕
	(6)	袋地等〔Ⓔ〕×（間口狭小補正率）×（奥行長大補正率）	＝〔Ⓕ〕
	(7)	不整形地等〔Ⓕ〕×（1－0.　最大0.4）	＝〔Ⓖ〕
	(8)	崖地等〔ⒺからⒼ〕×（崖地補正率）	＝〔Ⓗ〕
	(9)	私道〔ⒺからⒽ〕× 0.3	＝〔Ⓘ〕
基礎評価	(10)	〔ⒺからⒾ *1,023*〕×〔⑤の地積 *375* m²〕	＝〔Ⓙ *383,625*〕
		※倍率方式適用地域については〔固定資産税評価額〕×（　倍）	＝〔Ⓙ〕
所有形態別評価　土地所有者	(11)	自用地〔Ⓙ基礎評価〕	
	(12)	貸宅地〔Ⓙ基礎評価〕×（1－〔⑥借地権割合　%〕）	＝〔　〕
	(13)	貸家建付地〔Ⓙ基礎評価 *383,625*〕×（1－〔⑥借地権割合 *70*　%〕×〔⑦借家権割合 *30* %〕）	＝〔*303,063*〕
所有形態別評価　土地賃借人	(14)	借地権〔Ⓙ基礎評価〕×〔⑥借地権割合　%〕	＝〔　〕
	(15)	貸家建付地借地権〔Ⓙ基礎評価〕×〔⑥借地権割合　%〕×（1－〔⑦借家権割合　%〕）	＝〔　〕

※計算過程では簡便のため千円未満を切捨てています。

具体的土地評価の計算表

所在地番	
地区区分	ビル街地区　高度商業地区　繁華街地区　普通商業・併用住宅地区　普通住宅地区 中小工場地区　大工場地区
地積〔⑤〕　　　　　　m²〕借地権割合〔⑥〕　　　　　　%〕借家権割合〔⑦〕　　　　　　%〕	

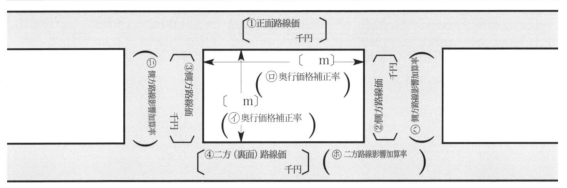

路線価方式による基礎評価基準	（1）	〔①正面路線価〕 × （イ奥行価格補正率）		= 〔Ⓐ〕
	（2）	〔②側方路線価〕 × （ロ奥行価格補正率） × （ハ 側方路線影響加算率）		= 〔Ⓑ〕
	（3）	〔③側方路線価〕 × （ロ奥行価格補正率） × （ニ 側方路線影響加算率）		= 〔Ⓒ〕
	（4）	〔④二方路線価〕 × （イ奥行価格補正率） × （ホ 二方路線影響加算率）		= 〔Ⓓ〕
	（5）	Ⓐ ＋ Ⓑ ＋ Ⓒ ＋ Ⓓ		= 〔Ⓔ〕
	（6）	袋 地 等 〔Ⓔ〕 × （間口狭小補正率） × （奥行長大補正率）		= 〔Ⓕ〕
	（7）	不整形地等 〔Ⓕ〕 × （ 1−0.　最大0.4 ）		= 〔Ⓖ〕
	（8）	崖 地 等 〔ⒺからⒼ〕 × （ 崖地補正率 ）		= 〔Ⓗ〕
	（9）	私 道 〔ⒺからⒽ〕 × 0.3		= 〔Ⓘ〕
基礎評価	（10）	〔ⒺからⒾ〕 × 〔⑤の地積　　m²〕		= 〔Ⓙ〕
		※倍率方式適用地域に ついては 〔固定資産税評価額〕 × （　　　倍　　　）		= 〔Ⓙ〕
所有形態別評価	土地所有者	（11）	自 用 地 〔Ⓙ基礎評価〕	
		（12）	貸 宅 地 〔Ⓙ基礎評価〕 × （1−〔⑥借地権割合　%〕）	= 〔　　〕
		（13）	貸家建付地 〔Ⓙ基礎評価〕 × （1−〔⑥借地権割合　%〕× 〔⑦借家権割合　%〕）	= 〔　　〕
	土地賃借人	（14）	借 地 権 〔Ⓙ基礎評価〕 × 〔⑥借地権割合　%〕	= 〔　　〕
		（15）	貸家建付地 借 地 権 〔Ⓙ基礎評価〕 × 〔⑥借地権割合　%〕× （1−〔⑦借家権割合　%〕）	= 〔　　〕

※計算過程では簡便のため千円未満を切捨てています。

土地及び土地の上に存する権利の評価についての調整率表（平成30年度分以降）

付表1　奥行価格補正率表

奥行距離(m) ＼ 地区区分	ビル街地区	高度商業地区	繁華街地区	普通商業・併用住宅地区	普通住宅地区	中小工場地区	大工場地区
4未満	0.80	0.90	0.90	0.90	0.90	0.85	0.85
4以上6未満		0.92	0.92	0.92	0.92	0.90	0.90
6以上8未満	0.84	0.94	0.95	0.95	0.95	0.93	0.93
8以上10未満	0.88	0.96	0.97	0.97	0.97	0.95	0.95
10以上12未満	0.90	0.98	0.99	0.99	1.00	0.96	0.96
12以上14未満	0.91	0.99	1.00	1.00		0.97	0.97
14以上16未満	0.92	1.00				0.98	0.98
16以上20未満	0.93					0.99	0.99
20以上24未満	0.94					1.00	1.00
24以上28未満	0.95				0.97		
28以上32未満	0.96		0.98		0.95		
32以上36未満	0.97		0.96	0.97	0.93		
36以上40未満	0.98		0.94	0.95	0.92		
40以上44未満	0.99		0.92	0.93	0.91		
44以上48未満	1.00		0.90	0.91	0.90		
48以上52未満		0.99	0.88	0.89	0.89		
52以上56未満		0.98	0.87	0.88	0.88		
56以上60未満		0.97	0.86	0.87	0.87		
60以上64未満		0.96	0.85	0.86	0.86	0.99	
64以上68未満		0.95	0.84	0.85	0.85	0.98	
68以上72未満		0.94	0.83	0.84	0.84	0.97	
72以上76未満		0.93	0.82	0.83	0.83	0.96	
76以上80未満		0.92	0.81	0.82			
80以上84未満		0.90	0.80	0.81	0.82	0.93	
84以上88未満		0.88		0.80			
88以上92未満		0.86			0.81	0.90	
92以上96未満	0.99	0.84					
96以上100未満	0.97	0.82					
100以上	0.95	0.80			0.80		

付表2　側方路線影響加算率表

地 区 区 分	加算率	
	角地の場合	準角地の場合
ビル街地区	0.07	0.03
高度商業地区、繁華街地区	0.10	0.05
普通商業・併用住宅地区	0.08	0.04
普通住宅地区、中小工場地区	0.03	0.02
大工場地区	0.02	0.01

付表3　二方路線影響加算率表

地 区 区 分	加算率
ビル街地区	0.03
高度商業地区、繁華街地区	0.07
普通商業・併用住宅地区	0.05
普通住宅地区、中小工場地区 大工場地区	0.02

付表4　不整形地補正率を算定する際の地積区分表

地積区分　地区区分	A	B	C
高度商業地区	1,000㎡未満	1,000㎡以上 1,500㎡未満	1,500㎡以上
繁華街地区	450㎡未満	450㎡以上 700㎡未満	700㎡以上
普通商業・併用住宅地区	650㎡未満	650㎡以上 1,000㎡未満	1,000㎡以上
普通住宅地区	500㎡未満	500㎡以上 750㎡未満	750㎡以上
中小工場地区	3,500㎡未満	3,500㎡以上 5,000㎡未満	5,000㎡以上

付表5　不整形地補正率表

陰地割合 ＼ 地積区分	高度商業地区 繁華街地区 普通商業・併用住宅地区 中小工場地区			普通住宅地区		
	A	B	C	A	B	C
10%以上	0.99	0.99	1.00	0.98	0.99	0.99
15%以上	0.98	0.99	0.99	0.96	0.98	0.99
20%以上	0.97	0.98	0.99	0.94	0.97	0.98
25%以上	0.96	0.98	0.99	0.92	0.95	0.97
30%以上	0.94	0.97	0.98	0.90	0.93	0.96
35%以上	0.92	0.95	0.98	0.88	0.91	0.94
40%以上	0.90	0.93	0.97	0.85	0.88	0.92
45%以上	0.87	0.91	0.95	0.82	0.85	0.90
50%以上	0.84	0.89	0.93	0.79	0.82	0.87
55%以上	0.80	0.87	0.90	0.75	0.78	0.83
60%以上	0.76	0.84	0.86	0.70	0.73	0.78
65%以上	0.70	0.75	0.80	0.60	0.65	0.70

付表7　奥行長大補正率表

奥行距離 ／ 間口距離	ビル街地区	高度商業地区・繁華街地区・普通商業・併用住宅地区	普通住宅地区	中小工場地区	大工場地区
2以上3未満		1.00	0.98	1.00	
3以上4未満		0.99	0.96	0.99	
4以上5未満		0.98	0.94	0.98	
5以上6未満	1.00	0.96	0.92	0.96	1.00
6以上7未満		0.94	0.90	0.94	
7以上8未満		0.92		0.92	
8以上		0.90		0.90	

付表6　間口狭小補正率表

間口距離(m)	ビル街地区	高度商業地区	繁華街地区	普通商業・併用住宅地区	普通住宅地区	中小工場地区	大工場地区
4未満	—	0.85	0.90	0.90	0.90	0.80	0.80
4以上6未満	—	0.94	1.00	0.97	0.94	0.85	0.85
6以上8未満	—	0.97		1.00	0.97	0.90	0.90
8以上10未満	0.95	1.00			1.00	0.95	0.95
10以上16未満	0.97					1.00	0.97
16以上22未満	0.98						0.98
22以上28未満	0.99						0.99
28以上	1.00						1.00

付表8　規模格差補正率

イ　三大都市圏に所在する宅地

地積㎡ ＼ 地区区分	普通商業・併用住宅 普通住宅	
記号	Ⓑ	Ⓒ
500 以上 1,000 未満	0.95	25
1,000 以上 3,000 未満	0.90	75
3,000 以上 5,000 未満	0.85	225
5,000 以上	0.80	475

ロ　三大都市圏以外の地域に所在する宅地

地積㎡ ＼ 地区区分	普通商業・併用住宅 普通住宅	
記号	Ⓑ	Ⓒ
1,000 以上 3,000 未満	0.90	100
3,000 以上 5,000 未満	0.85	250
5,000 以上	0.80	500

付表9　がけ地補正率表

がけ地地積／総地積　がけ地の方位	南斜面	東斜面	西斜面	北斜面
0.10以上0.20未満	0.96	0.95	0.94	0.93
0.20以上0.30未満	0.92	0.91	0.90	0.88
0.30以上0.40未満	0.88	0.87	0.86	0.83
0.40以上0.50未満	0.85	0.84	0.82	0.78
0.50以上0.60未満	0.82	0.81	0.78	0.73
0.60以上0.70未満	0.79	0.77	0.74	0.68
0.70以上0.80未満	0.76	0.74	0.70	0.63
0.80以上0.90未満	0.73	0.70	0.66	0.58
0.90以上	0.70	0.65	0.60	0.53

付表１０　特別警戒区域補正率表

特別警戒区域の地積／総地積	補正率
0.10以上0.40未満	0.90
0.40以上0.70未満	0.80
0.70以上	0.70

相続税額の計算例

〔設例〕法定相続人6人（配偶者と子5人）が、それぞれ法定相続分の割合で相続した場合

相続税額の計算表

(単位：千円)

〔1〕相続税の評価額				①	650,000
〔2〕債　　　　務				②	35,000
〔3〕葬　式　費　用				③	5,000
〔4〕正味遺産総額			①－②－③	④	610,000
〔5〕基　礎　控　除　30,000千円＋6,000千円×法定相続人の数〔6〕人				⑤	66,000
〔6〕課税遺産総額			④－⑤	⑥	544,000

〔7〕相続税額の計算

法定相続人〔 6 〕人 氏　名	被相続人との関係	⑦法定相続分	⑧法定取得分（⑥×⑦）	⑨各人に法定取得分に対応する税額（⑧×税率）－控除額	⑪実際の相続割合	⑫各人の算出税額（⑩×⑪）	⑬税額控除等	⑭各人の納付税額（⑫－⑬）
田中花子	妻	$\frac{1}{2}$	272,000	95,400	$\frac{1}{2}$	71,000	△71,000	0
〃 一郎	長男	$\frac{1}{10}$	54,400	9,320	$\frac{1}{10}$	14,200	△	14,200
〃 二郎	二男	$\frac{1}{10}$	54,400	9,320	$\frac{1}{10}$	14,200	△	14,200
〃 三郎	三男	$\frac{1}{10}$	54,400	9,320	$\frac{1}{10}$	14,200	△	14,200
〃 四郎	四男	$\frac{1}{10}$	54,400	9,320	$\frac{1}{10}$	14,200	△	14,200
〃 五郎	五男	$\frac{1}{10}$	54,400	9,320	$\frac{1}{10}$	14,200	△	14,200
							△	
相続税の総額⑨の合計			⑩ 142,000		各人の納付税額の合計⑭の合計		⑮	71,000

⑦　法定相続分はp.94の(2)相続人の順位と法定相続分を参照して下さい。

⑧　法定取得分は、各相続人が実際に取得する遺産の割合を一切考慮しないで、単純に法定相続分で取得したものとして計算します。

⑨　⑨の「税率－控除額」はp.111の相続税の速算表を使用して下さい。ここで計算される各人の税額は、各人が納付する税額ではありません。

⑩　⑨で計算された法定相続人に対応する各人の税額を単純に合計します。これを相続税の総額といいます。簡単にいえば相続人の一族が納める相続税の総額です。そして、次に誰がどれだけ一族の相続税の総額を負担するかが⑪～⑭の計算となります。

⑪　⑪の実際の相続割合の算出方法は、各相続人の正味遺産額を〔4〕の正味遺産総額で除した割合です。この割合を小数点以下何桁にするかは自由ですが、より正確にするためにはある程度の桁数が必要です。そしてその割合の合計を1にするように微調整する必要があります。

⑫　相続税の総額を各相続人が実際に取得した遺産の割合に応じて、各相続人が負担する相続税額を計算します。

⑬　⑫で各相続人が負担する相続税額から、各相続人の状況により、実際に納付する相続税額が軽減されたり、又は増額されます。

〈軽減の主なもの〉

配偶者の税額軽減 …… 配偶者の税額軽減は、㋑1億6,000万円又は㋺正味遺産総額×配偶者の法定相続分のうちいずれか多い金額（その金額が配偶者の算出税額を超える場合は算出税額）となります。

未成年者控除 …… （20歳 ― 未成年者の年齢）×10万円

障害者控除 …… （85歳 ― 障害者の年齢）×10万円（特別障害者の場合20万円）

〈増額の主なもの〉

兄弟姉妹等が相続人である時は、⑫の税額に20%が加算されます。

⑭　⑫の各人の算出額から⑬の軽減額又は増加額をマイナス又はプラスした金額が最終的に各相続人が納付する相続税額です。

相続税額の計算表

〔1〕相続税の評価額						①		
〔2〕債　　　　務						②		
〔3〕葬　式　費　用						③		
〔4〕正味遺産総額				①－②－③		④		
〔5〕基　礎　控　除　30,000千円＋6000千円×法定相続人の数〔　〕人						⑤		
〔6〕課税遺産総額				④　－　⑤		⑥		
〔7〕相続税額の計算								

法定相続人〔　　〕人		⑦法定相続分	⑧法定取得分（⑥×⑦）	⑨法定取得分に対応する各人の税額（⑧×税率）－控除額	⑪実際の相続割合	⑫各人の算出税額（⑩×⑪）	⑬税額控除等	⑭各人の納付税額（⑫－⑬）
氏　名	被相続人との関係							
							△	
							△	
							△	
							△	
							△	
							△	
							△	
相続税の総額⑨の合計		⑩			各人の納付税額の合計⑭の合計			⑮

相続税の速算表

法　定　取　得　分	税率	控除額
～　10,000千円以下	10%	―
10,000千円超 ～　30,000千円以下	15%	500千円
30,000千円超 ～　50,000千円以下	20%	2,000千円
50,000千円超 ～100,000千円以下	30%	7,000千円
100,000千円超 ～200,000千円以下	40%	17,000千円
200,000千円超 ～300,000千円以下	45%	27,000千円
300,000千円超 ～600,000千円以下	50%	42,000千円
600,000千円超 ～	55%	72,000千円

相続税の延納(相法38条・措法70条の10) と物納(相法41条)

相続税の納付は相続税の申告期限までにその他の税金と同じように現金で納付するのが原則ですが、相続税の特殊性から、一定の場合は『延納』及び『物納』による納付方法が認められています。

① 延納とは分割払いのことで、相続財産の種類と不動産等の割合により延納期間と利子税率が定められています。延納が認められる場合は現金納付が困難な場合に限られます。

② 物納とは、現金納付が困難であり、かつ延納によっても納付が困難な場合に、相続した財産をもって納付することです。物納価格は、原則として、物納財産の評価額です。国は物納された財産を売却等して現金に換価するのが通常ですので、換価不能財産や換価が非常に困難な財産については物納が認められません。この物納制度について平成18年分から大幅改正があり、その取り扱いがかなり明確化しました。

③ 延納の場合は、原則として、担保提供が必要です。

（注）これまでは相続税の申告期限までに『延納申請書』・『物納申請書』さえ提出しておけば、その後の具体的な手続きは申告期限後でも弾力的に認められてきたようです。

しかし、これからはこのような方法で物納を申請すると物納が認められない可能性があります。今後は申告期限までに具体的な物納手続きをするための周到な準備が必要です。

物納には想定外の阻害要因と、かなりの専門知識が必要な場合が多いようですから、少なくても申告期限の3ヵ月位前から税務署と打合せをしておく必要があると思います。

相続税の延納に係る利子税率

相続税を延納できる期間と延納税額に係る利子の割合については、その人の相続税額の計算の基礎となった財産の価額の合計額のうちに占める不動産等の価額の割合によって、おおむね次頁の表のようになります。

なお、各分納期間(注1)の延納特例基準割合(注2)が7.3％に満たない場合の利子税の割合は、下記の算式により計算される割合（特例割合）が適用されます。

（算式）
延納利子税割合（年割合）× 延納特例基準割合 ÷ 7.3％

（注1）分納期間とは、分納税額に併せて納付しなければならない利子税の額の計算の基礎となる期間をいいます。

（注2）延納特例基準割合とは、各分納期間の開始の日の属する年の前々年の10月から前年の9月までの各月における銀行の新規の短期貸出約定平均金利の合計を12で除して計算した割合（0.1％未満の端数は切捨て）として、各年の前年の12月15日までに財務大臣が告示する割合に年1％の割合を加算した割合です。

延納の利子税率一覧表

区　　　　　　　　分		延納期間 （最高）	延納利子 税割合 （年割合）	特例割合 （平成31年の延納特例 基準割合は1.6％です）
不動産等の割合が75％以上の場合	① 不動産等に対応する税額 （③を除く）	20年	3.6％	0.7％
	② 動産等に対応する税額	10年	5.4％	1.1％
	③ 計画伐採立木の割合が20％以上の計画伐採立木に対応する延納相続税額	20年	1.2％	0.2％
不動産等の割合が50％以上75％未満の場合	④ 不動産等に対応する税額 （⑥を除く）	15年	3.6％	0.7％
	⑤ 動産等に対応する税額	10年	5.4％	1.1％
	⑥ 計画伐採立木の割合が20％以上の計画伐採立木に対応する延納相続税額	20年	1.2％	0.2％
不動産等の割合が50％未満の場合	⑦ 一般の延納相続税額（⑧、⑨及び⑩を除く）	5年	6.0％	1.3％
	⑧ 立木の割合が30％を超える場合の立木に係る延納相続税額（⑩を除く）		4.8％	1.0％
	⑨ 特別緑地保全地区内の土地に係る延納相続税額		4.2％	0.9％
	⑩ 計画伐採立木の割合が20％以上の計画伐採立木に係る延納相続税額		1.2％	0.2％
贈与税	延納贈与税		6.6％	1.4％

（注1）　延納税額が150万円未満（1に該当する場合は200万円未満）の場合には、不動産等の価額の割合が50％以上（1に該当する場合は75％以上）であっても、延納期間は延納税額を10万円で除して得た数（1未満の端数は、切り上げます。）に相当する年数を限度とします。

（注2）　不動産等とは、不動産、不動産の上に存する権利、立木、事業用の減価償却資産並びに特定同族会社の株式及び出資をいいます。この場合の特定同族会社とは、相続や遺贈によって財産を取得した人及びその親族その他の特別関係者（相続税法施行令第31条第1項に掲げる者をいいます。）の有する株式の数又は出資の金額が、その会社の発行済株式の総数又は出資の総額の50％超を占めている非上場会社をいいます。

（注3）　相続した不動産等の財産の中に計画伐採立木又は都市緑地法の規定による特別緑地保全地区、古都における歴史的風土の保存に関する特別措置法の規定による歴史的風土特別保存地区及び森林法第25条第1項第1号から第3号までに掲げる目的を達成するため保安林として指定された区域内にある土地がある場合には、延納期間・利子税割合について特例がありますので、「相続税・贈与税の延納の手引」（国税庁）をご覧ください。

〔2〕相続税の概算税額表

〈概算税額表の見方〉

　配偶者と子 のケース（子のみ・配偶者と親・兄弟姉妹も同様）

（例）正味遺産総額200,000千円（2億円）、子供3人の場合は、下図の矢印の交差する欄を見てください。

1．第1次相続の時、子1人につき4,058千円、合計12,175千円(6.1%)の税額になります。
2．第2次相続は、配偶者が第1次相続で取得した遺産総額の1億円（法定相続分：$\frac{1}{2}$）につき増減がなかったものとして計算してあります。子1人につき2,100千円、合計6,300千円（6.3%）の税額になります。
3．総計の18,475千円は第1次相続と第2次相続との税額の合計で、9.2°%は第1次相続の遺産2億円に対する通算の税率です。

配偶者と子 のケース（配偶者に対する税額は0）

正味遺産総額		1 人	税率%	2 人	税率%	3 人	税率%	4 人	税率%
180,000	第一次	(子 13,700) 合計 13,700	7.6	(子1人 5,500) 合計 11,000	6.1	(子1人 3,308) 合計 9,925	5.5	(子1人 2,250) 合計 9,000	5.0
(90,000)	第二次	(子 9,200) 合計 9,200	10.2	(子1人 3,100) 合計 6,200	6.9	(子1人 1,600) 合計 4,800	5.3	(子1人 900) 合計 3,600	4.0
	総計	22,900	12.7	17,200	9.6	14,725	8.2	12,600	7.0
190,000	第一次	(子 15,200) 合計 15,200	8.0	(子1人 6,125) 合計 12,250	6.4	(子1人 3,683) 合計 11,050	5.8	(子1人 2,531) 合計 10,125	5.3
(95,000)	第二次	(子 10,700) 合計 10,700	11.3	(子1人 3,475) 合計 6,950	7.3	(子1人 1,850) 合計 5,550	5.8	(子1人 1,038) 合計 4,150	4.4
	総計	25,900	13.6	19,200	10.1	16,600	8.7	14,275	7.5
200,000 (2億円)	第一次	(子 16,700) 合計 16,700	8.4	(子1人 6,750) 合計 13,500	6.8	(子1人 4,058) 合計 12,175	6.1	(子1人 2,813) 合計 11,250	5.6
(100,000)	第二次	(子 12,200) 合計 12,200	12.2	(子1人 3,850) 合計 7,700	7.7	(子1人 2,100) 合計 6,300	6.3	(子1人 1,225) 合計 4,900	4.9
	総計	28,900	14.5	21,200	10.6	18,475	9.2	16,150	8.1

正味遺産総額 ＝ 相続取得財産価額 ＋ みなし相続財産価額 － 非課税財産価額 －（債務＋葬式費用）＋ 相続開始前3年以内の生前贈与加算額 ＋ 相続時精算課税制度に係る贈与財産の価額

基礎控除（3,000万円＋600万円×法定相続人の数）を控除する前の金額です。

この表は、各相続人が法定相続分通りに相続するものとして計算してあります。
よって、法定相続分通りに相続しなかった場合、及び未分割の場合には合計税額及び各人の税額が変動します。

配偶者が法定相続分通りに相続した場合には無税になります。

配偶者と子 のケース（配偶者に対する税額は0）

（単位：千円）

正味遺産総額		1 人	税率%	2 人	税率%	3 人	税率%	4 人	税率%
42,000	第一次	(子 0) 合計 0	0.0	(子1人 0) 合計 0	0.0	(子1人 0) 合計 0	0.0	(子1人 0) 合計 0	0.0
(21,000)	第二次	(子 0) 合計 0	0.0	(子1人 0) 合計 0	0.0	(子1人 0) 合計 0	0.0	(子1人 0) 合計 0	0.0
	総計	0	0.0	0	0.0	0	0.0	0	0.0
43,000	第一次	(子 50) 合計 50	0.1	(子1人 0) 合計 0	0.0	(子1人 0) 合計 0	0.0	(子1人 0) 合計 0	0.0
(21,500)	第二次	(子 0) 合計 0	0.0	(子1人 0) 合計 0	0.0	(子1人 0) 合計 0	0.0	(子1人 0) 合計 0	0.0
	総計	50	0.1	0	0.0	0	0.0	0	0.0
44,000	第一次	(子 100) 合計 100	0.2	(子1人 0) 合計 0	0.0	(子1人 0) 合計 0	0.0	(子1人 0) 合計 0	0.0
(22,000)	第二次	(子 0) 合計 0	0.0	(子1人 0) 合計 0	0.0	(子1人 0) 合計 0	0.0	(子1人 0) 合計 0	0.0
	総計	100	0.2	0	0.0	0	0.0	0	0.0
46,000	第一次	(子 200) 合計 200	0.4	(子1人 0) 合計 0	0.0	(子1人 0) 合計 0	0.0	(子1人 0) 合計 0	0.0
(23,000)	第二次	(子 0) 合計 0	0.0	(子1人 0) 合計 0	0.0	(子1人 0) 合計 0	0.0	(子1人 0) 合計 0	0.0
	総計	200	0.4	0	0.0	0	0.0	0	0.0
48,000	第一次	(子 300) 合計 300	0.6	(子1人 0) 合計 0	0.0	(子1人 0) 合計 0	0.0	(子1人 0) 合計 0	0.0
(24,000)	第二次	(子 0) 合計 0	0.0	(子1人 0) 合計 0	0.0	(子1人 0) 合計 0	0.0	(子1人 0) 合計 0	0.0
	総計	300	0.6	0	0.0	0	0.0	0	0.0
50,000	第一次	(子 400) 合計 400	0.8	(子1人 50) 合計 100	0.2	(子1人 0) 合計 0	0.0	(子1人 0) 合計 0	0.0
(25,000)	第二次	(子 0) 合計 0	0.0	(子1人 0) 合計 0	0.0	(子1人 0) 合計 0	0.0	(子1人 0) 合計 0	0.0
	総計	400	0.8	100	0.2	0	0.0	0	0.0

配偶者と子 のケース（配偶者に対する税額は0）

（単位：千円）

正味遺産総額 \ 子の人数		1 人	税率%	2 人	税率%	3 人	税率%	4 人	税率%
60,000	第一次	（子 900） 合計 900	1.5	（子1人 300） 合計 600	1.0	（子1人 100） 合計 300	0.5	（子1人 0） 合計 0	0.0
(30,000)	第二次	（子 0） 合計 0	0.0	（子1人 0） 合計 0	0.0	（子1人 0） 合計 0	0.0	（子1人 0） 合計 0	0.0
	総計	900	1.5	600	1.0	300	0.5	0	0.0
70,000	第一次	（子 1,600） 合計 1,600	2.3	（子1人 563） 合計 1,125	1.6	（子1人 267） 合計 800	1.1	（子1人 125） 合計 500	0.7
(35,000)	第二次	（子 0） 合計 0	0.0	（子1人 0） 合計 0	0.0	（子1人 0） 合計 0	0.0	（子1人 0） 合計 0	0.0
	総計	1,600	2.3	1,125	1.6	800	1.1	500	0.7
80,000	第一次	（子 2,350） 合計 2,350	2.9	（子1人 875） 合計 1,750	2.2	（子1人 458） 合計 1,375	1.7	（子1人 250） 合計 1,000	1.3
(40,000)	第二次	（子 400） 合計 400	1.0	（子1人 0） 合計 0	0.0	（子1人 0） 合計 0	0.0	（子1人 0） 合計 0	0.0
	総計	2,750	3.4	1,750	2.2	1,375	1.7	1,000	1.3
90,000	第一次	（子 3,100） 合計 3,100	3.4	（子1人 1,200） 合計 2,400	2.7	（子1人 667） 合計 2,000	2.2	（子1人 406） 合計 1,625	1.8
(45,000)	第二次	（子 900） 合計 900	2.0	（子1人 150） 合計 300	0.7	（子1人 0） 合計 0	0.0	（子1人 0） 合計 0	0.0
	総計	4,000	4.4	2,700	3.0	2,000	2.2	1,625	1.8
100,000（1億円）	第一次	（子 3,850） 合計 3,850	3.9	（子1人 1,575） 合計 3,150	3.2	（子1人 875） 合計 2,625	2.6	（子1人 563） 合計 2,250	2.3
(50,000)	第二次	（子 1,600） 合計 1,600	3.2	（子1人 400） 合計 800	1.6	（子1人 67） 合計 200	0.4	（子1人 0） 合計 0	0.0
	総計	5,450	5.5	3,950	4.0	2,825	2.8	2,250	2.3
110,000	第一次	（子 4,800） 合計 4,800	4.4	（子1人 1,963） 合計 3,925	3.6	（子1人 1,083） 合計 3,250	3.0	（子1人 719） 合計 2,875	2.6
(55,000)	第二次	（子 2,350） 合計 2,350	4.3	（子1人 650） 合計 1,300	2.4	（子1人 233） 合計 700	1.3	（子1人 25） 合計 100	0.2
	総計	7,150	6.5	5,225	4.8	3,950	3.6	2,975	2.7

配偶者と子 のケース（配偶者に対する税額は0）

（単位：千円）

正味遺産総額	子の人数	1 人	税率%	2 人	税率%	3 人	税率%	4 人	税率%
120,000	第一次	(子 5,800) 合計 5,800	4.8	(子1人 2,400) 合計 4,800	4.0	(子1人 1,342) 合計 4,025	3.4	(子1人 875) 合計 3,500	2.9
(60,000)	第二次	(子 3,100) 合計 3,100	5.2	(子1人 900) 合計 1,800	3.0	(子1人 400) 合計 1,200	2.0	(子1人 150) 合計 600	1.0
	総計	8,900	7.4	6,600	5.5	5,225	4.4	4,100	3.4
130,000	第一次	(子 6,800) 合計 6,800	5.2	(子1人 2,838) 合計 5,675	4.4	(子1人 1,633) 合計 4,900	3.8	(子1人 1,063) 合計 4,250	3.3
(65,000)	第二次	(子 3,850) 合計 3,850	5.9	(子1人 1,225) 合計 2,450	3.8	(子1人 567) 合計 1,700	2.6	(子1人 275) 合計 1,100	1.7
	総計	10,650	8.2	8,125	6.3	6,600	5.1	5,350	4.1
140,000	第一次	(子 7,800) 合計 7,800	5.6	(子1人 3,275) 合計 6,550	4.7	(子1人 1,925) 合計 5,775	4.1	(子1人 1,250) 合計 5,000	3.6
(70,000)	第二次	(子 4,800) 合計 4,800	6.9	(子1人 1,600) 合計 3,200	4.6	(子1人 733) 合計 2,200	3.1	(子1人 400) 合計 1,600	2.3
	総計	12,600	9.0	9,750	7.0	7,975	5.7	6,600	4.7
150,000	第一次	(子 9,200) 合計 9,200	6.1	(子1人 3,738) 合計 7,475	5.0	(子1人 2,217) 合計 6,650	4.4	(子1人 1,469) 合計 5,875	3.9
(75,000)	第二次	(子 5,800) 合計 5,800	7.7	(子1人 1,975) 合計 3,950	5.3	(子1人 900) 合計 2,700	3.6	(子1人 525) 合計 2,100	2.8
	総計	15,000	10.0	11,425	7.6	9,350	6.2	7,975	5.3
160,000	第一次	(子 10,700) 合計 10,700	6.7	(子1人 4,300) 合計 8,600	5.4	(子1人 2,558) 合計 7,675	4.8	(子1人 1,688) 合計 6,750	4.2
(80,000)	第二次	(子 6,800) 合計 6,800	8.5	(子1人 2,350) 合計 4,700	5.9	(子1人 1,100) 合計 3,300	4.1	(子1人 650) 合計 2,600	3.3
	総計	17,500	10.9	13,300	8.3	10,975	6.9	9,350	5.8
170,000	第一次	(子 12,200) 合計 12,200	7.2	(子1人 4,875) 合計 9,750	5.7	(子1人 2,933) 合計 8,800	5.2	(子1人 1,969) 合計 7,875	4.6
(85,000)	第二次	(子 7,800) 合計 7,800	9.2	(子1人 2,725) 合計 5,450	6.4	(子1人 1,350) 合計 4,050	4.8	(子1人 775) 合計 3,100	3.6
	総計	20,000	11.8	15,200	8.9	12,850	7.6	10,975	6.5

配偶者と子 のケース（配偶者に対する税額は0）

（単位：千円）

正味遺産総額	子の人数	1 人	税率%	2 人	税率%	3 人	税率%	4 人	税率%
180,000	第一次	(子 13,700) 合計 13,700	7.6	(子1人 5,500) 合計 11,000	6.1	(子1人 3,308) 合計 9,925	5.5	(子1人 2,250) 合計 9,000	5.0
(90,000)	第二次	(子 9,200) 合計 9,200	10.2	(子1人 3,100) 合計 6,200	6.9	(子1人 1,600) 合計 4,800	5.3	(子1人 900) 合計 3,600	4.0
	総計	22,900	12.7	17,200	9.6	14,725	8.2	12,600	7.0
190,000	第一次	(子 15,200) 合計 15,200	8.0	(子1人 6,125) 合計 12,250	6.4	(子1人 3,683) 合計 11,050	5.8	(子1人 2,531) 合計 10,125	5.3
(95,000)	第二次	(子 10,700) 合計 10,700	11.3	(子1人 3,475) 合計 6,950	7.3	(子1人 1,850) 合計 5,550	5.8	(子1人 1,038) 合計 4,150	4.4
	総計	25,900	13.6	19,200	10.1	16,600	8.7	14,275	7.5
200,000 （2億円）	第一次	(子 16,700) 合計 16,700	8.4	(子1人 6,750) 合計 13,500	6.8	(子1人 4,058) 合計 12,175	6.1	(子1人 2,813) 合計 11,250	5.6
(100,000)	第二次	(子 12,200) 合計 12,200	12.2	(子1人 3,850) 合計 7,700	7.7	(子1人 2,100) 合計 6,300	6.3	(子1人 1,225) 合計 4,900	4.9
	総計	28,900	14.5	21,200	10.6	18,475	9.2	16,150	8.1
210,000	第一次	(子 18,200) 合計 18,200	8.7	(子1人 7,375) 合計 14,750	7.0	(子1人 4,433) 合計 13,300	6.3	(子1人 3,094) 合計 12,375	5.9
(105,000)	第二次	(子 13,700) 合計 13,700	13.0	(子1人 4,300) 合計 8,600	8.2	(子1人 2,350) 合計 7,050	6.7	(子1人 1,413) 合計 5,650	5.4
	総計	31,900	15.2	23,350	11.1	20,350	9.7	18,025	8.6
220,000	第一次	(子 19,700) 合計 19,700	9.0	(子1人 8,000) 合計 16,000	7.3	(子1人 4,808) 合計 14,425	6.6	(子1人 3,375) 合計 13,500	6.1
(110,000)	第二次	(子 15,200) 合計 15,200	13.8	(子1人 4,800) 合計 9,600	8.7	(子1人 2,600) 合計 7,800	7.1	(子1人 1,600) 合計 6,400	5.8
	総計	34,900	15.9	25,600	11.6	22,225	10.1	19,900	9.0
230,000	第一次	(子 21,200) 合計 21,200	9.2	(子1人 8,625) 合計 17,250	7.5	(子1人 5,183) 合計 15,550	6.8	(子1人 3,656) 合計 14,625	6.4
(115,000)	第二次	(子 16,700) 合計 16,700	14.5	(子1人 5,300) 合計 10,600	9.2	(子1人 2,850) 合計 8,550	7.4	(子1人 1,788) 合計 7,150	6.2
	総計	37,900	16.5	27,850	12.1	24,100	10.5	21,775	9.5

配偶者と子 のケース（配偶者に対する税額は0）

（単位：千円）

子の人数 正味 遺産総額		1 人	税率 %	2 人	税率 %	3 人	税率 %	4 人	税率 %
240,000 (120,000)	第一次	(子 22,700) 合計 22,700	9.5	(子1人 9,250) 合計 18,500	7.7	(子1人 5,583) 合計 16,750	7.0	(子1人 3,938) 合計 15,750	6.6
	第二次	(子 18,200) 合計 18,200	15.2	(子1人 5,800) 合計 11,600	9.7	(子1人 3,100) 合計 9,300	7.8	(子1人 1,975) 合計 7,900	6.6
	総計	40,900	17.0	30,100	12.5	26,050	10.9	23,650	9.9
250,000 (125,000)	第一次	(子 24,600) 合計 24,600	9.8	(子1人 9,925) 合計 19,850	7.9	(子1人 6,000) 合計 18,000	7.2	(子1人 4,219) 合計 16,875	6.8
	第二次	(子 19,700) 合計 19,700	15.8	(子1人 6,300) 合計 12,600	10.1	(子1人 3,350) 合計 10,050	8.0	(子1人 2,163) 合計 8,650	6.9
	総計	44,300	17.7	32,450	13.0	28,050	11.2	25,525	10.2
260,000 (130,000)	第一次	(子 26,600) 合計 26,600	10.2	(子1人 10,800) 合計 21,600	8.3	(子1人 6,467) 合計 19,400	7.5	(子1人 4,500) 合計 18,000	6.9
	第二次	(子 21,200) 合計 21,200	16.3	(子1人 6,800) 合計 13,600	10.5	(子1人 3,600) 合計 10,800	8.3	(子1人 2,350) 合計 9,400	7.2
	総計	47,800	18.4	35,200	13.5	30,200	11.6	27,400	10.5
270,000 (135,000)	第一次	(子 28,600) 合計 28,600	10.6	(子1人 11,675) 合計 23,350	8.6	(子1人 6,967) 合計 20,900	7.7	(子1人 4,844) 合計 19,375	7.2
	第二次	(子 22,700) 合計 22,700	16.8	(子1人 7,300) 合計 14,600	10.8	(子1人 3,850) 合計 11,550	8.6	(子1人 2,538) 合計 10,150	7.5
	総計	51,300	19.0	37,950	14.1	32,450	12.0	29,525	10.9
280,000 (140,000)	第一次	(子 30,600) 合計 30,600	10.9	(子1人 12,550) 合計 25,100	9.0	(子1人 7,467) 合計 22,400	8.0	(子1人 5,188) 合計 20,750	7.4
	第二次	(子 24,600) 合計 24,600	17.6	(子1人 7,800) 合計 15,600	11.1	(子1人 4,133) 合計 12,400	8.9	(子1人 2,725) 合計 10,900	7.8
	総計	55,200	19.7	40,700	14.5	34,800	12.4	31,650	11.3
290,000 (145,000)	第一次	(子 32,600) 合計 32,600	11.2	(子1人 13,425) 合計 26,850	9.3	(子1人 7,967) 合計 23,900	8.2	(子1人 5,531) 合計 22,125	7.6
	第二次	(子 26,600) 合計 26,600	18.3	(子1人 8,450) 合計 16,900	11.7	(子1人 4,467) 合計 13,400	9.2	(子1人 2,913) 合計 11,650	8.0
	総計	59,200	20.4	43,750	15.1	37,300	12.9	33,775	11.6

配偶者と子 のケース（配偶者に対する税額は0）

（単位：千円）

正味遺産総額	区分		1人	税率%	2人	税率%	3人	税率%	4人	税率%
300,000（3億円）（150,000）	第一次	(子	34,600)		(子1人	14,300)		(子1人	8,467)		(子1人	5,875)	
		合計	34,600	11.5	合計	28,600	9.5	合計	25,400	8.5	合計	23,500	7.8
	第二次	(子	28,600)		(子1人	9,200)		(子1人	4,800)		(子1人	3,100)	
		合計	28,600	19.1	合計	18,400	12.3	合計	14,400	9.6	合計	12,400	8.3
	総計		63,200	21.1		47,000	15.7		39,800	13.3		35,900	12.0
310,000（155,000）	第一次	(子	36,600)		(子1人	15,175)		(子1人	8,967)		(子1人	6,250)	
		合計	36,600	11.8	合計	30,350	9.8	合計	26,900	8.7	合計	25,000	8.1
	第二次	(子	30,600)		(子1人	9,950)		(子1人	5,133)		(子1人	3,288)	
		合計	30,600	19.7	合計	19,900	12.8	合計	15,400	9.9	合計	13,150	8.5
	総計		67,200	21.7		50,250	16.2		42,300	13.6		38,150	12.3
320,000（160,000）	第一次	(子	38,600)		(子1人	16,050)		(子1人	9,467)		(子1人	6,625)	
		合計	38,600	12.1	合計	32,100	10.0	合計	28,400	8.9	合計	26,500	8.3
	第二次	(子	32,600)		(子1人	10,700)		(子1人	5,467)		(子1人	3,475)	
		合計	32,600	20.4	合計	21,400	13.4	合計	16,400	10.3	合計	13,900	8.7
	総計		71,200	22.3		53,500	16.7		44,800	14.0		40,400	12.6
330,000（165,000）	第一次	(子	40,600)		(子1人	16,925)		(子1人	9,967)		(子1人	7,000)	
		合計	40,600	12.3	合計	33,850	10.3	合計	29,900	9.1	合計	28,000	8.5
	第二次	(子	34,600)		(子1人	11,450)		(子1人	5,800)		(子1人	3,663)	
		合計	34,600	21.0	合計	22,900	13.9	合計	17,400	10.5	合計	14,650	8.9
	総計		75,200	22.8		56,750	17.2		47,300	14.3		42,650	12.9
340,000（170,000）	第一次	(子	42,600)		(子1人	17,800)		(子1人	10,467)		(子1人	7,375)	
		合計	42,600	12.5	合計	35,600	10.5	合計	31,400	9.2	合計	29,500	8.7
	第二次	(子	36,600)		(子1人	12,200)		(子1人	6,133)		(子1人	3,850)	
		合計	36,600	21.5	合計	24,400	14.4	合計	18,400	10.8	合計	15,400	9.1
	総計		79,200	23.3		60,000	17.6		49,800	14.6		44,900	13.2
350,000（175,000）	第一次	(子	44,600)		(子1人	18,675)		(子1人	10,967)		(子1人	7,750)	
		合計	44,600	12.7	合計	37,350	10.7	合計	32,900	9.4	合計	31,000	8.9
	第二次	(子	38,600)		(子1人	12,950)		(子1人	6,467)		(子1人	4,050)	
		合計	38,600	22.1	合計	25,900	14.8	合計	19,400	11.1	合計	16,200	9.3
	総計		83,200	23.8		63,250	18.1		52,300	14.9		47,200	13.5

配偶者と子 のケース（配偶者に対する税額は0）

(単位：千円)

正味遺産総額		1 人	税率%	2 人	税率%	3 人	税率%	4 人	税率%
360,000	第一次	(子 46,600) 合計 46,600	12.9	(子1人 19,550) 合計 39,100	10.9	(子1人 11,517) 合計 34,550	9.6	(子1人 8,125) 合計 32,500	9.0
(180,000)	第二次	(子 40,600) 合計 40,600	22.6	(子1人 13,700) 合計 27,400	15.2	(子1人 6,800) 合計 20,400	11.3	(子1人 4,300) 合計 17,200	9.6
	総計	87,200	24.2	66,500	18.5	54,950	15.3	49,700	13.8
370,000	第一次	(子 48,600) 合計 48,600	13.1	(子1人 20,425) 合計 40,850	11.0	(子1人 12,100) 合計 36,300	9.8	(子1人 8,500) 合計 34,000	9.2
(185,000)	第二次	(子 42,600) 合計 42,600	23.0	(子1人 14,450) 合計 28,900	15.6	(子1人 7,133) 合計 21,400	11.6	(子1人 4,550) 合計 18,200	9.8
	総計	91,200	24.6	69,750	18.9	57,700	15.6	52,200	14.1
380,000	第一次	(子 50,600) 合計 50,600	13.3	(子1人 21,300) 合計 42,600	11.2	(子1人 12,683) 合計 38,050	10.0	(子1人 8,875) 合計 35,500	9.3
(190,000)	第二次	(子 44,600) 合計 44,600	23.5	(子1人 15,200) 合計 30,400	16.0	(子1人 7,467) 合計 22,400	11.8	(子1人 4,800) 合計 19,200	10.1
	総計	95,200	25.1	73,000	19.2	60,450	15.9	54,700	14.4
390,000	第一次	(子 52,600) 合計 52,600	13.5	(子1人 22,175) 合計 44,350	11.4	(子1人 13,267) 合計 39,800	10.2	(子1人 9,250) 合計 37,000	9.5
(195,000)	第二次	(子 46,600) 合計 46,600	23.9	(子1人 15,950) 合計 31,900	16.4	(子1人 7,800) 合計 23,400	12.0	(子1人 5,050) 合計 20,200	10.4
	総計	99,200	25.4	76,250	19.6	63,200	16.2	57,200	14.7
400,000 (4億円)	第一次	(子 54,600) 合計 54,600	13.7	(子1人 23,050) 合計 46,100	11.5	(子1人 13,850) 合計 41,550	10.4	(子1人 9,625) 合計 38,500	9.6
(200,000)	第二次	(子 48,600) 合計 48,600	24.3	(子1人 16,700) 合計 33,400	16.7	(子1人 8,200) 合計 24,600	12.3	(子1人 5,300) 合計 21,200	10.6
	総計	103,200	25.8	79,500	19.9	66,150	16.5	59,700	14.9
410,000	第一次	(子 56,600) 合計 56,600	13.8	(子1人 23,925) 合計 47,850	11.7	(子1人 14,433) 合計 43,300	10.6	(子1人 10,000) 合計 40,000	9.8
(205,000)	第二次	(子 50,600) 合計 50,600	24.7	(子1人 17,450) 合計 34,900	17.0	(子1人 8,700) 合計 26,100	12.7	(子1人 5,550) 合計 22,200	10.8
	総計	107,200	26.1	82,750	20.2	69,400	16.9	62,200	15.2

配偶者と子 のケース（配偶者に対する税額は0）

（単位：千円）

正味遺産総額 / 子の人数		1 人	税率%	2 人	税率%	3 人	税率%	4 人	税率%
420,000	第一次	(子 58,600) 合計 58,600	14.0	(子1人 24,800) 合計 49,600	11.8	(子1人 15,017) 合計 45,050	10.7	(子1人 10,375) 合計 41,500	9.9
(210,000)	第二次	(子 52,600) 合計 52,600	25.0	(子1人 18,200) 合計 36,400	17.3	(子1人 9,200) 合計 27,600	13.1	(子1人 5,800) 合計 23,200	11.0
	総計	111,200	26.5	86,000	20.5	72,650	17.3	64,700	15.4
430,000	第一次	(子 60,600) 合計 60,600	14.1	(子1人 25,675) 合計 51,350	11.9	(子1人 15,600) 合計 46,800	10.9	(子1人 10,750) 合計 43,000	10.0
(215,000)	第二次	(子 54,600) 合計 54,600	25.4	(子1人 18,950) 合計 37,900	17.6	(子1人 9,700) 合計 29,100	13.5	(子1人 6,050) 合計 24,200	11.3
	総計	115,200	26.8	89,250	20.8	75,900	17.7	67,200	15.6
440,000	第一次	(子 62,600) 合計 62,600	14.2	(子1人 26,550) 合計 53,100	12.1	(子1人 16,183) 合計 48,550	11.0	(子1人 11,125) 合計 44,500	10.1
(220,000)	第二次	(子 56,600) 合計 56,600	25.7	(子1人 19,700) 合計 39,400	17.9	(子1人 10,200) 合計 30,600	13.9	(子1人 6,300) 合計 25,200	11.5
	総計	119,200	27.1	92,500	21.0	79,150	18.0	69,700	15.8
450,000	第一次	(子 64,800) 合計 64,800	14.4	(子1人 27,463) 合計 54,925	12.2	(子1人 16,767) 合計 50,300	11.2	(子1人 11,500) 合計 46,000	10.2
(225,000)	第二次	(子 58,600) 合計 58,600	26.0	(子1人 20,450) 合計 40,900	18.2	(子1人 10,700) 合計 32,100	14.3	(子1人 6,550) 合計 26,200	11.6
	総計	123,400	27.4	95,825	21.3	82,400	18.3	72,200	16.0
460,000	第一次	(子 67,050) 合計 67,050	14.6	(子1人 28,525) 合計 57,050	12.4	(子1人 17,375) 合計 52,125	11.3	(子1人 11,875) 合計 47,500	10.3
(230,000)	第二次	(子 60,600) 合計 60,600	26.3	(子1人 21,200) 合計 42,400	18.4	(子1人 11,200) 合計 33,600	14.6	(子1人 6,800) 合計 27,200	11.8
	総計	127,650	27.8	99,450	21.6	85,725	18.6	74,700	16.2
470,000	第一次	(子 69,300) 合計 69,300	14.7	(子1人 29,588) 合計 59,175	12.6	(子1人 18,000) 合計 54,000	11.5	(子1人 12,344) 合計 49,375	10.5
(235,000)	第二次	(子 62,600) 合計 62,600	26.6	(子1人 21,950) 合計 43,900	18.7	(子1人 11,700) 合計 35,100	14.9	(子1人 7,050) 合計 28,200	12.0
	総計	131,900	28.1	103,075	21.9	89,100	19.0	77,575	16.5

配偶者と子 のケース（配偶者に対する税額は0）

（単位：千円）

子の人数 正味 遺産総額		1 人	税率%	2 人	税率%	3 人	税率%	4 人	税率%
480,000 (240,000)	第一次	(子 71,550) 合計 71,550	14.9	(子1人 30,650) 合計 61,300	12.8	(子1人 18,625) 合計 55,875	11.6	(子1人 12,813) 合計 51,250	10.7
	第二次	(子 64,800) 合計 64,800	27.0	(子1人 22,700) 合計 45,400	18.9	(子1人 12,200) 合計 36,600	15.3	(子1人 7,300) 合計 29,200	12.2
	総計	136,350	28.4	106,700	22.2	92,475	19.3	80,450	16.8
490,000 (245,000)	第一次	(子 73,800) 合計 73,800	15.1	(子1人 31,713) 合計 63,425	12.9	(子1人 19,250) 合計 57,750	11.8	(子1人 13,281) 合計 53,125	10.8
	第二次	(子 67,050) 合計 67,050	27.4	(子1人 23,600) 合計 47,200	19.3	(子1人 12,700) 合計 38,100	15.6	(子1人 7,550) 合計 30,200	12.3
	総計	140,850	28.7	110,625	22.6	95,850	19.6	83,325	17.0
500,000 （5億円） (250,000)	第一次	(子 76,050) 合計 76,050	15.2	(子1人 32,775) 合計 65,550	13.1	(子1人 19,875) 合計 59,625	11.9	(子1人 13,750) 合計 55,000	11.0
	第二次	(子 69,300) 合計 69,300	27.7	(子1人 24,600) 合計 49,200	19.7	(子1人 13,200) 合計 39,600	15.8	(子1人 7,800) 合計 31,200	12.5
	総計	145,350	29.1	114,750	23.0	99,225	19.8	86,200	17.2
520,000 (260,000)	第一次	(子 80,550) 合計 80,550	15.5	(子1人 34,900) 合計 69,800	13.4	(子1人 21,125) 合計 63,375	12.2	(子1人 14,688) 合計 58,750	11.3
	第二次	(子 73,800) 合計 73,800	28.4	(子1人 26,600) 合計 53,200	20.5	(子1人 14,200) 合計 42,600	16.4	(子1人 8,450) 合計 33,800	13.0
	総計	154,350	29.7	123,000	23.7	105,975	20.4	92,550	17.8
540,000 (270,000)	第一次	(子 85,050) 合計 85,050	15.8	(子1人 37,025) 合計 74,050	13.7	(子1人 22,375) 合計 67,125	12.4	(子1人 15,625) 合計 62,500	11.6
	第二次	(子 78,300) 合計 78,300	29.0	(子1人 28,600) 合計 57,200	21.2	(子1人 15,200) 合計 45,600	16.9	(子1人 9,200) 合計 36,800	13.6
	総計	163,350	30.3	131,250	24.3	112,725	20.9	99,300	18.4
560,000 (280,000)	第一次	(子 89,550) 合計 89,550	16.0	(子1人 39,150) 合計 78,300	14.0	(子1人 23,625) 合計 70,875	12.7	(子1人 16,563) 合計 66,250	11.8
	第二次	(子 82,800) 合計 82,800	29.6	(子1人 30,600) 合計 61,200	21.9	(子1人 16,200) 合計 48,600	17.4	(子1人 9,950) 合計 39,800	14.2
	総計	172,350	30.8	139,500	24.9	119,475	21.3	106,050	18.9

配偶者と子 のケース（配偶者に対する税額は0）

（単位：千円）

正味遺産総額		1 人	税率 %	2 人	税率 %	3 人	税率 %	4 人	税率 %
580,000	第一次	(子 94,050) 合計 94,050	16.2	(子1人 41,275) 合計 82,550	14.2	(子1人 24,875) 合計 74,625	12.9	(子1人 17,500) 合計 70,000	12.1
(290,000)	第二次	(子 87,300) 合計 87,300	30.1	(子1人 32,600) 合計 65,200	22.5	(子1人 17,200) 合計 51,600	17.8	(子1人 10,700) 合計 42,800	14.8
	総計	181,350	31.3	147,750	25.5	126,225	21.8	112,800	19.4
600,000 (6億円)	第一次	(子 98,550) 合計 98,550	16.4	(子1人 43,400) 合計 86,800	14.5	(子1人 26,125) 合計 78,375	13.1	(子1人 18,438) 合計 73,750	12.3
(300,000)	第二次	(子 91,800) 合計 91,800	30.6	(子1人 34,600) 合計 69,200	23.1	(子1人 18,200) 合計 54,600	18.2	(子1人 11,450) 合計 45,800	15.3
	総計	190,350	31.7	156,000	26.0	132,975	22.2	119,550	19.9
620,000	第一次	(子 103,050) 合計 103,050	16.6	(子1人 45,525) 合計 91,050	14.7	(子1人 27,375) 合計 82,125	13.2	(子1人 19,375) 合計 77,500	12.5
(310,000)	第二次	(子 96,300) 合計 96,300	31.1	(子1人 36,600) 合計 73,200	23.6	(子1人 19,200) 合計 57,600	18.6	(子1人 12,200) 合計 48,800	15.7
	総計	199,350	32.2	164,250	26.5	139,725	22.5	126,300	20.4
640,000	第一次	(子 107,550) 合計 107,550	16.8	(子1人 47,650) 合計 95,300	14.9	(子1人 28,625) 合計 85,875	13.4	(子1人 20,313) 合計 81,250	12.7
(320,000)	第二次	(子 100,800) 合計 100,800	31.5	(子1人 38,600) 合計 77,200	24.1	(子1人 20,200) 合計 60,600	18.9	(子1人 12,950) 合計 51,800	16.2
	総計	208,350	32.6	172,500	27.0	146,475	22.9	133,050	20.8
660,000	第一次	(子 112,500) 合計 112,500	17.0	(子1人 49,850) 合計 99,700	15.1	(子1人 29,950) 合計 89,850	13.6	(子1人 21,250) 合計 85,000	12.9
(330,000)	第二次	(子 105,300) 合計 105,300	31.9	(子1人 40,600) 合計 81,200	24.6	(子1人 21,200) 合計 63,600	19.3	(子1人 13,700) 合計 54,800	16.6
	総計	217,800	33.0	180,900	27.4	153,450	23.3	139,800	21.2
680,000	第一次	(子 117,500) 合計 117,500	17.3	(子1人 52,100) 合計 104,200	15.3	(子1人 31,450) 合計 94,350	13.9	(子1人 22,250) 合計 89,000	13.1
(340,000)	第二次	(子 110,000) 合計 110,000	32.4	(子1人 42,600) 合計 85,200	25.1	(子1人 22,200) 合計 66,600	19.6	(子1人 14,450) 合計 57,800	17.0
	総計	227,500	33.5	189,400	27.9	160,950	23.7	146,800	21.6

配偶者と子 のケース（配偶者に対する税額は0）

（単位：千円）

正味遺産総額 ＼ 子の人数		1 人	税率 %	2 人	税率 %	3 人	税率 %	4 人	税率 %
700,000 （7億円） （350,000）	第一次	(子 122,500) 合計 122,500	17.5	(子1人 54,350) 合計 108,700	15.5	(子1人 32,950) 合計 98,850	14.1	(子1人 23,250) 合計 93,000	13.3
	第二次	(子 115,000) 合計 115,000	32.9	(子1人 44,600) 合計 89,200	25.5	(子1人 23,267) 合計 69,800	19.9	(子1人 15,200) 合計 60,800	17.4
	総計	237,500	33.9	197,900	28.3	168,650	24.1	153,800	22.0
720,000 （360,000）	第一次	(子 127,500) 合計 127,500	17.7	(子1人 56,600) 合計 113,200	15.7	(子1人 34,450) 合計 103,350	14.4	(子1人 24,250) 合計 97,000	13.5
	第二次	(子 120,000) 合計 120,000	33.3	(子1人 46,600) 合計 93,200	25.9	(子1人 24,600) 合計 73,800	20.5	(子1人 15,950) 合計 63,800	17.7
	総計	247,500	34.4	206,400	28.7	177,150	24.6	160,800	22.3
740,000 （370,000）	第一次	(子 132,500) 合計 132,500	17.9	(子1人 58,850) 合計 117,700	15.9	(子1人 35,950) 合計 107,850	14.6	(子1人 25,250) 合計 101,000	13.6
	第二次	(子 125,000) 合計 125,000	33.8	(子1人 48,600) 合計 97,200	26.3	(子1人 25,933) 合計 77,800	21.0	(子1人 16,700) 合計 66,800	18.1
	総計	257,500	34.8	214,900	29.0	185,650	25.1	167,800	22.7
760,000 （380,000）	第一次	(子 137,500) 合計 137,500	18.1	(子1人 61,100) 合計 122,200	16.1	(子1人 37,450) 合計 112,350	14.8	(子1人 26,250) 合計 105,000	13.8
	第二次	(子 130,000) 合計 130,000	34.2	(子1人 50,600) 合計 101,200	26.6	(子1人 27,267) 合計 81,800	21.5	(子1人 17,450) 合計 69,800	18.4
	総計	267,500	35.2	223,400	29.4	194,150	25.5	174,800	23.0
780,000 （390,000）	第一次	(子 142,500) 合計 142,500	18.3	(子1人 63,350) 合計 126,700	16.2	(子1人 38,950) 合計 116,850	15.0	(子1人 27,250) 合計 109,000	14.0
	第二次	(子 135,000) 合計 135,000	34.6	(子1人 52,600) 合計 105,200	27.0	(子1人 28,600) 合計 85,800	22.0	(子1人 18,200) 合計 72,800	18.7
	総計	277,500	35.6	231,900	29.7	202,650	26.0	181,800	23.3
800,000 （8億円） （400,000）	第一次	(子 147,500) 合計 147,500	18.4	(子1人 65,600) 合計 131,200	16.4	(子1人 40,450) 合計 121,350	15.2	(子1人 28,250) 合計 113,000	14.1
	第二次	(子 140,000) 合計 140,000	35.0	(子1人 54,600) 合計 109,200	27.3	(子1人 29,933) 合計 89,800	22.5	(子1人 18,950) 合計 75,800	19.0
	総計	287,500	35.9	240,400	30.1	211,150	26.4	188,800	23.6

（単位：千円）

正味遺産総額 / 子の人数		1 人	税率%	2 人	税率%	3 人	税率%	4 人	税率%
820,000	第一次	(子 152,500) 合計 152,500	18.6	(子1人 67,850) 合計 135,700	16.5	(子1人 41,950) 合計 125,850	15.3	(子1人 29,250) 合計 117,000	14.3
(410,000)	第二次	(子 145,000) 合計 145,000	35.4	(子1人 56,600) 合計 113,200	27.6	(子1人 31,267) 合計 93,800	22.9	(子1人 19,700) 合計 78,800	19.2
	総計	297,500	36.3	248,900	30.4	219,650	26.8	195,800	23.9
840,000	第一次	(子 157,500) 合計 157,500	18.8	(子1人 70,100) 合計 140,200	16.7	(子1人 43,450) 合計 130,350	15.5	(子1人 30,250) 合計 121,000	14.4
(420,000)	第二次	(子 150,000) 合計 150,000	35.7	(子1人 58,600) 合計 117,200	27.9	(子1人 32,600) 合計 97,800	23.3	(子1人 20,450) 合計 81,800	19.5
	総計	307,500	36.6	257,400	30.6	228,150	27.2	202,800	24.1
860,000	第一次	(子 162,500) 合計 162,500	18.9	(子1人 72,425) 合計 144,850	16.8	(子1人 44,950) 合計 134,850	15.7	(子1人 31,250) 合計 125,000	14.5
(430,000)	第二次	(子 155,000) 合計 155,000	36.0	(子1人 60,600) 合計 121,200	28.2	(子1人 33,933) 合計 101,800	23.7	(子1人 21,200) 合計 84,800	19.7
	総計	317,500	36.9	266,050	30.9	236,650	27.5	209,800	24.4
880,000	第一次	(子 167,500) 合計 167,500	19.0	(子1人 74,800) 合計 149,600	17.0	(子1人 46,450) 合計 139,350	15.8	(子1人 32,375) 合計 129,500	14.7
(440,000)	第二次	(子 160,000) 合計 160,000	36.4	(子1人 62,600) 合計 125,200	28.5	(子1人 35,267) 合計 105,800	24.0	(子1人 21,950) 合計 87,800	20.0
	総計	327,500	37.2	274,800	31.2	245,150	27.9	217,300	24.7
900,000 （9億円）	第一次	(子 172,500) 合計 172,500	19.2	(子1人 77,175) 合計 154,350	17.2	(子1人 47,950) 合計 143,850	16.0	(子1人 33,500) 合計 134,000	14.9
(450,000)	第二次	(子 165,000) 合計 165,000	36.7	(子1人 64,800) 合計 129,600	28.8	(子1人 36,600) 合計 109,800	24.4	(子1人 22,700) 合計 90,800	20.2
	総計	337,500	37.5	283,950	31.6	253,650	28.2	224,800	25.0
1,000,000 （10億円）	第一次	(子 197,500) 合計 197,500	19.8	(子1人 89,050) 合計 178,100	17.8	(子1人 55,450) 合計 166,350	16.6	(子1人 39,125) 合計 156,500	15.7
(500,000)	第二次	(子 190,000) 合計 190,000	38.0	(子1人 76,050) 合計 152,100	30.4	(子1人 43,267) 合計 129,800	26.0	(子1人 27,600) 合計 110,400	22.1
	総計	387,500	38.8	330,200	33.0	296,150	29.6	266,900	26.7

配偶者と子 のケース（配偶者に対する税額は0）

(単位：千円)

子の人数 正味遺産総額		1 人	税率%	2 人	税率%	3 人	税率%	4 人	税率%
2,000,000 （20億円） （1,000,000）	第一次	（子　466,450） 合計　466,450	23.3	（子1人　217,200） 合計　434,400	21.7	（子1人　137,275） 合計　411,825	20.6	（子1人　98,750） 合計　395,000	19.8
	第二次	（子　458,200） 合計　458,200	45.8	（子1人　197,500） 合計　395,000	39.5	（子1人　116,667） 合計　350,000	35.0	（子1人　79,425） 合計　317,700	31.8
	総計	924,650	46.2	829,400	41.5	761,825	38.1	712,700	35.6
3,000,000 （30億円） （1,500,000）	第一次	（子　741,450） 合計　741,450	24.7	（子1人　351,900） 合計　703,800	23.5	（子1人　224,775） 合計　674,325	22.5	（子1人　162,938） 合計　651,750	21.7
	第二次	（子　733,200） 合計　733,200	48.9	（子1人　328,950） 合計　657,900	43.9	（子1人　200,000） 合計　600,000	40.0	（子1人　138,750） 合計　555,000	37.0
	総計	1,474,650	49.2	1,361,700	45.4	1,274,325	42.5	1,206,750	40.2
4,000,000 （40億円） （2,000,000）	第一次	（子　1,016,450） 合計　1,016,450	25.4	（子1人　489,400） 合計　978,800	24.5	（子1人　313,717） 合計　941,150	23.5	（子1人　228,563） 合計　914,250	22.9
	第二次	（子　1,008,200） 合計　1,008,200	50.4	（子1人　466,450） 合計　932,900	46.6	（子1人　285,867） 合計　857,600	42.9	（子1人　201,250） 合計　805,000	40.3
	総計	2,024,650	50.6	1,911,700	47.8	1,798,750	45.0	1,719,250	43.0
5,000,000 （50億円） （2,500,000）	第一次	（子　1,291,450） 合計　1,291,450	25.8	（子1人　626,900） 合計　1,253,800	25.1	（子1人　405,383） 合計　1,216,150	24.3	（子1人　294,625） 合計　1,178,500	23.6
	第二次	（子　1,283,200） 合計　1,283,200	51.3	（子1人　603,950） 合計　1,207,900	48.3	（子1人　377,533） 合計　1,132,600	45.3	（子1人　264,325） 合計　1,057,300	42.3
	総計	2,574,650	51.5	2,461,700	49.2	2,348,750	47.0	2,235,800	44.7
6,000,000 （60億円） （3,000,000）	第一次	（子　1,566,450） 合計　1,566,450	26.1	（子1人　764,400） 合計　1,528,800	25.5	（子1人　497,050） 合計　1,491,150	24.9	（子1人　363,375） 合計　1,453,500	24.2
	第二次	（子　1,558,200） 合計　1,558,200	51.9	（子1人　741,450） 合計　1,482,900	49.4	（子1人　469,200） 合計　1,407,600	46.9	（子1人　333,075） 合計　1,332,300	44.4
	総計	3,124,650	52.1	3,011,700	50.2	2,898,750	48.3	2,785,800	46.4
7,000,000 （70億円） （3,500,000）	第一次	（子　1,841,450） 合計　1,841,450	26.3	（子1人　901,900） 合計　1,803,800	25.8	（子1人　588,717） 合計　1,766,150	25.2	（子1人　432,125） 合計　1,728,500	24.7
	第二次	（子　1,833,200） 合計　1,833,200	52.4	（子1人　878,950） 合計　1,757,900	50.2	（子1人　560,867） 合計　1,682,600	48.1	（子1人　401,825） 合計　1,607,300	45.9
	総計	3,674,650	52.5	3,561,700	50.9	3,448,750	49.3	3,335,800	47.7

配偶者と子 のケース（配偶者に対する税額は0）

正味遺産総額		1 人	税率%	2 人	税率%	3 人	税率%	4 人	税率%
8,000,000 （80億円） （4,000,000）	第一次	（子 2,116,450） 合計 2,116,450	26.5	（子1人 1,039,400） 合計 2,078,800	26.0	（子1人 680,383） 合計 2,041,150	25.5	（子1人 500,875） 合計 2,003,500	25.0
	第二次	（子 2,108,200） 合計 2,108,200	52.7	（子1人 1,016,450） 合計 2,032,900	50.8	（子1人 652,533） 合計 1,957,600	48.9	（子1人 470,575） 合計 1,882,300	47.1
	総計	4,224,650	52.8	4,111,700	51.4	3,998,750	50.0	3,885,800	48.6
9,000,000 （90億円） （4,500,000）	第一次	（子 2,391,450） 合計 2,391,450	26.6	（子1人 1,176,900） 合計 2,353,800	26.2	（子1人 772,050） 合計 2,316,150	25.7	（子1人 569,625） 合計 2,278,500	25.3
	第二次	（子 2,383,200） 合計 2,383,200	53.0	（子1人 1,153,950） 合計 2,307,900	51.3	（子1人 744,200） 合計 2,232,600	49.6	（子1人 539,325） 合計 2,157,300	47.9
	総計	4,774,650	53.1	4,661,700	51.8	4,548,750	50.5	4,435,800	49.3
10,000,000 （100億円） （5,000,000）	第一次	（子 2,666,450） 合計 2,666,450	26.7	（子1人 1,314,400） 合計 2,628,800	26.3	（子1人 863,717） 合計 2,591,150	25.9	（子1人 638,375） 合計 2,553,500	25.5
	第二次	（子 2,658,200） 合計 2,658,200	53.2	（子1人 1,291,450） 合計 2,582,900	51.7	（子1人 835,867） 合計 2,507,600	50.2	（子1人 608,075） 合計 2,432,300	48.6
	総計	5,324,650	53.2	5,211,700	52.1	5,098,750	51.0	4,985,800	49.9
11,000,000 （110億円） （5,500,000）	第一次	（子 2,941,450） 合計 2,941,450	26.7	（子1人 1,451,900） 合計 2,903,800	26.4	（子1人 955,383） 合計 2,866,150	26.1	（子1人 707,125） 合計 2,828,500	25.7
	第二次	（子 2,933,200） 合計 2,933,200	53.3	（子1人 1,428,950） 合計 2,857,900	52.0	（子1人 927,533） 合計 2,782,600	50.6	（子1人 676,825） 合計 2,707,300	49.2
	総計	5,874,650	53.4	5,761,700	52.4	5,648,750	51.4	5,535,800	50.3
12,000,000 （120億円） （6,000,000）	第一次	（子 3,216,450） 合計 3,216,450	26.8	（子1人 1,589,400） 合計 3,178,800	26.5	（子1人 1,047,050） 合計 3,141,150	26.2	（子1人 775,875） 合計 3,103,500	25.9
	第二次	（子 3,208,200） 合計 3,208,200	53.5	（子1人 1,566,450） 合計 3,132,900	52.2	（子1人 1,019,200） 合計 3,057,600	51.0	（子1人 745,575） 合計 2,982,300	49.7
	総計	6,424,650	53.5	6,311,700	52.6	6,198,750	51.7	6,085,800	50.7
13,000,000 （130億円） （6,500,000）	第一次	（子 3,491,450） 合計 3,491,450	26.9	（子1人 1,726,900） 合計 3,453,800	26.6	（子1人 1,138,717） 合計 3,416,150	26.3	（子1人 844,625） 合計 3,378,500	26.0
	第二次	（子 3,483,200） 合計 3,483,200	53.6	（子1人 1,703,950） 合計 3,407,900	52.4	（子1人 1,110,867） 合計 3,332,600	51.3	（子1人 814,325） 合計 3,257,300	50.1
	総計	6,974,650	53.7	6,861,700	52.8	6,748,750	51.9	6,635,800	51.0

子のみ のケース

(単位：千円)

正味遺産総額	子の人数 1 人		税率 %	2 人		税率 %	3 人		税率 %	4 人		税率 %
36,000	(子	0)		(子1人	0)		(子1人	0)		(子1人	0)	
	合計	0	0.0	合計	0	0.0	合計	0	0.0	合計	0	0.0
37,000	(子	100)		(子1人	0)		(子1人	0)		(子1人	0)	
	合計	100	0.3	合計	0	0.0	合計	0	0.0	合計	0	0.0
38,000	(子	200)		(子1人	0)		(子1人	0)		(子1人	0)	
	合計	200	0.5	合計	0	0.0	合計	0	0.0	合計	0	0.0
39,000	(子	300)		(子1人	0)		(子1人	0)		(子1人	0)	
	合計	300	0.8	合計	0	0.0	合計	0	0.0	合計	0	0.0
40,000	(子	400)		(子1人	0)		(子1人	0)		(子1人	0)	
	合計	400	1.0	合計	0	0.0	合計	0	0.0	合計	0	0.0
42,000	(子	600)		(子1人	0)		(子1人	0)		(子1人	0)	
	合計	600	1.4	合計	0	0.0	合計	0	0.0	合計	0	0.0
44,000	(子	800)		(子	100)		(子1人	0)		(子1人	0)	
	合計	800	1.8	合計	200	0.5	合計	0	0.0	合計	0	0.0
46,000	(子	1,000)		(子	200)		(子1人	0)		(子1人	0)	
	合計	1,000	2.2	合計	400	0.9	合計	0	0.0	合計	0	0.0
48,000	(子	1,300)		(子	300)		(子1人	0)		(子1人	0)	
	合計	1,300	2.7	合計	600	1.3	合計	0	0.0	合計	0	0.0
50,000	(子	1,600)		(子	400)		(子1人	67)		(子1人	0)	
	合計	1,600	3.2	合計	800	1.6	合計	200	0.4	合計	0	0.0
52,000	(子	1,900)		(子1人	500)		(子1人	133)		(子1人	0)	
	合計	1,900	3.7	合計	1,000	1.9	合計	400	0.8	合計	0	0.0
54,000	(子	2,200)		(子1人	600)		(子1人	200)		(子1人	0)	
	合計	2,200	4.1	合計	1,200	2.2	合計	600	1.1	合計	0	0.0
56,000	(子	2,500)		(子1人	700)		(子1人	267)		(子1人	50)	
	合計	2,500	4.5	合計	1,400	2.5	合計	800	1.4	合計	200	0.4
58,000	(子	2,800)		(子1人	800)		(子1人	333)		(子1人	100)	
	合計	2,800	4.8	合計	1,600	2.8	合計	1,000	1.7	合計	400	0.7
60,000	(子	3,100)		(子1人	900)		(子1人	400)		(子1人	150)	
	合計	3,100	5.2	合計	1,800	3.0	合計	1,200	2.0	合計	600	1.0
65,000	(子	3,850)		(子1人	1,225)		(子1人	567)		(子1人	275)	
	合計	3,850	5.9	合計	2,450	3.8	合計	1,700	2.6	合計	1,100	1.7
70,000	(子	4,800)		(子1人	1,600)		(子1人	733)		(子1人	400)	
	合計	4,800	6.9	合計	3,200	4.6	合計	2,200	3.1	合計	1,600	2.3

子のみ のケース

（単位：千円）

正味 遺産総額	子の人数 1 人	税率 %	2 人	税率 %	3 人	税率 %	4 人	税率 %
75,000	(子　　5,800) 合計　5,800	7.7	(子1人　1,975) 合計　3,950	5.3	(子1人　900) 合計　2,700	3.6	(子1人　525) 合計　2,100	2.8
80,000	(子　　6,800) 合計　6,800	8.5	(子1人　2,350) 合計　4,700	5.9	(子1人　1,100) 合計　3,300	4.1	(子1人　650) 合計　2,600	3.3
85,000	(子　　7,800) 合計　7,800	9.2	(子1人　2,725) 合計　5,450	6.4	(子1人　1,350) 合計　4,050	4.8	(子1人　775) 合計　3,100	3.6
90,000	(子　　9,200) 合計　9,200	10.2	(子1人　3,100) 合計　6,200	6.9	(子1人　1,600) 合計　4,800	5.3	(子1人　900) 合計　3,600	4.0
95,000	(子　10,700) 合計　10,700	11.3	(子1人　3,475) 合計　6,950	7.3	(子1人　1,850) 合計　5,550	5.8	(子1人　1,038) 合計　4,150	4.4
100,000 （1億円）	(子　12,200) 合計　12,200	12.2	(子1人　3,850) 合計　7,700	7.7	(子1人　2,100) 合計　6,300	6.3	(子1人　1,225) 合計　4,900	4.9
110,000	(子　15,200) 合計　15,200	13.8	(子1人　4,800) 合計　9,600	8.7	(子1人　2,600) 合計　7,800	7.1	(子1人　1,600) 合計　6,400	5.8
120,000	(子　18,200) 合計　18,200	15.2	(子1人　5,800) 合計　11,600	9.7	(子1人　3,100) 合計　9,300	7.8	(子1人　1,975) 合計　7,900	6.6
130,000	(子　21,200) 合計　21,200	16.3	(子1人　6,800) 合計　13,600	10.5	(子1人　3,600) 合計　10,800	8.3	(子1人　2,350) 合計　9,400	7.2
140,000	(子　24,600) 合計　24,600	17.6	(子1人　7,800) 合計　15,600	11.1	(子1人　4,133) 合計　12,400	8.9	(子1人　2,725) 合計　10,900	7.8
150,000	(子　28,600) 合計　28,600	19.1	(子1人　9,200) 合計　18,400	12.3	(子1人　4,800) 合計　14,400	9.6	(子1人　3,100) 合計　12,400	8.3
160,000	(子　32,600) 合計　32,600	20.4	(子1人　10,700) 合計　21,400	13.4	(子1人　5,467) 合計　16,400	10.3	(子1人　3,475) 合計　13,900	8.7
170,000	(子　36,600) 合計　36,600	21.5	(子1人　12,200) 合計　24,400	14.4	(子1人　6,133) 合計　18,400	10.8	(子1人　3,850) 合計　15,400	9.1
180,000	(子　40,600) 合計　40,600	22.6	(子1人　13,700) 合計　27,400	15.2	(子1人　6,800) 合計　20,400	11.3	(子1人　4,300) 合計　17,200	9.6
190,000	(子　44,600) 合計　44,600	23.5	(子1人　15,200) 合計　30,400	16.0	(子1人　7,467) 合計　22,400	11.8	(子1人　4,800) 合計　19,200	10.1
200,000 （2億円）	(子　48,600) 合計　48,600	24.3	(子1人　16,700) 合計　33,400	16.7	(子1人　8,200) 合計　24,600	12.3	(子1人　5,300) 合計　21,200	10.6
210,000	(子　52,600) 合計　52,600	25.0	(子1人　18,200) 合計　36,400	17.3	(子1人　9,200) 合計　27,600	13.1	(子1人　5,800) 合計　23,200	11.0

子のみ のケース

(単位:千円)

子の人数 正味 遺産総額	1 人		税率 %	2 人		税率 %	3 人		税率 %	4 人		税率 %
220,000	(子	56,600)		(子1人	19,700)		(子1人	10,200)		(子1人	6,300)	
	合計	56,600	25.7	合計	39,400	17.9	合計	30,600	13.9	合計	25,200	11.5
230,000	(子	60,600)		(子1人	21,200)		(子1人	11,200)		(子1人	6,800)	
	合計	60,600	26.3	合計	42,400	18.4	合計	33,600	14.6	合計	27,200	11.8
240,000	(子	64,800)		(子1人	22,700)		(子1人	12,200)		(子1人	7,300)	
	合計	64,800	27.0	合計	45,400	18.9	合計	36,600	15.3	合計	29,200	12.2
250,000	(子	69,300)		(子1人	24,600)		(子1人	13,200)		(子1人	7,800)	
	合計	69,300	27.7	合計	49,200	19.7	合計	39,600	15.8	合計	31,200	12.5
260,000	(子	73,800)		(子1人	26,600)		(子1人	14,200)		(子1人	8,450)	
	合計	73,800	28.4	合計	53,200	20.5	合計	42,600	16.4	合計	33,800	13.0
270,000	(子	78,300)		(子1人	28,600)		(子1人	15,200)		(子1人	9,200)	
	合計	78,300	29.0	合計	57,200	21.2	合計	45,600	16.9	合計	36,800	13.6
280,000	(子	82,800)		(子1人	30,600)		(子1人	16,200)		(子1人	9,950)	
	合計	82,800	29.6	合計	61,200	21.9	合計	48,600	17.4	合計	39,800	14.2
290,000	(子	87,300)		(子1人	32,600)		(子1人	17,200)		(子1人	10,700)	
	合計	87,300	30.1	合計	65,200	22.5	合計	51,600	17.8	合計	42,800	14.8
300,000 (3億円)	(子	91,800)		(子1人	34,600)		(子1人	18,200)		(子1人	11,450)	
	合計	91,800	30.6	合計	69,200	23.1	合計	54,600	18.2	合計	45,800	15.3
310,000	(子	96,300)		(子1人	36,600)		(子1人	19,200)		(子1人	12,200)	
	合計	96,300	31.1	合計	73,200	23.6	合計	57,600	18.6	合計	48,800	15.7
320,000	(子	100,800)		(子1人	38,600)		(子1人	20,200)		(子1人	12,950)	
	合計	100,800	31.5	合計	77,200	24.1	合計	60,600	18.9	合計	51,800	16.2
330,000	(子	105,300)		(子1人	40,600)		(子1人	21,200)		(子1人	13,700)	
	合計	105,300	31.9	合計	81,200	24.6	合計	63,600	19.3	合計	54,800	16.6
340,000	(子	110,000)		(子1人	42,600)		(子1人	22,200)		(子1人	14,450)	
	合計	110,000	32.4	合計	85,200	25.1	合計	66,600	19.6	合計	57,800	17.0
350,000	(子	115,000)		(子1人	44,600)		(子1人	23,267)		(子1人	15,200)	
	合計	115,000	32.9	合計	89,200	25.5	合計	69,800	19.9	合計	60,800	17.4
360,000	(子	120,000)		(子1人	46,600)		(子1人	24,600)		(子1人	15,950)	
	合計	120,000	33.3	合計	93,200	25.9	合計	73,800	20.5	合計	63,800	17.7
370,000	(子	125,000)		(子1人	48,600)		(子1人	25,933)		(子1人	16,700)	
	合計	125,000	33.8	合計	97,200	26.3	合計	77,800	21.0	合計	66,800	18.1
380,000	(子	130,000)		(子1人	50,600)		(子1人	27,267)		(子1人	17,450)	
	合計	130,000	34.2	合計	101,200	26.6	合計	81,800	21.5	合計	69,800	18.4

子のみ のケース

（単位：千円）

正味遺産総額 / 子の人数	1 人	税率%	2 人	税率%	3 人	税率%	4 人	税率%
390,000	（子　135,000) 合計　135,000	34.6	（子1人　52,600) 合計　105,200	27.0	（子1人　28,600) 合計　85,800	22.0	（子1人　18,200) 合計　72,800	18.7
400,000 （4億円)	（子　140,000) 合計　140,000	35.0	（子1人　54,600) 合計　109,200	27.3	（子1人　29,933) 合計　89,800	22.5	（子1人　18,950) 合計　75,800	19.0
410,000	（子　145,000) 合計　145,000	35.4	（子1人　56,600) 合計　113,200	27.6	（子1人　31,267) 合計　93,800	22.9	（子1人　19,700) 合計　78,800	19.2
420,000	（子　150,000) 合計　150,000	35.7	（子1人　58,600) 合計　117,200	27.9	（子1人　32,600) 合計　97,800	23.3	（子1人　20,450) 合計　81,800	19.5
430,000	（子　155,000) 合計　155,000	36.0	（子1人　60,600) 合計　121,200	28.2	（子1人　33,933) 合計　101,800	23.7	（子1人　21,200) 合計　84,800	19.7
440,000	（子　160,000) 合計　160,000	36.4	（子1人　62,600) 合計　125,200	28.5	（子1人　35,267) 合計　105,800	24.0	（子1人　21,950) 合計　87,800	20.0
450,000	（子　165,000) 合計　165,000	36.7	（子1人　64,800) 合計　129,600	28.8	（子1人　36,600) 合計　109,800	24.4	（子1人　22,700) 合計　90,800	20.2
460,000	（子　170,000) 合計　170,000	37.0	（子1人　67,050) 合計　134,100	29.2	（子1人　37,933) 合計　113,800	24.7	（子1人　23,600) 合計　94,400	20.5
470,000	（子　175,000) 合計　175,000	37.2	（子1人　69,300) 合計　138,600	29.5	（子1人　39,267) 合計　117,800	25.1	（子1人　24,600) 合計　98,400	20.9
480,000	（子　180,000) 合計　180,000	37.5	（子1人　71,550) 合計　143,100	29.8	（子1人　40,600) 合計　121,800	25.4	（子1人　25,600) 合計　102,400	21.3
490,000	（子　185,000) 合計　185,000	37.8	（子1人　73,800) 合計　147,600	30.1	（子1人　41,933) 合計　125,800	25.7	（子1人　26,600) 合計　106,400	21.7
500,000 （5億円)	（子　190,000) 合計　190,000	38.0	（子1人　76,050) 合計　152,100	30.4	（子1人　43,267) 合計　129,800	26.0	（子1人　27,600) 合計　110,400	22.1
520,000	（子　200,000) 合計　200,000	38.5	（子1人　80,550) 合計　161,100	31.0	（子1人　45,933) 合計　137,800	26.5	（子1人　29,600) 合計　118,400	22.8
540,000	（子　210,000) 合計　210,000	38.9	（子1人　85,050) 合計　170,100	31.5	（子1人　48,600) 合計　145,800	27.0	（子1人　31,600) 合計　126,400	23.4
560,000	（子　220,000) 合計　220,000	39.3	（子1人　89,550) 合計　179,100	32.0	（子1人　51,267) 合計　153,800	27.5	（子1人　33,600) 合計　134,400	24.0
580,000	（子　230,000) 合計　230,000	39.7	（子1人　94,050) 合計　188,100	32.4	（子1人　53,933) 合計　161,800	27.9	（子1人　35,600) 合計　142,400	24.6
600,000 （6億円)	（子　240,000) 合計　240,000	40.0	（子1人　98,550) 合計　197,100	32.9	（子1人　56,600) 合計　169,800	28.3	（子1人　37,600) 合計　150,400	25.1

子のみ のケース

(単位：千円)

子の人数 正味 遺産総額	1 人	税率 %	2 人	税率 %	3 人	税率 %	4 人	税率 %
620,000	(子 250,000) 合計 250,000	40.3	(子1人 103,050) 合計 206,100	33.2	(子1人 59,267) 合計 177,800	28.7	(子1人 39,600) 合計 158,400	25.5
640,000	(子 260,200) 合計 260,200	40.7	(子1人 107,550) 合計 215,100	33.6	(子1人 61,933) 合計 185,800	29.0	(子1人 41,600) 合計 166,400	26.0
660,000	(子 271,200) 合計 271,200	41.1	(子1人 112,500) 合計 225,000	34.1	(子1人 64,800) 合計 194,400	29.5	(子1人 43,600) 合計 174,400	26.4
680,000	(子 282,200) 合計 282,200	41.5	(子1人 117,500) 合計 235,000	34.6	(子1人 67,800) 合計 203,400	29.9	(子1人 45,600) 合計 182,400	26.8
700,000 (7億円)	(子 293,200) 合計 293,200	41.9	(子1人 122,500) 合計 245,000	35.0	(子1人 70,800) 合計 212,400	30.3	(子1人 47,600) 合計 190,400	27.2
720,000	(子 304,200) 合計 304,200	42.3	(子1人 127,500) 合計 255,000	35.4	(子1人 73,800) 合計 221,400	30.8	(子1人 49,600) 合計 198,400	27.6
740,000	(子 315,200) 合計 315,200	42.6	(子1人 132,500) 合計 265,000	35.8	(子1人 76,800) 合計 230,400	31.1	(子1人 51,600) 合計 206,400	27.9
760,000	(子 326,200) 合計 326,200	42.9	(子1人 137,500) 合計 275,000	36.2	(子1人 79,800) 合計 239,400	31.5	(子1人 53,600) 合計 214,400	28.2
780,000	(子 337,200) 合計 337,200	43.2	(子1人 142,500) 合計 285,000	36.5	(子1人 82,800) 合計 248,400	31.8	(子1人 55,600) 合計 222,400	28.5
800,000 (8億円)	(子 348,200) 合計 348,200	43.5	(子1人 147,500) 合計 295,000	36.9	(子1人 85,800) 合計 257,400	32.2	(子1人 57,600) 合計 230,400	28.8
820,000	(子 359,200) 合計 359,200	43.8	(子1人 152,500) 合計 305,000	37.2	(子1人 88,800) 合計 266,400	32.5	(子1人 59,600) 合計 238,400	29.1
840,000	(子 370,200) 合計 370,200	44.1	(子1人 157,500) 合計 315,000	37.5	(子1人 91,800) 合計 275,400	32.8	(子1人 61,600) 合計 246,400	29.3
860,000	(子 381,200) 合計 381,200	44.3	(子1人 162,500) 合計 325,000	37.8	(子1人 94,800) 合計 284,400	33.1	(子1人 63,675) 合計 254,700	29.6
880,000	(子 392,200) 合計 392,200	44.6	(子1人 167,500) 合計 335,000	38.1	(子1人 97,800) 合計 293,400	33.3	(子1人 65,925) 合計 263,700	30.0
900,000 (9億円)	(子 403,200) 合計 403,200	44.8	(子1人 172,500) 合計 345,000	38.3	(子1人 100,800) 合計 302,400	33.6	(子1人 68,175) 合計 272,700	30.3
920,000	(子 414,200) 合計 414,200	45.0	(子1人 177,500) 合計 355,000	38.6	(子1人 103,800) 合計 311,400	33.8	(子1人 70,425) 合計 281,700	30.6
940,000	(子 425,200) 合計 425,200	45.2	(子1人 182,500) 合計 365,000	38.8	(子1人 106,800) 合計 320,400	34.1	(子1人 72,675) 合計 290,700	30.9

子のみ のケース

正味遺産総額	1 人	税率%	2 人	税率%	3 人	税率%	4 人	税率%
960,000	(子 436,200) 合計 436,200	45.4	(子1人 187,500) 合計 375,000	39.1	(子1人 110,000) 合計 330,000	34.4	(子1人 74,925) 合計 299,700	31.2
980,000	(子 447,200) 合計 447,200	45.6	(子1人 192,500) 合計 385,000	39.3	(子1人 113,333) 合計 340,000	34.7	(子1人 77,175) 合計 308,700	31.5
1,000,000 （10億円）	(子 458,200) 合計 458,200	45.8	(子1人 197,500) 合計 395,000	39.5	(子1人 116,667) 合計 350,000	35.0	(子1人 79,425) 合計 317,700	31.8
1,100,000	(子 513,200) 合計 513,200	46.7	(子1人 222,500) 合計 445,000	40.5	(子1人 133,333) 合計 400,000	36.4	(子1人 90,675) 合計 362,700	33.0
1,200,000	(子 568,200) 合計 568,200	47.4	(子1人 247,500) 合計 495,000	41.3	(子1人 150,000) 合計 450,000	37.5	(子1人 101,925) 合計 407,700	34.0
1,300,000	(子 623,200) 合計 623,200	47.9	(子1人 273,950) 合計 547,900	42.1	(子1人 166,667) 合計 500,000	38.5	(子1人 113,750) 合計 455,000	35.0
1,400,000	(子 678,200) 合計 678,200	48.4	(子1人 301,450) 合計 602,900	43.1	(子1人 183,333) 合計 550,000	39.3	(子1人 126,250) 合計 505,000	36.1
1,500,000	(子 733,200) 合計 733,200	48.9	(子1人 328,950) 合計 657,900	43.9	(子1人 200,000) 合計 600,000	40.0	(子1人 138,750) 合計 555,000	37.0
1,600,000	(子 788,200) 合計 788,200	49.3	(子1人 356,450) 合計 712,900	44.6	(子1人 216,667) 合計 650,000	40.6	(子1人 151,250) 合計 605,000	37.8
1,700,000	(子 843,200) 合計 843,200	49.6	(子1人 383,950) 合計 767,900	45.2	(子1人 233,333) 合計 700,000	41.2	(子1人 163,750) 合計 655,000	38.5
1,800,000	(子 898,200) 合計 898,200	49.9	(子1人 411,450) 合計 822,900	45.7	(子1人 250,000) 合計 750,000	41.7	(子1人 176,250) 合計 705,000	39.2
1,900,000	(子 953,200) 合計 953,200	50.2	(子1人 438,950) 合計 877,900	46.2	(子1人 267,533) 合計 802,600	42.2	(子1人 188,750) 合計 755,000	39.7
2,000,000 （20億円）	(子 1,008,200) 合計 1,008,200	50.4	(子1人 466,450) 合計 932,900	46.6	(子1人 285,867) 合計 857,600	42.9	(子1人 201,250) 合計 805,000	40.3
2,500,000	(子 1,283,200) 合計 1,283,200	51.3	(子1人 603,950) 合計 1,207,900	48.3	(子1人 377,533) 合計 1,132,600	45.3	(子1人 264,325) 合計 1,057,300	42.3
3,000,000 （30億円）	(子 1,558,200) 合計 1,558,200	51.9	(子1人 741,450) 合計 1,482,900	49.4	(子1人 469,200) 合計 1,407,600	46.9	(子1人 333,075) 合計 1,332,300	44.4
3,500,000	(子 1,833,200) 合計 1,833,200	52.4	(子1人 878,950) 合計 1,757,900	50.2	(子1人 560,867) 合計 1,682,600	48.1	(子1人 401,825) 合計 1,607,300	45.9
4,000,000 （40億円）	(子 2,108,200) 合計 2,108,200	52.7	(子1人 1,016,450) 合計 2,032,900	50.8	(子1人 652,533) 合計 1,957,600	48.9	(子1人 470,575) 合計 1,882,300	47.1

子のみ のケース

(単位：千円)

子の人数 / 正味遺産総額	1 人	税率 %	2 人	税率 %	3 人	税率 %	4 人	税率 %
4,500,000	(子　2,383,200) 合計　2,383,200	53.0	(子1人1,153,950) 合計　2,307,900	51.3	(子1人　744,200) 合計　2,232,600	49.6	(子1人　539,325) 合計　2,157,300	47.9
5,000,000 (50億円)	(子　2,658,200) 合計　2,658,200	53.2	(子1人1,291,450) 合計　2,582,900	51.7	(子1人　835,867) 合計　2,507,600	50.2	(子1人　608,075) 合計　2,432,300	48.6
5,500,000	(子　2,933,200) 合計　2,933,200	53.3	(子1人1,428,950) 合計　2,857,900	52.0	(子1人　927,533) 合計　2,782,600	50.6	(子1人　676,825) 合計　2,707,300	49.2
6,000,000 (60億円)	(子　3,208,200) 合計　3,208,200	53.5	(子1人1,566,450) 合計　3,132,900	52.2	(子1人1,019,200) 合計　3,057,600	51.0	(子1人　745,575) 合計　2,982,300	49.7
6,500,000	(子　3,483,200) 合計　3,483,200	53.6	(子1人1,703,950) 合計　3,407,900	52.4	(子1人1,110,867) 合計　3,332,600	51.3	(子1人　814,325) 合計　3,257,300	50.1
7,000,000 (70億円)	(子　3,758,200) 合計　3,758,200	53.7	(子1人1,841,450) 合計　3,682,900	52.6	(子1人1,202,533) 合計　3,607,600	51.5	(子1人　883,075) 合計　3,532,300	50.5
7,500,000	(子　4,033,200) 合計　4,033,200	53.8	(子1人1,978,950) 合計　3,957,900	52.8	(子1人　1,294,200) 合計　3,882,600	51.8	(子1人　951,825) 合計　3,807,300	50.8
8,000,000 (80億円)	(子　4,308,200) 合計　4,308,200	53.9	(子1人2,116,450) 合計　4,232,900	52.9	(子1人1,385,867) 合計　4,157,600	52.0	(子1人1,020,575) 合計　4,082,300	51.0
8,500,000	(子　4,583,200) 合計　4,583,200	53.9	(子1人2,253,950) 合計　4,507,900	53.0	(子1人1,477,533) 合計　4,432,600	52.1	(子1人1,089,325) 合計　4,357,300	51.3
9,000,000 (90億円)	(子　4,858,200) 合計　4,858,200	54.0	(子1人2,391,450) 合計　4,782,900	53.1	(子1人1,569,200) 合計　4,707,600	52.3	(子1人1,158,075) 合計　4,632,300	51.5
9,500,000	(子　5,133,200) 合計　5,133,200	54.0	(子1人2,528,950) 合計　5,057,900	53.2	(子1人1,660,867) 合計　4,982,600	52.4	(子1人1,226,825) 合計　4,907,300	51.7
10,000,000 (100億円)	(子　5,408,200) 合計　5,408,200	54.1	(子1人2,666,450) 合計　5,332,900	53.3	(子1人1,752,533) 合計　5,257,600	52.6	(子1人1,295,575) 合計　5,182,300	51.8
11,000,000 (110億円)	(子　5,958,200) 合計　5,958,200	54.2	(子1人2,941,450) 合計　5,882,900	53.5	(子1人1,935,867) 合計　5,807,600	52.8	(子1人1,433,075) 合計　5,732,300	52.1
12,000,000 (120億円)	(子　6,508,200) 合計　6,508,200	54.2	(子1人3,216,450) 合計　6,432,900	53.6	(子1人2,119,200) 合計　6,357,600	53.0	(子1人1,570,575) 合計　6,282,300	52.4
13,000,000 (130億円)	(子　7,058,200) 合計　7,058,200	54.3	(子1人3,491,450) 合計　6,982,900	53.7	(子1人2,302,533) 合計　6,907,600	53.1	(子1人1,708,075) 合計　6,832,300	52.6
14,000,000 (140億円)	(子　7,608,200) 合計　7,608,200	54.3	(子1人3,766,450) 合計　7,532,900	53.8	(子1人2,485,867) 合計　7,457,600	53.3	(子1人1,845,575) 合計　7,382,300	52.7
15,000,000 (150億円)	(子　8,158,200) 合計　8,158,200	54.4	(子1人4,041,450) 合計　8,082,900	53.9	(子1人2,669,200) 合計　8,007,600	53.4	(子1人1,983,075) 合計　7,932,300	52.9

配偶者と親 のケース（配偶者に対する税額は0）

（単位：千円）

正味遺産総額	親の人数 1人		税率%	2人		税率%	正味遺産総額	親の人数 1人		税率%	2人		税率%
42,000	(親	0)		(親1人	0)		100,000 (1億円)	(親	2,711)		(親1人	1,111)	
	合計	0	0.0	合計	0	0.0		合計	2,711	2.7	合計	2,222	2.2
44,000	(親	67)		(親1人	0)		110,000	(親	3,322)		(親1人	1,394)	
	合計	67	0.2	合計	0	0.0		合計	3,322	3.0	合計	2,789	2.5
46,000	(親	133)		(親1人	0)		120,000	(親	4,000)		(親1人	1,700)	
	合計	133	0.3	合計	0	0.0		合計	4,000	3.3	合計	3,400	2.8
48,000	(親	200)		(親1人	0)		130,000	(親	4,833)		(親1人	2,083)	
	合計	200	0.4	合計	0	0.0		合計	4,833	3.7	合計	4,167	3.2
50,000	(親	267)		(親1人	33)		140,000	(親	5,711)		(親1人	2,500)	
	合計	267	0.5	合計	67	0.1		合計	5,711	4.1	合計	5,000	3.6
52,000	(親	333)		(親1人	67)		150,000	(親	6,600)		(親1人	2,917)	
	合計	333	0.6	合計	133	0.3		合計	6,600	4.4	合計	5,833	3.9
54,000	(親	400)		(親1人	100)		160,000	(親	7,489)		(親1人	3,333)	
	合計	400	0.7	合計	200	0.4		合計	7,489	4.7	合計	6,667	4.2
56,000	(親	467)		(親1人	133)		170,000	(親	8,378)		(親1人	3,750)	
	合計	467	0.8	合計	267	0.5		合計	8,378	4.9	合計	7,500	4.4
58,000	(親	544)		(親1人	167)		180,000	(親	9,267)		(親1人	4,167)	
	合計	544	0.9	合計	333	0.6		合計	9,267	5.1	合計	8,333	4.6
60,000	(親	633)		(親1人	200)		190,000	(親	10,156)		(親1人	4,583)	
	合計	633	1.1	合計	400	0.7		合計	10,156	5.3	合計	9,167	4.8
65,000	(親	856)		(親1人	294)		200,000 (2億円)	(親	11,311)		(親1人	5,022)	
	合計	856	1.3	合計	589	0.9		合計	11,311	5.7	合計	10,044	5.0
70,000	(親	1,078)		(親1人	406)		210,000	(親	12,533)		(親1人	5,550)	
	合計	1,078	1.5	合計	811	1.2		合計	12,533	6.0	合計	11,100	5.3
75,000	(親	1,317)		(親1人	517)		220,000	(親	13,756)		(親1人	6,078)	
	合計	1,317	1.8	合計	1,033	1.4		合計	13,756	6.3	合計	12,156	5.5
80,000	(親	1,567)		(親1人	628)		230,000	(親	14,978)		(親1人	6,611)	
	合計	1,567	2.0	合計	1,256	1.6		合計	14,978	6.5	合計	13,222	5.7
85,000	(親	1,817)		(親1人	739)		240,000	(親	16,200)		(親1人	7,167)	
	合計	1,817	2.1	合計	1,475	1.7		合計	16,200	6.8	合計	14,333	6.0
90,000	(親	2,100)		(親1人	850)		250,000	(親	17,422)		(親1人	7,722)	
	合計	2,100	2.3	合計	1,700	1.9		合計	17,422	7.0	合計	15,444	6.2
95,000	(親	2,406)		(親1人	972)		260,000	(親	18,644)		(親1人	8,278)	
	合計	2,406	2.5	合計	1,944	2.0		合計	18,644	7.2	合計	16,555	6.4

配偶者と親 のケース（配偶者に対する税額は0）

（単位：千円）

正味遺産総額	親の人数 1人	税率%	親の人数 2人	税率%
270,000	(親 19,867) 合計 19,867	7.4	(親1人 8,833) 合計 17,667	6.5
280,000	(親 21,089) 合計 21,089	7.5	(親1人 9,389) 合計 18,778	6.7
290,000	(親 22,311) 合計 22,311	7.7	(親1人 9,944) 合計 19,889	6.9
300,000 (3億円)	(親 23,533) 合計 23,533	7.8	(親1人 10,500) 合計 21,000	7.0
310,000	(親 24,756) 合計 24,756	8.0	(親1人 11,056) 合計 22,111	7.1
320,000	(親 25,978) 合計 25,978	8.1	(親1人 11,611) 合計 23,222	7.3
330,000	(親 27,200) 合計 27,200	8.2	(親1人 12,167) 合計 24,333	7.4
340,000	(親 28,422) 合計 28,422	8.4	(親1人 12,722) 合計 25,444	7.5
350,000	(親 29,822) 合計 29,822	8.5	(親1人 13,300) 合計 26,600	7.6
360,000	(親 31,267) 合計 31,267	8.7	(親1人 13,967) 合計 27,933	7.8
370,000	(親 32,711) 合計 32,711	8.8	(親1人 14,633) 合計 29,267	7.9
380,000	(親 34,156) 合計 34,156	9.0	(親1人 15,300) 合計 30,600	8.1
390,000	(親 35,600) 合計 35,600	9.1	(親1人 15,967) 合計 31,933	8.2
400,000 (4億円)	(親 37,044) 合計 37,044	9.3	(親1人 16,633) 合計 33,267	8.3
410,000	(親 38,489) 合計 38,489	9.4	(親1人 17,300) 合計 34,600	8.4
420,000	(親 39,933) 合計 39,933	9.5	(親1人 17,967) 合計 35,933	8.6
430,000	(親 41,378) 合計 41,378	9.6	(親1人 18,633) 合計 37,267	8.7
440,000	(親 42,822) 合計 42,822	9.7	(親1人 19,300) 合計 38,600	8.8
450,000	(親 44,267) 合計 44,267	9.8	(親1人 19,967) 合計 39,933	8.9
460,000	(親 45,711) 合計 45,711	9.9	(親1人 20,633) 合計 41,267	9.0
470,000	(親 47,156) 合計 47,156	10.0	(親1人 21,300) 合計 42,600	9.1
480,000	(親 48,600) 合計 48,600	10.1	(親1人 21,967) 合計 43,933	9.2
490,000	(親 50,044) 合計 50,044	10.2	(親1人 22,633) 合計 45,267	9.2
500,000 (5億円)	(親 51,578) 合計 51,578	10.3	(親1人 23,311) 合計 46,622	9.3
520,000	(親 54,689) 合計 54,689	10.5	(親1人 24,756) 合計 49,511	9.5
540,000	(親 57,800) 合計 57,800	10.7	(親1人 26,200) 合計 52,400	9.7
560,000	(親 60,911) 合計 60,911	10.9	(親1人 27,644) 合計 55,289	9.9
580,000	(親 64,022) 合計 64,022	11.0	(親1人 29,089) 合計 58,178	10.0
600,000 (6億円)	(親 67,133) 合計 67,133	11.2	(親1人 30,533) 合計 61,067	10.2
620,000	(親 70,244) 合計 70,244	11.3	(親1人 31,978) 合計 63,956	10.3
640,000	(親 73,356) 合計 73,356	11.5	(親1人 33,422) 合計 66,844	10.4
660,000	(親 76,567) 合計 76,567	11.6	(親1人 34,933) 合計 69,867	10.6
680,000	(親 79,789) 合計 79,789	11.7	(親1人 36,489) 合計 72,978	10.7
700,000 (7億円)	(親 83,011) 合計 83,011	11.9	(親1人 38,044) 合計 76,089	10.9

配偶者と兄弟姉妹 のケース（配偶者に対する税額は0）

（単位：千円）

正味遺産総額	兄弟姉妹の人数 1人		税率%	2人		税率%	3人		税率%	4人		税率%
42,000	(兄弟	0)		(兄弟1人	0)		(兄弟1人	0)		(兄弟1人	0)	
	合計	0	0.0	合計	0	0.0	合計	0	0.0	合計	0	0.0
44,000	(兄弟	60)		(兄弟1人	0)		(兄弟1人	0)		(兄弟1人	0)	
	合計	60	0.1	合計	0	0.0	合計	0	0.0	合計	0	0.0
46,000	(兄弟	120)		(兄弟1人	0)		(兄弟1人	0)		(兄弟1人	0)	
	合計	120	0.3	合計	0	0.0	合計	0	0.0	合計	0	0.0
48,000	(兄弟	180)		(兄弟1人	0)		(兄弟1人	0)		(兄弟1人	0)	
	合計	180	0.4	合計	0	0.0	合計	0	0.0	合計	0	0.0
50,000	(兄弟	240)		(兄弟1人	30)		(兄弟1人	0)		(兄弟1人	0)	
	合計	240	0.5	合計	60	0.1	合計	0	0.0	合計	0	0.0
60,000	(兄弟	593)		(兄弟1人	180)		(兄弟1人	60)		(兄弟1人	0)	
	合計	593	1.0	合計	360	0.6	合計	180	0.3	合計	0	0.0
70,000	(兄弟	1,005)		(兄弟1人	379)		(兄弟1人	170)		(兄弟1人	75)	
	合計	1,005	1.4	合計	758	1.1	合計	510	0.7	合計	300	0.4
80,000	(兄弟	1,418)		(兄弟1人	585)		(兄弟1人	308)		(兄弟1人	169)	
	合計	1,418	1.8	合計	1,170	1.5	合計	923	1.2	合計	675	0.8
90,000	(兄弟	1,950)		(兄弟1人	803)		(兄弟1人	445)		(兄弟1人	272)	
	合計	1,950	2.2	合計	1,605	1.8	合計	1,335	1.5	合計	1,088	1.2
100,000(1億円)	(兄弟	2,513)		(兄弟1人	1,065)		(兄弟1人	605)		(兄弟1人	375)	
	合計	2,513	2.5	合計	2,130	2.1	合計	1,815	1.8	合計	1,500	1.5
110,000	(兄弟	3,105)		(兄弟1人	1,328)		(兄弟1人	780)		(兄弟1人	506)	
	合計	3,105	2.8	合計	2,655	2.4	合計	2,340	2.1	合計	2,025	1.8
120,000	(兄弟	3,893)		(兄弟1人	1,650)		(兄弟1人	955)		(兄弟1人	638)	
	合計	3,893	3.2	合計	3,300	2.8	合計	2,865	2.4	合計	2,550	2.1
130,000	(兄弟	4,680)		(兄弟1人	2,029)		(兄弟1人	1,200)		(兄弟1人	788)	
	合計	4,680	3.6	合計	4,058	3.1	合計	3,600	2.8	合計	3,150	2.4
140,000	(兄弟	5,468)		(兄弟1人	2,423)		(兄弟1人	1,450)		(兄弟1人	975)	
	合計	5,468	3.9	合計	4,845	3.5	合計	4,350	3.1	合計	3,900	2.8
150,000	(兄弟	6,255)		(兄弟1人	2,816)		(兄弟1人	1,700)		(兄弟1人	1,163)	
	合計	6,255	4.2	合計	5,633	3.8	合計	5,100	3.4	合計	4,650	3.1
160,000	(兄弟	7,043)		(兄弟1人	3,210)		(兄弟1人	1,950)		(兄弟1人	1,350)	
	合計	7,043	4.4	合計	6,420	4.0	合計	5,850	3.7	合計	5,400	3.4
170,000	(兄弟	7,860)		(兄弟1人	3,604)		(兄弟1人	2,200)		(兄弟1人	1,538)	
	合計	7,860	4.6	合計	7,208	4.2	合計	6,600	3.9	合計	6,150	3.6

配偶者と兄弟姉妹 のケース（配偶者に対する税額は0）

(単位：千円)

兄弟姉妹の人数／正味遺産総額	1 人	税率%	2 人	税率%	3 人	税率%	4 人	税率%
180,000	(兄弟 8,790) 合計 8,790	4.9	(兄弟1人 3,998) 合計 7,995	4.4	(兄弟1人 2,458) 合計 7,373	4.1	(兄弟1人 1,725) 合計 6,900	3.8
190,000	(兄弟 9,840) 合計 9,840	5.2	(兄弟1人 4,489) 合計 8,978	4.7	(兄弟1人 2,740) 合計 8,220	4.3	(兄弟1人 1,913) 合計 7,650	4.0
200,000 (2億円)	(兄弟 10,890) 合計 10,890	5.4	(兄弟1人 4,995) 合計 9,990	5.0	(兄弟1人 3,078) 合計 9,233	4.6	(兄弟1人 2,138) 合計 8,550	4.3
210,000	(兄弟 11,940) 合計 11,940	5.7	(兄弟1人 5,501) 合計 11,003	5.2	(兄弟1人 3,415) 合計 10,245	4.9	(兄弟1人 2,381) 合計 9,525	4.5
220,000	(兄弟 12,990) 合計 12,990	5.9	(兄弟1人 6,008) 合計 12,015	5.5	(兄弟1人 3,753) 合計 11,258	5.1	(兄弟1人 2,625) 合計 10,500	4.8
230,000	(兄弟 14,040) 合計 14,040	6.1	(兄弟1人 6,514) 合計 13,028	5.7	(兄弟1人 4,090) 合計 12,270	5.3	(兄弟1人 2,878) 合計 11,513	5.0
240,000	(兄弟 15,090) 合計 15,090	6.3	(兄弟1人 7,020) 合計 14,040	5.9	(兄弟1人 4,428) 合計 13,283	5.5	(兄弟1人 3,131) 合計 12,525	5.2
250,000	(兄弟 16,200) 合計 16,200	6.5	(兄弟1人 7,526) 合計 15,053	6.0	(兄弟1人 4,765) 合計 14,295	5.7	(兄弟1人 3,384) 合計 13,538	5.4
260,000	(兄弟 17,325) 合計 17,325	6.7	(兄弟1人 8,033) 合計 16,065	6.2	(兄弟1人 5,103) 合計 15,308	5.9	(兄弟1人 3,638) 合計 14,550	5.6
270,000	(兄弟 18,450) 合計 18,450	6.8	(兄弟1人 8,539) 合計 17,078	6.3	(兄弟1人 5,440) 合計 16,320	6.0	(兄弟1人 3,891) 合計 15,563	5.8
280,000	(兄弟 19,575) 合計 19,575	7.0	(兄弟1人 9,045) 合計 18,090	6.5	(兄弟1人 5,778) 合計 17,333	6.2	(兄弟1人 4,144) 合計 16,575	5.9
290,000	(兄弟 20,700) 合計 20,700	7.1	(兄弟1人 9,555) 合計 19,110	6.6	(兄弟1人 6,115) 合計 18,345	6.3	(兄弟1人 4,397) 合計 17,588	6.1
300,000 (3億円)	(兄弟 21,825) 合計 21,825	7.3	(兄弟1人 10,080) 合計 20,160	6.7	(兄弟1人 6,453) 合計 19,358	6.5	(兄弟1人 4,650) 合計 18,600	6.2
310,000	(兄弟 22,965) 合計 22,965	7.4	(兄弟1人 10,605) 合計 21,210	6.8	(兄弟1人 6,790) 合計 20,370	6.6	(兄弟1人 4,903) 合計 19,613	6.3
320,000	(兄弟 24,203) 合計 24,203	7.6	(兄弟1人 11,160) 合計 22,320	7.0	(兄弟1人 7,128) 合計 21,383	6.7	(兄弟1人 5,156) 合計 20,625	6.4
330,000	(兄弟 25,440) 合計 25,440	7.7	(兄弟1人 11,741) 合計 23,483	7.1	(兄弟1人 7,500) 合計 22,500	6.8	(兄弟1人 5,419) 合計 21,675	6.6
340,000	(兄弟 26,678) 合計 26,678	7.8	(兄弟1人 12,323) 合計 24,645	7.2	(兄弟1人 7,875) 合計 23,625	6.9	(兄弟1人 5,700) 合計 22,800	6.7

配偶者と兄弟姉妹 のケース（配偶者に対する税額は0）

（単位：千円）

正味遺産総額	兄弟姉妹の人数 1 人		税率%	2 人		税率%	3 人		税率%	4 人		税率%
350,000	(兄弟	27,915)		(兄弟1人	12,904)		(兄弟1人	8,250)		(兄弟1人	5,981)	
	合計	27,915	8.0	合計	25,808	7.4	合計	24,750	7.1	合計	23,925	6.8
360,000	(兄弟	29,153)		(兄弟1人	13,485)		(兄弟1人	8,625)		(兄弟1人	6,263)	
	合計	29,153	8.1	合計	26,970	7.5	合計	25,875	7.2	合計	25,050	7.0
370,000	(兄弟	30,390)		(兄弟1人	14,066)		(兄弟1人	9,000)		(兄弟1人	6,544)	
	合計	30,390	8.2	合計	28,133	7.6	合計	27,000	7.3	合計	26,175	7.1
380,000	(兄弟	31,628)		(兄弟1人	14,648)		(兄弟1人	9,375)		(兄弟1人	6,825)	
	合計	31,628	8.3	合計	29,295	7.7	合計	28,125	7.4	合計	27,300	7.2
390,000	(兄弟	32,865)		(兄弟1人	15,229)		(兄弟1人	9,750)		(兄弟1人	7,106)	
	合計	32,865	8.4	合計	30,458	7.8	合計	29,250	7.5	合計	28,425	7.3
400,000 (4億円)	(兄弟	34,103)		(兄弟1人	15,810)		(兄弟1人	10,125)		(兄弟1人	7,388)	
	合計	34,103	8.5	合計	31,620	7.9	合計	30,375	7.6	合計	29,550	7.4
450,000	(兄弟	40,440)		(兄弟1人	18,735)		(兄弟1人	12,045)		(兄弟1人	8,794)	
	合計	40,440	9.0	合計	37,470	8.3	合計	36,135	8.0	合計	35,175	7.8
500,000 (5億円)	(兄弟	47,565)		(兄弟1人	22,110)		(兄弟1人	14,155)		(兄弟1人	10,313)	
	合計	47,565	9.5	合計	44,220	8.8	合計	42,465	8.5	合計	41,250	8.3
550,000	(兄弟	54,690)		(兄弟1人	25,485)		(兄弟1人	16,280)		(兄弟1人	11,869)	
	合計	54,690	9.9	合計	50,970	9.3	合計	48,840	8.9	合計	47,475	8.6
600,000 (6億円)	(兄弟	61,815)		(兄弟1人	28,860)		(兄弟1人	18,405)		(兄弟1人	13,463)	
	合計	61,815	10.3	合計	57,720	9.6	合計	55,215	9.2	合計	53,850	9.0
650,000	(兄弟	68,940)		(兄弟1人	32,235)		(兄弟1人	20,530)		(兄弟1人	15,056)	
	合計	68,940	10.6	合計	64,470	9.9	合計	61,590	9.5	合計	60,225	9.3
700,000 (7億円)	(兄弟	76,065)		(兄弟1人	35,610)		(兄弟1人	22,770)		(兄弟1人	16,650)	
	合計	76,065	10.9	合計	71,220	10.2	合計	68,310	9.8	合計	66,600	9.5
750,000	(兄弟	83,190)		(兄弟1人	38,985)		(兄弟1人	25,020)		(兄弟1人	18,244)	
	合計	83,190	11.1	合計	77,970	10.4	合計	75,060	10.0	合計	72,975	9.7
800,000 (8億円)	(兄弟	90,315)		(兄弟1人	42,360)		(兄弟1人	27,270)		(兄弟1人	19,838)	
	合計	90,315	11.3	合計	84,720	10.6	合計	81,810	10.2	合計	79,350	9.9
850,000	(兄弟	97,560)		(兄弟1人	45,754)		(兄弟1人	29,520)		(兄弟1人	21,431)	
	合計	97,560	11.5	合計	91,508	10.8	合計	88,560	10.4	合計	85,725	10.1
900,000 (9億円)	(兄弟	105,435)		(兄弟1人	49,598)		(兄弟1人	31,943)		(兄弟1人	23,213)	
	合計	105,435	11.7	合計	99,195	11.0	合計	95,828	10.6	合計	92,850	10.3
1,000,000 (10億円)	(兄弟	121,185)		(兄弟1人	57,285)		(兄弟1人	36,818)		(兄弟1人	26,869)	
	合計	121,185	12.1	合計	114,570	11.5	合計	110,453	11.0	合計	107,475	10.7

贈与税

〔1〕 贈与税

(1) 贈与税額を算出するしくみ

（受贈財産）

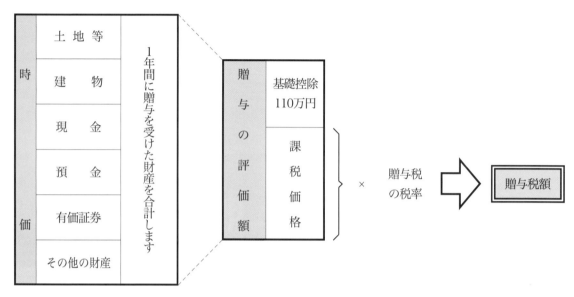

① 贈与税は、個人から年間110万円を超える財産をもらった場合に、贈与を受けた人にかかります。
（110万円以下は無税）

② 贈与を受けた財産（受贈財産）の評価方法は基本的に相続税の評価方法と同じです。

③ 居住用財産又は居住用財産の取得のための資金を受贈した場合において、その受贈財産の価額の一部を非課税とすることができる規定として次の優遇措置があります。
　　(イ)贈与税の配偶者控除（相法21条の6）(p.147)
　　(ロ)直系尊属から住宅取得資金の贈与を受けた場合の贈与税の非課税（措法70条の2）(p.148)
　　(ハ)特定の贈与者から住宅取得資金の贈与を受けた場合の相続時精算課税の特例（措法70条の3）(p.153)

④ 受贈財産について相続時精算課税制度を選択する規定として次の規定があります。
　　(イ)相続時精算課税の特例（相法21条の9）・（相法70条の2の6）(p.149〜151)
　　(ロ)特定の贈与者から住宅取得資金の贈与を受けた場合の相続時精算課税の特例（措法70条の3）(p.153〜155)

⑤ 贈与税の税率は、贈与形態の相違により、20歳以上の受贈者がその受贈者の直系尊属から贈与を受けた場合とそれ以外の場合（一般の場合）の二通りあります。

〔2〕贈与税の概算税額算出表

（1）確定税額算出表

① 暦年課税分のみの場合は計算表［Ⅰ］のみ使用

② 相続時精算課税分のみの場合は計算表［Ⅱ］のみ使用

③ 暦年課税分と相続時精算課税分の両方がある場合は計算表［Ⅰ］と［Ⅱ］の両方を使用

計算表［Ⅰ］

			受贈財産	計 算 過 程	評 価 額
暦年課税分					円
	(1)		受 贈 財 産 の 評 価 額 合 計		① 円
	(2)		配 偶 者 控 除 額		② （最高2,000万円） 円
	(3)		住 宅 取 得 資 金 非 課 税 額		③ 円
	(4)		基 礎 控 除 額		④ 1,100,000円
	(5)		課 税 価 格 ① － ② － ③ － ④		⑤ （千円未満切捨） ,000円
	税 額		⑤課税価格 税率 控除額 〔 ,000円〕×〔 〕－〔 〕		⑥ （百円未満切捨） 00円
相続時精算課税分	税 額		各 贈 与 者 ご と の 贈 与 税 額 の 合 計 額 計 算 表［Ⅱ］の⑧の合計額		⑦ 00円
税 額			⑥ ＋ ⑦		⑧ 00円

贈与税の速算表

<一般の場合>

適 用 区 分			税率	控除額
	～	2,000千円以下	10%	－
2,000千円超	～	3,000千円以下	15%	100千円
3,000千円超	～	4,000千円以下	20%	250千円
4,000千円超	～	6,000千円以下	30%	650千円
6,000千円超	～	10,000千円以下	40%	1,250千円
10,000千円超	～	15,000千円以下	45%	1,750千円
15,000千円超	～	30,000千円以下	50%	2,500千円
30,000千円超	～		55%	4,000千円

<20歳以上の受贈者がその直系尊属から受贈した場合>

適 用 区 分			税率	控除額
	～	2,000千円以下	10%	－
2,000千円超	～	4,000千円以下	15%	100千円
4,000千円超	～	6,000千円以下	20%	300千円
6,000千円超	～	10,000千円以下	30%	900千円
10,000千円超	～	15,000千円以下	40%	1,900千円
15,000千円超	～	30,000千円以下	45%	2,650千円
30,000千円超	～	45,000千円以下	50%	4,150千円
45,000千円超	～		55%	6,400千円

計算表 ［Ⅱ］ （各贈与者ごとに作成）

<table>
<tr><td rowspan="9">相続時精算課税分</td><td colspan="2">受贈財産</td><td colspan="2">計　算　過　程</td><td colspan="2">評　価　額</td></tr>
<tr><td colspan="2"></td><td colspan="2"></td><td colspan="2">円</td></tr>
<tr><td rowspan="2">(1)</td><td rowspan="2">受贈財産の評価額</td><td colspan="2">住宅取得資金の額</td><td colspan="2">①
円</td></tr>
<tr><td colspan="2">住宅取得資金以外の額</td><td colspan="2">②
円</td></tr>
<tr><td>(2)</td><td colspan="3">住宅取得資金非課税額</td><td colspan="2">③
円</td></tr>
<tr><td>(3)</td><td colspan="3">①－③の金額（マイナスの場合は0）</td><td colspan="2">④
円</td></tr>
<tr><td>(4)</td><td colspan="3">②＋④の金額</td><td colspan="2">⑤
円</td></tr>
<tr><td>(5)</td><td colspan="3">相続時精算課税制度特別控除額
　　⑤と2,500万円のいずれか低い金額（注）</td><td colspan="2">⑥
円</td></tr>
<tr><td>(6)</td><td colspan="3">⑥の控除後の課税価格（⑤－⑥）</td><td colspan="2">⑦（千円未満切捨）
，０００円</td></tr>
<tr><td colspan="3">税　額</td><td colspan="2">⑦　×２０％</td><td colspan="2">⑧（百円未満切捨）
００円</td></tr>
</table>

（注）

① 過年度において相続時精算課税の規定を適用している場合には、2,500万円を「2,500万円－過年度において相続時精算課税の規定の適用を受けた金額」に置き換えます。

② 住宅取得資金特別控除額は受贈者ごとに判定します。

一般の場合の贈与税の概算税額表

(単位：千円)

贈与額	贈与税額	実効税率	手取金額	贈与額	贈与税額	実効税率	手取金額	贈与額	贈与税額	実効税率	手取金額
1,100	0	0%	1,100	4,200	370	8.8%	3,830	9,200	1,990	21.6%	7,210
1,200	10	0.8%	1,190	4,400	410	9.3%	3,990	9,400	2,070	22.0%	7,330
1,300	20	1.5%	1,280	4,600	450	9.8%	4,150	9,600	2,150	22.4%	7,450
1,400	30	2.1%	1,370	4,800	490	10.2%	4,310	9,800	2,230	22.8%	7,570
1,500	40	2.7%	1,460	5,000	530	10.6%	4,470	10,000	2,310	23.1%	7,690
1,600	50	3.1%	1,550	5,200	580	11.2%	4,620	11,000	2,710	24.6%	8,290
1,700	60	3.5%	1,640	5,400	640	11.9%	4,760	12,000	3,155	26.3%	8,845
1,800	70	3.9%	1,730	5,600	700	12.5%	4,900	13,000	3,605	27.7%	9,395
1,900	80	4.2%	1,820	5,800	760	13.1%	5,040	14,000	4,055	29.0%	9,945
2,000	90	4.5%	1,910	6,000	820	13.7%	5,180	15,000	4,505	30.0%	10,495
2,100	100	4.8%	2,000	6,200	880	14.2%	5,320	16,000	4,955	31.0%	11,045
2,200	110	5.0%	2,090	6,400	940	14.7%	5,460	17,000	5,450	32.1%	11,550
2,300	120	5.2%	2,180	6,600	1,000	15.2%	5,600	18,000	5,950	33.1%	12,050
2,400	130	5.4%	2,270	6,800	1,060	15.6%	5,740	19,000	6,450	33.9%	12,550
2,500	140	5.6%	2,360	7,000	1,120	16.0%	5,880	20,000	6,950	34.8%	13,050
2,600	150	5.8%	2,450	7,200	1,190	16.5%	6,010	21,000	7,450	35.5%	13,550
2,700	160	5.9%	2,540	7,400	1,270	17.2%	6,130	22,000	7,950	36.1%	14,050
2,800	170	6.1%	2,630	7,600	1,350	17.8%	6,250	23,000	8,450	36.7%	14,550
2,900	180	6.2%	2,720	7,800	1,430	18.3%	6,370	24,000	8,950	37.3%	15,050
3,000	190	6.3%	2,810	8,000	1,510	18.9%	6,490	25,000	9,450	37.8%	15,550
3,200	215	6.7%	2,985	8,200	1,590	19.4%	6,610	30,000	11,950	39.8%	18,050
3,400	245	7.2%	3,155	8,400	1,670	19.9%	6,730	40,000	17,395	43.5%	22,605
3,600	275	7.6%	3,325	8,600	1,750	20.3%	6,850	50,000	22,895	45.8%	27,105
3,800	305	8.0%	3,495	8,800	1,830	20.8%	6,970	100,000	50,395	50.4%	49,605
4,000	335	8.4%	3,665	9,000	1,910	21.2%	7,090	200,000	105,395	52.7%	94,605

20歳以上の受贈者がその直系尊属から受贈した場合の贈与税の概算税額表

贈与額	贈与税額	実効税率	手取金額	贈与額	贈与税額	実効税率	手取金額	贈与額	贈与税額	実効税率	手取金額
1,100	0	0%	1,100	4,200	365	8.7%	3,835	9,200	1,530	16.6%	7,670
1,200	10	0.8%	1,190	4,400	395	9.0%	4,005	9,400	1,590	16.9%	7,810
1,300	20	1.5%	1,280	4,600	425	9.2%	4,175	9,600	1,650	17.2%	7,950
1,400	30	2.1%	1,370	4,800	455	9.5%	4,345	9,800	1,710	17.4%	8,090
1,500	40	2.7%	1,460	5,000	485	9.7%	4,515	10,000	1,770	17.7%	8,230
1,600	50	3.1%	1,550	5,200	520	10.0%	4,680	11,000	2,070	18.8%	8,930
1,700	60	3.5%	1,640	5,400	560	10.4%	4,840	12,000	2,460	20.5%	9,540
1,800	70	3.9%	1,730	5,600	600	10.7%	5,000	13,000	2,860	22.0%	10,140
1,900	80	4.2%	1,820	5,800	640	11.0%	5,160	14,000	3,260	23.3%	10,740
2,000	90	4.5%	1,910	6,000	680	11.3%	5,320	15,000	3,660	24.4%	11,340
2,100	100	4.8%	2,000	6,200	720	11.6%	5,480	16,000	4,060	25.4%	11,940
2,200	110	5.0%	2,090	6,400	760	11.9%	5,640	17,000	4,505	26.5%	12,495
2,300	120	5.2%	2,180	6,600	800	12.1%	5,800	18,000	4,955	27.5%	13,045
2,400	130	5.4%	2,270	6,800	840	12.4%	5,960	19,000	5,405	28.4%	13,595
2,500	140	5.6%	2,360	7,000	880	12.6%	6,120	20,000	5,855	29.3%	14,145
2,600	150	5.8%	2,450	7,200	930	12.9%	6,270	21,000	6,305	30.0%	14,695
2,700	160	5.9%	2,540	7,400	990	13.4%	6,410	22,000	6,755	30.7%	15,245
2,800	170	6.1%	2,630	7,600	1,050	13.8%	6,550	23,000	7,205	31.3%	15,795
2,900	180	6.2%	2,720	7,800	1,110	14.2%	6,690	24,000	7,655	31.9%	16,345
3,000	190	6.3%	2,810	8,000	1,170	14.6%	6,830	25,000	8,105	32.4%	16,895
3,200	215	6.7%	2,985	8,200	1,230	15.0%	6,970	30,000	10,355	34.5%	19,645
3,400	245	7.2%	3,155	8,400	1,290	15.4%	7,110	40,000	15,300	38.3%	24,700
3,600	275	7.6%	3,325	8,600	1,350	15.7%	7,250	50,000	20,495	41.0%	29,505
3,800	305	8.0%	3,495	8,800	1,410	16.0%	7,390	100,000	47,995	48.0%	52,005
4,000	335	8.4%	3,665	9,000	1,470	16.3%	7,530	200,000	102,995	51.5%	97,005

〔3〕贈与税の配偶者控除 (相法21条の6)

夫婦間においては一定の要件に該当する場合に、居住用財産の贈与において基礎控除（110万円）の他に最高2,000万円までの贈与税の配偶者控除の特例が受けられます。

(1) 適用可否チェックリスト

		チェック項目	チェック欄
通常ケース	①	戸籍上の婚姻が20年以上であること	
	②	国内にある居住用財産であること（別荘等は適用なし）	
	③	金銭の場合は居住用財産（増築も含む）の取得に充てること	
	④	過去にこの特例の適用を受けていないこと（一生に1回のみ適用）	
	⑤	翌年の3月15日までに居住の用に供すること	
	⑥	翌年の3月15日以後も居住の用に供する見込みであること	

特殊ケース	①	途中で離婚している場合	専門家に相談
	②	その他特殊ケース	

適用あり

※添付書類
（1）戸籍謄本又は抄本、戸籍の附票の写し（贈与を受けた日から10日を経過した日以後に作成されたもの）
（2）配偶者控除の対象になった居住用不動産を取得したことを証する書類（贈与契約書等）
（3）住民票の写し（居住用不動産を居住の用に供した日以後に作成されたもの）

〔4〕 直系尊属から住宅取得資金の贈与を受けた場合の贈与税の非課税 (措法 70 条の 2)

1. 平成 27 年 1 月 1 日から令和 3 年 12 月 31 日までの間に、直系尊属から住宅取得資金の贈与を受けた場合の贈与税の非課税規定です。その限度額は下記のように変更されました。
2. 尚、この限度額は受贈者ごとに判定します。
3. この規定の適用を受け、非課税限度額を超える部分については、暦年課税の基礎控除額を適用可。

(1) 適用可否チェックリスト

		チェック項目	チェック欄
受贈者	①	受贈年の 1 月 1 日において 20 歳以上であること	
	②	受贈年の合計所得金額が 1,000 万円以下と 2,000 万円以下の 2 区分になりました (p.12 参照)	
	③	翌年 3 月 15 日までに期限内申告書を提出すること	
適用資金	④	直系尊属（父母、祖父母等）からの贈与であること	
	⑤	新築住宅・中古住宅（これらの土地等を含む）のいずれかの新築・取得に充てる為の住宅収得資金であること	
	⑥	受贈した資金は、上記②の目的にその全額を充てること	
適用住宅	⑦	国内にある住宅であること	
	⑧	新築住宅・中古住宅・の登記簿の床面積（区分所有の場合は占有部分の床面積）の 1/2 以上が居住用であること	
	⑨	床面積（区分所有の場合は占有部分の床面積）が②の区分により、40㎡以上 240㎡と 50㎡以上 240㎡以下の 2 区分になりました (p.12 参照)	
	⑩	受贈年の翌年 3 月 15 日までに居住すること、又は同日後遅滞なく居住することが確実に見込められること	
	⑪	中古住宅の場合は、取得の日以前 20 年（耐火建築の場合は 25 年以内）に建築されたものであること	

⬇

特殊ケース	①	増改築の場合	
	②	受贈者の居住用建物が 2 以上ある場合	専門家に
	③	この規定の適用を受けて非課税限度超過額がある場合において、相続時精算課税の特例 (措法７０条の 3) との双方の規定を受けようとする場合	相 談
	④	非課税限度額までの再度、住宅の新築等をした場合	
	⑤	受贈者と特別の関係がある者からの取得等の場合	
	⑥	その他の特殊ケース	

⬇

適用あり

(2) 非課税限度額

（イ）下記（ロ）以外の場合

住宅用家屋の新築等の締結日	省エネ等住宅	左記以外の住宅
～平成 27 年 12 月 31 日	1,500 万円	1,000 万円
平成 28 年 1 月 1 日～令和 2 年 3 月 31 日	1,200 万円	700 万円
令和 2 年 4 月 1 日～令和 3 年 3 月 31 日	1,000 万円	500 万円
令和 3 年 4 月 1 日～令和 3 年 12 月 31 日	1,000 万円(p.12参照)	500 万円 (p.12参照)

（ロ）住宅用家屋の新築等の額に含まれる消費税が 10% である場合

住宅用家屋の新築等の締結日	省エネ等住宅	左記以外の住宅
平成 31 年 4 月 1 日～令和 2 年 3 月 31 日	3,000 万円	2,500 万円
令和 2 年 4 月 1 日～令和 3 年 3 月 31 日	1,500 万円	1,000 万円
令和 3 年 4 月 1 日～令和 3 年 12 月 31 日	1,500 万円(p.12参照)	1,000 万円 (p.12参照)

〔5〕相続時精算課税の特例

$$\left(\begin{array}{l}\text{相続時精算課税制度の選択(相法21条の9)・}\\\text{相続時精算課税適用者の特例(相法70条の2の6)}\end{array}\right)$$

1. 「相続時精算課税の選択(相法21条の9)」又は「相続時精算課税適用者の特例(措法70条の2の6)」のいずれかの適用要件を満たせば相続時精算課税の特例を適用する事ができます。そのため、両規定の適用要件を合算して(1)適用可否チェックリスト(2)適用上のポイントを作成しています。

2. 相続時精算課税制度は、60歳以上の父母から20歳以上(令和4年4月1日以後は18歳以上)の子又は孫への贈与があった場合に、選択により「暦年課税制度」に代えて適用を受けることができる制度です。一度この規定を選択した者は、この規定に係る贈与者からの選択後の贈与について、全て相続時精算課税制度を適用し、「暦年課税制度(注)」を適用することはできません。(孫への贈与は平成27年1月1日以後の贈与から適用)

   (注)基礎控除110万円の贈与税の課税方式は、暦年で課税されるので「暦年課税制度」といいます。

3. 平成27年1月1日以後に贈与により財産を取得する場合には、贈与者の孫までこの制度が受けられることになりました。

4. 相続時精算課税制度は、親から子又は孫へ生前に財産を贈与した場合に2,500万円までは非課税にして、2,500万円を超えた場合には超過分の20%を贈与税として納付するものです。但し、贈与者が死亡した場合には相続財産はこの制度の適用を受けた贈与財産を合算して相続税を計算します。又、支払った贈与税があれば相続税から控除し、贈与税の方が相続税より多い場合は還付されます。

(1)適用可否チェックリスト

	チェック項目	チェック欄
①	贈与者は、その年の1月1日において60歳以上の父母又は祖父母であること	
②	受贈者は、その年の1月1日において20歳以上(令和4年4月1日以後は18歳以上)であること。	
③	受贈者は、贈与者の推定相続人(直系卑属に限る)、孫であること	
④	この制度は受贈者が各々(例えば子である兄弟姉妹が別々に)贈与者ごとに(例えば父・母ごとに)選択すること	
⑤	この制度を選択する受贈者は、最初の贈与を受けた年の翌年2月1日から3月15日までの間に、所轄税務署に相続時精算課税選択届出書を提出すること	
⑥	この制度の特別控除額は各年の累積で2,500万円であること。	
⑦	この制度の贈与税の申告は、期限内申告であること。	

特　殊　ケ　ー　ス	専門家に相談

適用あり

※添付書類
① 「相続時精算課税選択届出書」
② 受贈者の戸籍謄(抄)本及び受贈者の戸籍の附票(又は住民票)の写し
③ 贈与者の住民票の写し及び贈与者の戸籍の附票の写し

(2) 適用上のポイント

	項　　　　　　　目	チェック欄
①	暦年課税贈与財産と区別して、別建てで計算すること。	
②	この制度を一旦選択すると、その後その贈与者からの贈与について暦年課税制度を適用できません。（従って、この制度の贈与者からの贈与は、例え10万円であっても申告が必要となります。）	
③	贈与財産の種類、期間、金額、回数に制限はありません。	
④	この制度の贈与累計額が特別控除額（累積で2,500万円）を超えた場合は超過分に対して一律20％の贈与税額を納付するものです。	
⑤	この制度の贈与者の相続時に、この制度を適用した贈与財産の合計額を相続財産に合算すること。合算する場合の価格は、贈与時の価格（贈与税の申告書の評価額）です。	
⑥	相続時に財産を取得しなかった場合でも、この制度の適用者は、過去に受贈した財産を相続等により取得したものとみなされます。（例えば、相続放棄者、養子の離縁者）	
⑦	贈与者が年の途中で死亡した場合の相続税の申告期限が、贈与税の申告期限よりも早く到来する場合は、相続時精算課税選択届出書は、相続税の申告期限までに相続税の申告書に添付して行うこと。	
⑧	受贈者が相続時精算課税選択届出書を提出せずに死亡した場合には、その相続人が相続の開始があったことを知った日の翌日から10ヵ月以内に受贈者の死亡時の納税地の所轄税務署に提出すれば、この制度の適用が受けられます。	
⑨	父からの贈与についても、母からの贈与についても相続時精算課税制度を選択した場合、それぞれ2,500万円控除が適用できます。	
⑩	父からの贈与は相続時精算課税制度を選択し、母からの贈与は暦年課税制度を選択することができます。この場合で父母以外からの贈与があれば、父母以外の贈与と母の贈与を合計して暦年課税制度で申告します。	
⑪	贈与された財産を相続財産に合算する場合の価格は贈与時の価格なので、価格変動の著しい財産の贈与は将来の相続税額に影響します。価格下落傾向の財産の贈与は将来の相続税額に対して不利となり、価格上昇傾向の財産の贈与は有利となります。但し、上記はストック価値の観点からであり、贈与財産のフロー価値の観点から見ると別の見方も考えられます。	
⑫	推定相続人とは、現状のままで相続が開始されれば、直ちに相続人となるはずの者。すなわち、法定の相続人のうち最優先順位にある者。	

(3) 贈与税額の計算

$$\text{(受贈年の受贈財産の価額} - 2,500\text{万円)}^{(\text{注})} \times 20\% = \text{贈与税額}$$

(注) 過年度において相続時精算課税の規定を適用している場合には、2,500万円を「2,500万円−過年度において相続時精算課税の規定の適用を受けた金額」に置き換えます。

(4) 贈与者が死亡した場合の受贈者である孫の相続税の課税関係

① 贈与者が死亡した場合において、孫である受贈者が遺贈により財産を取得しなかった時は、その相続時精算課税の適用を受けた財産は、贈与者から遺贈により取得したものとみなし、贈与者の死亡に係る相続税の課税価格に算入されます。

② 贈与者の死亡時において、孫である受贈者がその贈与者の代襲相続人でない場合は、2割加算の規定が適用されます。

(5) 受贈者が贈与者の孫となる前又は孫でなくなった場合の相続時精算課税の適用関係

① 贈与者の子と養子縁組をしたことにより贈与者の孫となった者については、孫となった時以後の贈与については、相続時精算課税の規定の適用者となります。従って、同年中であっても孫となる時以前の贈与については、相続時精算課税の規定の適用はありません。

② この規定を適用して相続時精算課税適用者となった者が、養子縁組の解消等により贈与者の孫でなくなった場合であっても、その受贈者は相続時精算課税の適用関係は継続します。

(6) 相続時精算課税制度に係る贈与の概算税額表
(2,500万円以上贈与を受けた場合)

(単位：千円)

贈与額	贈与税額	実効税率	手取金額	贈与額	贈与税額	実効税率	手取金額	贈与額	贈与税額	実効税率	手取金額
25,000	0	0%	25,000	50,000	5,000	10.0%	45,000	75,000	10,000	13.3%	65,000
26,000	200	0.8%	25,800	51,000	5,200	10.2%	45,800	76,000	10,200	13.4%	65,800
27,000	400	1.5%	26,600	52,000	5,400	10.4%	46,600	77,000	10,400	13.5%	66,600
28,000	600	2.1%	27,400	53,000	5,600	10.6%	47,400	78,000	10,600	13.6%	67,400
29,000	800	2.8%	28,200	54,000	5,800	10.7%	48,200	79,000	10,800	13.7%	68,200
30,000	1,000	3.3%	29,000	55,000	6,000	10.9%	49,000	80,000	11,000	13.8%	69,000
31,000	1,200	3.9%	29,800	56,000	6,200	11.1%	49,800	81,000	11,200	13.8%	69,800
32,000	1,400	4.4%	30,600	57,000	6,400	11.2%	50,600	82,000	11,400	13.9%	70,600
33,000	1,600	4.8%	31,400	58,000	6,600	11.4%	51,400	83,000	11,600	14.0%	71,400
34,000	1,800	5.3%	32,200	59,000	6,800	11.5%	52,200	84,000	11,800	14.0%	72,200
35,000	2,000	5.7%	33,000	60,000	7,000	11.7%	53,000	85,000	12,000	14.1%	73,000
36,000	2,200	6.1%	33,800	61,000	7,200	11.8%	53,800	86,000	12,200	14.2%	73,800
37,000	2,400	6.5%	34,600	62,000	7,400	11.9%	54,600	87,000	12,400	14.3%	74,600
38,000	2,600	6.8%	35,400	63,000	7,600	12.1%	55,400	88,000	12,600	14.3%	75,400
39,000	2,800	7.2%	36,200	64,000	7,800	12.2%	56,200	89,000	12,800	14.4%	76,200
40,000	3,000	7.5%	37,000	65,000	8,000	12.3%	57,000	90,000	13,000	14.4%	77,000
41,000	3,200	7.8%	37,800	66,000	8,200	12.4%	57,800	95,000	14,000	14.7%	81,000
42,000	3,400	8.1%	38,600	67,000	8,400	12.5%	58,600	100,000	15,000	15.0%	85,000
43,000	3,600	8.4%	39,400	68,000	8,600	12.6%	59,400	110,000	17,000	15.5%	93,000
44,000	3,800	8.6%	40,200	69,000	8,800	12.8%	60,200	120,000	19,000	15.8%	101,000
45,000	4,000	8.9%	41,000	70,000	9,000	12.9%	61,000	130,000	21,000	16.2%	109,000
46,000	4,200	9.1%	41,800	71,000	9,200	13.0%	61,800	140,000	23,000	16.4%	117,000
47,000	4,400	9.4%	42,600	72,000	9,400	13.1%	62,600	150,000	25,000	16.7%	125,000
48,000	4,600	9.6%	43,400	73,000	9,600	13.2%	63,400	200,000	35,000	17.5%	165,000
49,000	4,800	9.8%	44,200	74,000	9,800	13.2%	64,200	300,000	55,000	18.3%	245,000

〔6〕特定の贈与者から住宅取得資金の贈与を受けた場合の
相続時精算課税の特例（措法70条の3）

(1) 平成15年1月1日から令和3年12月31日までの住宅取得資金贈与においては、贈与者の年齢が60歳未満（平成26年12月31日までは65歳未満）であっても、一定の要件を満たせば相続時精算課税制度の適用が受けられます。

(2) この規定の適用要件を満たし、所定の手続きを経て、この規定の適用を受けることとなった者が、住宅取得資金の贈与を受けた場合、相続時精算課税制度の適用を受けることができます。

(3) 一度この規定を選択した者は、この規定に係る贈与者からの選択後の贈与について、全て相続時精算課税制度を適用し、「暦年課税制度（注）」を適用することはできません。

(4) 贈与を受けた住宅取得資金について、この規定の適用を受けることを選択した者の受贈年の合計所得金額が2,000万円以下である場合には、「直系尊属から住宅取得資金の贈与を受けた場合の贈与税の非課税（措法70条の2）」の規定の適用も受けることができます。この場合、住宅取得資金から先に控除する金額は、「直系尊属から住宅取得資金の贈与を受けた場合の贈与税の特例（措法70条の2）」の規定に係る非課税限度額です。

(5) 住宅の新築に先行して、その敷地の用に供される土地等を取得する場合におけるその土地等の取得のための資金は、この規定の住宅取得資金の範囲に含まれます。

（1）適用可否チェックリスト

		チェック項目	チェック欄
適用受贈者	①	下記のいずれかに該当していること （イ）受贈時に国内に住所を有していること （ロ）受贈時には国内に住所を有していないが、日本国籍を有する者で、受贈者又は贈与者が贈与前5年以内に国内に住所を有していたことがある者	
	②	受贈日の属する年の年の1月1日において20歳以上（令和4年4月1日以後は18歳以上）であること	
	③	贈与者の直系卑属である推定相続人（代襲相続人を含む）又は贈与者の孫であること	
	④	下記のいずれかに該当していること （イ）この規定に係る贈与者から既に受けた贈与について相続時精算課税の適用を受けていること （ロ）この贈与について相続時精算課税の規定の適用を受けることとなったこと	
	⑤	翌年の3月15日までに期限内申告書を提出すること	
	⑥	既に平成21年改正前の「特定贈与者からの特定同族株式等の贈与を受けた場合の相続時精算課税の特例」の規定の適用を受けていないこと	
適用住宅取得資金	①	父母又は祖父母からの住宅取得資金の贈与であること 父母又は祖父母の年齢制限はなし	
	②	新築住宅・中古住宅・増改築（これらの敷地の用に供されている土地等を含む）のいずれかの新築等に充てるための住宅取得資金であること	
	③	受贈した住宅取得資金は、その全額を上記②の新築住宅・中古住宅・増改築の新築等に充てること	
適用取得住宅	①	国内にある住宅であること	
	②	新築住宅・中古住宅・増改築後の住宅の建物の床面積（区分所有である場合は専有部分の床面積）の1/2以上が受贈者の居住用であること	
	③	受贈者が居住の用に供する建物が2以上ある場合は、その者が主として居住の用に供すると認められる一の家屋であること	
	④	受贈日の属する年の翌年3月15日までに新築等をして入居すること。又は、同日後遅滞なく入居することが確実であると見込まれること	
	⑤	下記のいずれかに該当していること （イ）受贈者と特別の関係がある者との請負契約に基づく新築、増改築でないこと	
		（ロ）受贈者と特別の関係がある者からの新築住宅・中古住宅の取得ではないこと	
	⑥	中古住宅の場合は、取得の日以前20年（耐火建築の場合は25年）以内に建築されたものであること（平成17年4月1日以後の中古住宅については、築後経過年数要件を満たさなくても、新耐震基準に適合すれば適用あり。但し、証明書が必要）	
	⑦	増改築については、一定の要件を満たしていること	
	⑧	新築住宅・中古住宅・増改築後の住宅は、床面積（区分所有である場合は専有部分の床面積）が40㎡以上であること（床面積は、登記簿上表示される床面積）	
添付書類	①	相続時精算課税選択届出書	
	②	受贈者の戸籍謄本又は抄本及び受贈者の戸籍の附票（又は住民票）の写し	
	③	贈与者の住民票の写し及び贈与者の戸籍の附票の写し	
	④	その他の必要書類については、添付書類一覧表を参照	

特　殊　ケ　ー　ス	専門家に 相　　談

適用あり

〔7〕直系尊属から住宅取得資金の贈与を受けた場合の規定の対比表

1．直系尊属から住宅取得資金の贈与を受けた場合の贈与税の非課税（措法70条の2：表においては「贈与税の特例」という）及び特定の贈与者から住宅取得資金の贈与を受けた場合の相続時精算課税の特例（措法70条の3：表においては「相続時精算課税の特例」という）の適用要件を対比させた表です。

2．措法70条の3は父母又は祖父母から住宅取得資金の贈与を受けた場合において相続時精算課税の適用が受けられるか否かの規定であり、措法70条の2は直系尊属から住宅取得資金の贈与を受けた場合において贈与税の非課税の適用が受けられるか否かの規定です。

		贈与税の特例 （措法70条の2）	相続時精算課税の特例 （措法70条の3）
贈与者	贈与者の年齢	年齢制限なし	60歳未満
	養子縁組等	養親も可	同左
受贈者	受贈者の住所	国内に住所	同左
	贈与と受贈者の関係	贈与者の直系卑属であること	贈与者の直系卑属である推定相続人（孫を含む）であること
	受贈者の年齢 （1月1日現在）	20歳以上（令和4年4月1日以後は18歳以上）	同左
	所得要件	受贈年の合計所得金額が2,000万円以下であること	所得要件なし
	養子の人数	制限なし	同左
受贈財産	適用期限	平成27年1月1日から 令和3年12月31日	平成15年1月1日から 令和3年12月31日
	財産の種類・金額	住宅取得資金	同左
非課税金額	非課税金額	p.152 参照	2,500万円
	期限内申告	期限内申告であること （宥恕規定有り）	期限内申告であること
	110万円の控除	あり	なし
その他	床面積	40㎡又は50㎡以上240㎡以下	50㎡以上
	暦年課税との関係	住宅取得資金の贈与について、相続時精算課税の選択をしていなければ以後も暦年課税	住宅取得資金について相続時精算課税を選択した場合は、以後の受贈財産についても相続時精算課税を適用
	小規模宅地等・特定事業用資産の評価減の特例とのダブル適用	可	可

〔8〕直系尊属から教育資金の一括贈与を受けた場合の贈与税の非課税 （措法70条の2の2）

〔9〕直系尊属から結婚・子育て資金の一括贈与を受けた場合の贈与税の非課税 （措法70条の2の3）

これらの制度は

      ①直系尊属である父母や祖父母などから

      ②子や孫などに対して

      ③教育に使途を限定した資金を

      ④結婚・子育てに使途を限定した資金を

      ⑤金融機関等を経由した手続にて

      ⑥一括贈与した場合に

            贈与税が非課税となる制度です。

	教育資金の一括贈与 措法70条の2の2	結婚・子育て資金の一括贈与 措法70条の2の3
適用期間	平成25年4月1日から令和5年3月31日	平成27年4月1日から令和5年3月31日
非課税限度額	受贈者1人につき1,500万円 （うち、学校等以外に支払う金銭は500万円）	受贈者1人につき1,000万円 （うち、結婚に際して支払う金銭は300万円）
贈与者の要件	受贈者の直系尊属（父母や祖父母など）であること	同左
受贈者の要件	1　教育資金管理契約を締結する日において30歳未満であること 2　信託受益権等を取得した年の前年分の所得税の合計所得金額が1,000万円以下であること	1　教育資金管理契約を締結する日において18歳以上50歳未満であること 同左
金融機関等での手続	1　教育資金管理契約を締結すること 2　教育資金非課税申告書を金融機関を経由して税務署に提出しなければなりません	1　結婚・子育て資金管理契約を締結すること 2　結婚・子育て資金非課税申告書を金融機関を経由して税務署に提出しなければなりません
金融機関等での管理	1　受贈者は、払い出した金銭に関する領収書等を一定期間内に金融機関に提出又は提供しなければなりません 2　金融機関等は、領収書等の確認及び記録を行います	1　受贈者は、払い出した金銭に関する領収書等を一定期間内に金融機関等に提出しなければなりません 同左
契約終了事由	1　受贈者が30歳に達した場合（ただし、学校等に在学中などで、かつ一定の届出をしているときは除く） 2　受贈者が30歳以上で、学校等に在学中でも一定の届出をししなかった場合 3　受贈者が40歳になったとき 4　贈与者が死亡した場合 5　金銭・信託財産等の残高がゼロ円となり、かつ、契約終了の合意があった場合	1　受贈者が50歳になったとき 2　贈与者が死亡した場合 — — 3　金銭・信託財産等の残高がゼロ円となり、かつ、契約終了の合意があった場合

専門家に相談	
契約期間中に贈与者が死亡した場合	一定額が相続税の課税対象になる場合がある
契約終了時の管理残額	一定額が贈与税の課税対象になる場合がある

住宅取得等促進税制

〔1〕住宅取得等促進税制の概要

1. 平成21年度の税制改正により、住宅取得等促進税制は住宅取得等資金の相違により住宅ローン型と自己資金型の2種類になりました。住宅ローン型と自己資金型の重複適用をすることは出来ません。
2. 消費税率引上げの施行日の変更に伴い、措法70条の2及び3の適用期限の延長措置が講じられました。
3. 令和3年もコロナ対策として、適用期限等の配慮がなされました。

(1) 住宅ローン型（住宅取得資金を借入等した場合）

新築等に係る住宅ローン控除（控除期間：10年、償還期間：10年以上）				
1　一般住宅型	①	新築住宅・既存住宅の取得等（建築を含む）		〔2〕[A]　(p.163～167)
	②	既存住宅に対する一定の増改築等（工事費用：100万円超）		〔2〕[B]　(p.168～171)
		イ	建築基準法に規定する一定の大規模修繕、大規模模様替え	
		ロ	耐震改修工事	
		ハ	バリアフリー改修工事（高齢者等居住改修工事）　　　　（注1）	
		ニ	省エネ改修工事（断熱改修工事）　　　　　　　　　　（注1）	
		ホ	三世代同居改修工事（多世帯同居改修工事）　　　　　（注1）	
2　認定住宅型	①	長期優良住宅（新築住宅の取得等に限る）		〔2〕[A]　(p.163～167)
	②	低炭素住宅（新築住宅の取得等に限る）		
既存住宅に対する特定の増改築等に係る住宅ローン控除 （控除期間：5年、償還期間：5年以上、工事費用（注2）：50万円超）				
1	バリアフリー改修工事（高齢者等居住改修工事）　　　　　　　　（注1）			〔3〕(p.172～178)
2	省エネ改修工事（断熱改修工事）　　　　　　　　　　　　　　　（注1）			
3	三世代同居改修工事（多世帯同居改修工事）　　　　　　　　　　（注1）			

（注1）　既存住宅についてバリアフリー改修工事、省エネ改修工事、多世帯同居改修工事が行われた場合において、それらの工事が、それぞれp.172の〔3〕「特定の増改築等に係る住宅ローン控除」の（1）、（2）、（3）の適用対象要件を満たすときは借入金等の償還期間、工事費用の差異等により次のようになります。

(1)	次の①及び②の要件を満たす場合 ① 借入金等の償還期間が10年以上 ② 工事費用が100万円超	次の①又は②のいずれかを選択する ① 既存住宅に対する一定の増改築等に係る 　住宅ローン控除 ② 既存住宅に対する特定の増改築等に係る 　住宅ローン控除 　（注）①の方が控除額合計が大きい
(2)	次の①又は②の要件のいずれかに該当する場合 ① 借入金の償還期間が5年未満 ② 工事費用が50万円以下	住宅ローン控除の適用なし
(3)	上記(1)、(2)に該当しない場合	既存住宅に対する特定の増改築等に係る 住宅ローン控除

（注2）工事費用 ＝ 工事費用 － 補助金

(2) 自己資金型（住宅取得資金を自己資金でまかなった場合）

	既存住宅に対する増改築等			
1	①	耐震改修工事		〔3〕〔4〕〔5〕(p.172～183)
	②	既存住宅に対する特定の増改築等（工事費用（注1）：50万円超）		
		イ	バリアフリー改修工事	
		ロ	省エネ改修工事	
		ハ	多世帯同居改修工事	
		ニ	耐震改修工事と併せて行う耐久性向上改修工事	
		ホ	省エネ改修工事と併せて行う耐久性向上改修工事	
2	新築住宅の取得等			〔6〕(p.184～185)
	①	認定長期優良住宅		
	②	認定低炭素住宅		

（注1）工事費用 ＝ 工事費用 － 補助金

※1 災害に関する税制上の措置

(1) 平成29年分以後の所得税について、住宅借入金等を有する場合の所得税額の特別控除（措法41条）、特定の増改築等に係る住宅借入金等を有する場合の所得税額の特別控除の控除額に係る特例（措法41条の3の2）、東日本大震災の被災者等に係る住宅借入金等を有する場合の所得税額の特別控除の控除額に係る特例（震災特例法13条の2）の適用を受ける住宅（以下「従前住宅」という。）が災害により居住の用に供することができなくなった場合において、災害により居住の用に供することができなくなった年以後の従前住宅に係る適用年（次に掲げる場合のいずれにも該当しない年までの各年に限る。）について本税額控除の適用を受けることができるようになりました。

　① 従前住宅若しくは従前住宅の敷地のように供されていた土地等（以下「従前土地等」という。）又は従前土地等に新たに建築した建物等を事業の用若しくは賃貸の用又は親族等に対する無償貸付けの用に供した場合（災害に際し被災者生活再建支援法が適用された区域内に所在する従前住宅をその災害により居住の用に供することができなくなった者（以下「再建支援法適用者」という。）が従前土地等に新築した住宅について、住宅ローン控除又は自己資金により認定住宅を取得した場合の税額控除（措法41条の19の4）の適用を受ける場合を除く。）

　② 従前住宅又は従前土地等を譲渡し、その譲渡について居住用財産買換の譲渡損失の損益通算・繰越控除（措法41条の5）又は特定居住用財産の譲渡損失の損益通算・繰越控除（措法41条の5の2）の適用を受ける場合

　③ 災害により従前住宅を居住の用に供することができなくなった者が取得等をした住宅（以下「再建住宅」という。）について住宅ローン控除等の適用を受ける場合（再建支援適用者が住宅ローン控除等の適用を受ける場合を除く。）

(2) 上記（1）により、再建支援法適用者が再建住宅の取得等をした場合には、従前住宅に係る住宅ローン控除と再建住宅に係る住宅ローン控除を重複して適用することができます。なお、重複して適用できる年の税額控除額は、現行の二以上の居住年に係る住宅の取得等に係る住宅借入金等の金額を有する場合の控除額の調整措置（措法41の2）を適用して計算します。

※2 新型コロナウイルス感染症緊急経済対策における税制上の措置

○ 住宅ローン控除の適用要件の弾力化

　新型コロナウイルス感染症の影響による住宅建設の遅延等によって住宅への入居が遅れた場合でも、定められた期日までに住宅取得契約が行われている等の一定の場合には期限内に入居したのと同様の住宅ローン控除を受けられるよう、適用要件が見直されました。

(1)　入居が期限（令和2年12月31日）に遅れた場合でも、一定の期日までに住宅取得契約を行っている等の要件を満たしていれば、特例措置の対象となり「令和3年12月31日までの入居」も対象となります。

　　イ　一定の期日までに契約が行われていること
　　　・注文住宅を新築する場合は令和2年9月末
　　　・分譲住宅、既存住宅を取得する場合、増改築等をする場合は令和2年11月末
　　ロ　新型コロナウイルス感染症の影響によって、注文住宅、分譲住宅、既存住宅又は増改築等を行った住宅への入居が遅れたこと

(2)　取得後に行った増改築工事等が新型コロナウイルス感染症の影響で遅れ入居が遅れた場合でも、一定の期日までに増改築等の契約を行っている等の要件を満たしていれば、入居期限は「増改築等完了の日から6ヶ月以内」となります。

　　イ　次のいずれかの期日までに増改築等の契約が行われていること
　　　・既存住宅取得の日から5ヵ月後まで
　　　・関連税制法案の施行の日から2ヵ月後まで
　　ロ　取得した既存住宅に行った増改築等について、新型コロナウイルス感染症の影響によって、増改築等後の住宅への入居が遅れたこと

(3)　令和3年もコロナ対策として、適用期限等の配慮がなされました。

〔2〕住宅ローン控除（措法41条）

(1) [A] で p. 160 の（1）住宅ローン型の1の①「新築住宅・既存住宅の取得等（建築を含む）」について、[B] で同じく②の「既存住宅に対する一定の増改築等について説明します。

(2) 新築住宅又は既存住宅の取得等（建築を含む）又は既存住宅に対する一定の増改築等をし、平成11年1月1日（※）から令和3年12月31日までの間に居住の用に供した場合には、10年間所得税が軽減されます。

(3) 居住用住宅の取得等（その対価の額または費用の額に含まれる消費税等の税率が10%である場合の住宅の取得等に限る。）をして、令和元年10月1日から令和2年12月31日までの間に居住の用に供した場合には、この規定が適用される期間が10年から13年に延長され最大累積控除額も増加しました。

(4) 居住用家屋が一般住宅に該当するか、又は認定住宅に該当するかにより控除額が異なります。尚、認定住宅については、p.184〜185の「自己資金により認定住宅を取得した場合の税額控除との重複適用はできません（注1）。

（※）適用要件等について改正があった場合、適用開始年月日が変更される場合がありますので、適用開始年月日は注意して下さい（以下同じ）。

(5) 令和3年もコロナ対策として、適用期限等の配慮がなされました。

［A］居住用家屋・土地等を取得した場合
（1）適用可否チェックリスト（居住用の家屋・土地等を取得した場合）

チェック項目			チェック欄	
			新築	中古
適用対象者	①	イ 国内に住所を有する者又は現在まで引き続いて1年以上国内に居所を有する者（以下「居住者」という）		
		ロ 非居住者期間中に、国内において住宅の取得等をした非居住者		
	②	その年（適用年）の合計所得金額が1,000万円以下と2,000万円以下の2区分になりました（p.13参照）。		
	③	その年（適用年）の年末まで引き続き居住の用に供していること（注1）		
	④	令和3年、令和2年、令和元年の譲渡で居住用3,000万円特別控除の特例等（注4）を受けないこと、又は、受けていないこと		
	⑤	令和4年、令和5年において、この規定の適用を受ける資産以外の資産の譲渡をした場合において、居住用3,000万円特別控除の特例等（注4）を受けないこと		
	⑥	取得等後6ヵ月以内に居住の用に供すること		
適用対象取得等	①	その取得等した建物は、その者の主として居住の用に供すると認められるものであること		
	②	家屋の床面積が②の区分により、40㎡以上240㎡と50㎡以上240㎡以下の2区分になりました（p.13参照）。		
	③	家屋の床面積の1/2以上が専ら自己の居住の用に供されること		
	④	中古住宅の場合は取得の日以前20年以内（耐火建築物の場合は25年以内）に建築されたものであること（注2）		
適用対象借入金等	①	償還期間又は賦払期間が10年以上である借入金等であること		
	②	給与取得者等が使用人である地位に基づいて貸付を受けた借入金等でその借入金等に係る金利（利子補給金がある場合は実質負担金）が年0.2%未満でないこと		
	③	給与取得者等が使用者から、使用人である地位に基づいて家屋・土地を時価の1/2未満の価額で譲り受けた場合でないこと		
	④	住宅に係る敷地を先行取得（土地・家屋に係る一体借入を除く）した場合において、その年（適用年）の年末において住宅に係る借入金等の年末残高があること（注3）		

チェック項目			チェック欄 新築	チェック欄 中古
添付書類	①	控除を受ける金額の計算明細書		
	②	金融機関から交付を受けた住宅取得資金に係る借入金等の年末残高証明書		
	③	控除を受ける者の住民票の写し		
	④	その取得等をした建物・土地の登記簿謄本等で、住宅、敷地を取得したこと、取得年月日、建物の床面積が50m²以上であることを明らかにする書類		
	⑤	新築工事の請負契約書、売買契約書等の写しで、新築工事の年月日、取得年月日、新築工事の請負金額、建物・土地等の取得金額を明らかにする書類		
	⑥	中古住宅が新耐震基準に適合する住宅である場合には、「耐震基準適合証明書」・「住宅性能評価書の写し」・「既存住宅売買瑕疵担保責任保険契約証書」のいずれかの書類	／	
	⑦	借入金が債務の承継に関する契約に基づく債務である場合には、その債務の承継に係る契約書の写し		
	⑧ 認定長期優良住宅	イ	長期優良住宅建築等計画の認定通知書の写し、計画の変更の認定があった場合は変更認定通知書の写し、地位の承継があった場合は認定通知書及び地位の承継の承認通知書の写し及び住宅用家屋証明書若しくはその写し		／
		ロ	その家屋に係る住宅家屋証明書若しくはその写し又はその家屋が国土交通大臣が財務大臣と協議して定める長期優良住宅法に規定する認定長期優良住宅建築等計画に基づき建築された家屋に該当する旨を証する書類		／
	認定低炭素住宅	イ	低炭素住宅建築等計画の認定通知書の写し、計画の変更の認定があった場合には変更認定通知書、地位の承継があった場合は認定通知書及び地位の承継の承認通知書の写し及び住宅用家屋証明書若しくはその写し		／
		ロ	その家屋に係る住宅家屋証明書若しくはその写し又はその家屋が国土交通大臣が財務大臣と協議して定める低炭素法に規定する認定低炭素建築物等計画に基づき建築された家屋に該当する旨を証する書類		／
	⑨	認定長期優良住宅に該当する場合には、家屋の認定通知書又は変更認定通知書に2以上の構造が記載されている場合において、その認定長期優良住宅について講じられた構造又は設備に係る標準的な費用の額が異なる時は、その構造ごとの床面積を明らかにする書類		
	⑩	認定長期優良住宅に該当する場合には、住宅用家屋証明書又はその写し		／

特殊ケース	①	生計を一にする親族からの取得の場合	
	②	夫婦共有の場合	
	③	居住用割合が翌年以後減少した場合	
	④	借入金を繰上返済して償還期間が10年未満となる場合	専門家に 相 談
	⑤	店舗併用住宅の場合	
	⑥	年の中途で海外勤務等で非居住者となった場合	
	⑦	住宅の敷地を先行取得した場合	
	⑧	その他特殊ケース	

適用あり

(2) 控除税額等

(1) 一般住宅の控除税額等

①住宅に係る消費税の税率が8%である場合

居住年	控除期間	住宅借入金等の年末残高の限度額	控除率	年間最大控除額	最大累積控除額
平成26年4月～令和3年12月	10年間	4,000万円	1.0%	40万円	400万円

②住宅に係る消費税の税率が10%である場合

居住年	控除期間	住宅借入金等の年末残高の限度額		控除率	年間最大控除額	最大累積控除額
平成26年4月～令和3年12月	13年間	1年目～10年目（注1）	4,000万円	1.0%	40万円	520万円
		11年目～13年目（注2）	4,000万円	1%の場合	40万円	
				2.0%÷3	26.66万円	

注1　1年目から10年目までは、上記①と同じ

注2　11年目から13年目は次のイ又はロに掲げる金額のいずれか少ない金額

　イ．住宅借入金等の年末残高（1年目から10年目までと同じ、4,000万円を限度）×1%

　ロ．〔取得等した住宅の税抜対価の額（土地の取得に要した金額を含みません。4,000万円を限度）〕×2%÷3

※上記の取得等した住宅の金額とは、次のとおりです。

　㋑取得等をした住宅のうちにその者の居住用以外の部分がある場合には、その住宅の床面積のうちに居住用部分の床面積の占める割合を乗じて計算した金額です。

　㋺取得等に関し、補助金等の交付を受ける場合又は直系尊属からから住宅取得資金の贈与を受けた場合の贈与税の非課税の適用を受ける場合であっても、その補助金等の額又はその適用を受けた住宅取得等資金の額を控除しないこと。

注3　消費税率8%以外又は10%以外が適用される住宅の取得等の場合は、20万円が年間最大控除額となります。

(2) 認定住宅の控除税額等

①住宅に係る消費税の税率が8%である場合

居住年	控除期間	住宅借入金等の年末残高の限度額	控除率	年間最大控除額	最大累積控除額
平成26年4月～令和3年12月	10年間	5,000万円	1.0%	50万円	500万円

②住宅に係る消費税の税率が10%である場合

居住年	控除期間	住宅借入金等の年末残高の限度額		控除率	年間最大控除額	最大累積控除額
平成26年4月～令和3年12月	13年間	1年目～10年目（注1）	5,000万円	1.0%	50万円	650万円
		11年目～13年目（注2）	5,000万円	1%の場合	50万円	
				2.0%÷3	26.66万円	

注1　1年目から10年目までは、上記①と同じ

注2　11年目から13年目は次のイ又はロに掲げる金額のいずれか少ない金額

　イ．住宅借入金等の年末残高（1年目から10年目までと同じ、5,000万円を限度）×1%

　ロ．〔取得等した住宅の税抜対価の額（土地の取得に要した金額を含みません。5,000万円を限度）〕×2%÷3

※上記の取得等した住宅の金額とは、次のとおりです。
　　㋑取得等をした住宅のうちにその者の居住用以外の部分がある場合には、その住宅の床面積のうちに居住用部分の床面積の占める割合を乗じて計算した金額です。
　　㋺取得等に関し、補助金等の交付を受ける場合又は直系尊属からから住宅取得資金の贈与を受けた場合の贈与税の非課税の適用を受ける場合であっても、その補助金等の額又はその適用を受けた住宅取得等資金の額を控除しないこと。
注3　消費税率8％以外又は10％以外が適用される住宅の取得等の場合は、30万円が年間最大控除額となります。

（注1）当初居住年にやむを得ず居住できなかった場合における再居住の特例
　（1）当初居住年の年末までに転任命令等のやむを得ない事由等により、居住の用に供することができなかった場合において、その後、その事由等の解消により、再居住することができるようになった時は、その当初居住年において居住していたことを証する書類の提出等の一定の要件の下で、適用年のうちの再入居年以後の各適用年について住宅ローン控除の規定の適用を受けることができるようになりました。但し、再入居年に貸付の用に供していた期間がある場合は再入居年の翌年以降の適用となります。
　（2）最初に居住の用に供した年に勤務先から転任命令等やむを得ない事由等により転居した場合における再居住に係る特例について、最初に居住の用に供した年の12月31日までの間に再居住した場合も特例の対象となりました。

（注2）
　（1）軽量鉄骨造は耐火建築物ではなく木造等に含まれます。
　（2）平成17年4月1日以後取得の中古住宅は築後経過年数要件を満たさなくても新耐震基準に適合すれば適用されます。
　（3）次のいずれかが必要となります。
　　　①耐震基準適合証明書（建物取得の日前2年以内の証明書）
　　　②住宅性能証明書（建物取得の日前2年以内の証明書）
　　　③既存住宅売買瑕疵担保責任保険に加入（建物取得の日前2年以内に締結したものに限る）
　（4）平成26年4月1日以後に取得する中古住宅の場合においては、耐震基準又は経過年数基準を満たしていなくても、次の2つの要件を満たせば、この特例の適用を受けることができます。
　　　①取得の日までに耐震改修工事の申請をしていること。
　　　②居住の日（取得日から6ヵ月以内の日に限る）までに耐震改修工事が完了して耐震基準に適合すること。

　（5）耐震基準又は経過年数基準に適合しない中古住宅（要耐震改修住宅）を取得した場合において、その要耐震改修住宅の取得の日までに、取得日以後その建物の耐震改修を行うことにつき、構築物の耐震改修の促進に関する法律の申請等一定の手続きをし、かつ、その建物をその者の居住の用に供する日（取得日から6カ月以内の日に限る）までに耐震改修工事をし、その建物が耐震基準に適合することとなったことについて財務省令で定める証明がされたときは、その要耐震改修住宅の取得を既存住宅の取得とみなして、この規定の適用を受けることができます。

（注3）住宅に係る敷地を先行取得（土地・家屋に係る一体借入を除く）した場合、控除対象となる土地等に係る借入金等については、次の要件が必要です。

（1）建築条件付分譲の場合は次のいずれの要件も満たすこと。
　①　土地分譲契約書に 3 ヵ月以内に建物の請負契約成立することが明記されていること。
　②　①の条件が成就しなかった場合は、土地分譲契約が不成立になることが明記されていること。
（2）土地等を家屋新築の日前 2 年以内に取得した場合は、次のいずれかの要件を満たすこと。
　①　新築された家屋に土地等に係る借入金等の抵当権を設定すること
　②　土地等の取得時に一定期間内に家屋を建築することが条件になっていること、かつ、貸付の条件に従っているかどうか貸付者の確認を受けていること。
（3）土地等と家屋の所有者が異なる場合は土地等の所有者は適用がありません。

（注 4）居住用 3,000 万円特別控除の特例等とは次に掲げるものです。
（1）措法 31 条の 3 第 1 項（居住用財産を譲渡した場合の長期譲渡所得の課税の特例）
（2）措法 35 条第 1 項（居住用財産の譲渡所得の 3,000 万円特別控除）（但し、同上第 3 項（空き家特例）の規定により適用する場合を除く）
（3）措法 36 条の 2 （特定の居住用財産の買換えの場合の長期譲渡所得の課税の特例）
（4）措法 36 条の 5 （特定の居住用財産を交換した場合の長期譲渡所得の課税の特例）
（5）措法 37 条の 5 （既成市街地等内にある土地等の中高層耐火建築物等の建設のための買換え及び交換の場合の譲渡所得の課税の特例）

（3）認定住宅の範囲

　認定住宅とは、認定長期優良住宅及び認定低炭素住宅をいいます。
①　認定長期優良住宅（新築住宅の取得等に限る）
　認定長期優良住宅とは、平成 21 年 6 月 4 日から令和 3 年 12 月 31 日までの間に居住の用に供された「住宅の用に供する長期優良住宅の普及の促進に関する法律」に規定する認定長期優良住宅で一定の証明がされた家屋をいいます。
②　認定低炭素住宅（新築住宅等の取得等に限る）
　認定低炭素住宅とは、平成 24 年 12 月 4 日から令和 3 年 12 月 31 日までの間に居住の用に供された「住宅の用に供する都市の低炭素化の促進に関する法律」に規定する低炭素建築物及び同法の規定により低炭素建築物とみなされる同法に規定する特定建築物（認定集約都市開発事業により整備されるものに限る）をいいます。

［B］ 既存住宅に対する一定の増改築等をした場合 (措法41条)

① ここでは、p.160の（1）住宅ローン型の1の②「既存住宅に対する一定の増改築等（工事費用：100万円超）」について説明します。一定の増改築等には、建築基準法に規定する一定の大規模修繕・大規模模様替え、一定の耐震改修工事、一定のバリアフリー改修工事、一定の省エネ改修工事、一定の多世帯同居改修工事があります。

② p.160の（注1）にも記載されていますように、一定のバリアフリー改修工事、一定の省エネ改修工事、一定の多世帯同居改修工事が、〔3〕の「特定の増改築等に係る住宅ローン控除」に記載されている適用対象要件等をクリアしている場合には、p.160の(注1)を参照して下さい。

(1) 適用可否チェックリスト（居住用の家屋・土地等を取得した場合）

			チェック項目	新築	中古
適用対象者	①	イ	国内に住所を有する者又は現在まで引き続いて1年以上国内に居所を有する者（以下「居住者」という）		
		ロ	非居住者期間中に、国内において住宅の取得等をした非居住者		
	②		その年（適用年）の合計所得金額が3,000万円以下であること		
	③		その年（適用年）の年末まで引き続き居住の用に供していること		
	④		令和3年、令和2年、令和元年の譲渡で居住用3,000万円特別控除の特例等(注2)を受けないこと、又は、受けていないこと		
	⑤		令和4年、令和5年において、この規定の適用を受ける資産以外の資産の譲渡をした場合において、居住用3,000万円特別控除の特例等(注2)を受けないこと		
	⑥		確定申告をすること		
	⑦		取得等後6ヵ月以内に居住の用に供すること		
適用対象工事等	①		その工事をした家屋は、その者が主として居住の用に供すると認められるものであること		
	②		工事費用は100万円超であること（補助金等(注1)を除いた負担額）		
	③		その工事に係る部分のうちに、その者の居住用以外の部分がある場合は、居住用部分に係る工事費用の額が総工事費用の額の1/2以上であること		
	④		増改築後の床面積の1/2以上が、専ら居住の用に供されていること		
	⑤		増改築後の床面積が50m² 以上であること（発注上の面積・区分所有の場合も同じ）		
	⑥		居住用家屋について行う増改築、建築基準法に規定する大規模の修繕、大規模の模様替えに係る工事等一定の工事であることについて、建築基準法に規定する確認済証の写し若しくは検査済証の写し又は国土交通大臣が財務大臣と協議して定める証明書によって証明がされたものであること（これらの工事と併せて行うその建物と一体となって効用を果たす諸付属設備の取替え又は取付けに係る工事を含む）		

		チェック項目	チェック欄
適用対象借入金等	①	償還期間又は賦払期間が 10 年以上である借入金等	
	②	給与所得者等が使用人である地位に基づいて貸付を受けた借入金等でその借入金等に係る金利（利子補給金がある場合は実質負担金）が年 0.2％未満でないこと	
	③	給与取得者等が使用者から、使用人である地位に基づいて家屋の敷地を時価の 1/2 未満の価額で譲り受けた場合でないこと	
	④	住宅の増築の日前に購入したその家屋の敷地の購入に係る借入金等の年末残高のみがあり、その住宅の増築に係る借入金等の年末残高がない場合に該当しないこと	
その他	①	控除を受ける金額の計算明細書の提出	
	②	適用要件を証する証明書の添付	

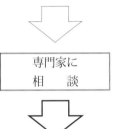

特 殊 ケ ー ス	専門家に相　談

適用あり

(注1) 補助金等とは、国又は地方公共団体から交付される補助金又は給付金その他これらに準ずるものをいいます。以下住宅ローン控除において同じ。

(注2) 居住用 3,000 万円特別控除の特例等とは次に掲げるものです。
（1）措法 31 条の 3 第 1 項（居住用財産を譲渡した場合の長期譲渡所得の課税の特例）
（2）措法 35 条第 1 項（居住用財産の譲渡所得の 3,000 万円特別控除）（但し、同上第 3 項（空き家特例）の規定により適用する場合を除く）
（3）措法 36 条の 2 （特定の居住用財産の買換えの場合の長期譲渡所得の課税の特例）
（4）措法 36 条の 5 （特定の居住用財産を交換した場合の長期譲渡所得の課税の特例）
（5）措法 37 条の 5 （既成市街地等内にある土地等の中高層耐火建築物等の建設のための買換え及び交換の場合の譲渡所得の課税の特例）

（2）控除税額等

①住宅に係る消費税の税率が8％である場合

居住年	控除期間	住宅借入金等の 年末残高の限度額	控除率	年間最大 控除額	最大累積 控除額
平成26年4月〜 令和3年12月	10年間	4,000万円	1.0%	40万円	400万円

②住宅に係る消費税の税率が10％である場合

居住年	控除期間	住宅借入金等の 年末残高の限度額		控除率	年間最大 控除額	最大累積 控除額
平成26年4月〜 令和3年12月	13年間	1年目〜10年目 （注1）	4,000万円	1.0%	40万円	520 万円
		11年目〜13年目 （注2）	4,000万円	1％の場合	40万円	
				2.0%÷3	26.66万円	

（注1） 1年目から10年目までは、上記①と同じ

（注2） 11年目から13年目は次のイ又はロに掲げる金額のいずれか少ない金額

 イ．住宅借入金等の年末残高（1年目から10年目までと同じ、4,000万円を限度）×1％

 ロ．〔取得等した住宅の税抜対価の額（土地の取得に要した金額を含みません。4,000万円を限度）〕
  ×2％÷3

 ※上記の取得等した住宅の金額とは、次のとおりです。

  ⑦ 取得等をした住宅のうちにその者の居住用以外の部分がある場合には、その住宅の床面積
  のうちに居住用部分の床面積の占める割合を乗じて計算した金額です。

  ⑩ 取得等に関し、補助金等の交付を受ける場合又は直系尊属からから住宅取得資金の贈与を
  受けた場合の贈与税の非課税の適用を受ける場合であっても、その補助金等の額又はその適
  用を受けた住宅取得等資金の額を控除しないこと。

（注3） 消費税率8％以外又は10％以外が適用される住宅の取得等の場合は、20万円が年間最大控
  除額となります。

（3）ポイント

① 配偶者又は次の者から取得する場合は適用除外です。

 取得時に生計を一にしていて、取得後も引き続きその取得者と生計を一にする者で、次のいずれか
に該当する者

 （イ）取得者の親族

 （ロ）取得者と事実上の婚姻関係者

 （ハ）取得者から受ける金銭等による生計維持者（（イ）（ロ）を除く）

 （ニ）（イ）（ロ）（ハ）の者と生計を一にする親族

② 夫婦共有の場合における床面積基準（50㎡以上の家屋）に該当するかどうかの判定は、夫婦の持分
割合で計算した面積ではなく、その家屋の全体の床面積で判定します。

③ 居住用割合が翌年以後減少した場合

 家屋の一部を賃貸して居住用割合が減少しても、残りの居住用割合が1/2以上であれば、借入金の
年末残高に居住用割合を乗じて計算した金額が住宅ローン控除の対象となります。

④　借入金を繰上返済して償還期間が 10 年未満となる場合

　　（イ）「償還期間が 10 年以上」とは、最初の返済から完済されるまでの期間が 10 年以上ということとです。

　　（ロ）繰上返済により（イ）の期間が 10 年未満となった場合には、住宅ローン控除は、その年以降適用不可となります。

　　（ハ）繰上返済により残りの償還期間が 10 年未満となっても、当初の返済月から完済までの期間が 10 年以上であれば、その年以降も住宅ローン控除の適用はあります。

⑤　銀行からの借入金を、手数料・登記料を含めて借換えた場合において、新しい借入金全額が住宅ローン控除の対象とはなりません。

　　（イ）住宅ローン控除の対象となる年末残高は、借換え前の借入金の残高が限度です。

　　（ロ）次の算式で計算した金額が住宅ローン控除対象借入金です。

$$\text{新たな借入金の年末残高} \times \frac{\text{借換え時点の前借入金残高}}{\text{借換えによる新借入金の金額}}$$

〔3〕 特定の増改築等に係る住宅ローン控除 （措法 41 条の 3 の 2）

① この規定の適用を受けようとする者が、その者が所有する家屋について、居住の用に供するために次の（1）、（2）、（3）の適用可否チェックリストの適用要件をクリアするバリアフリー改修工事、省エネ改修工事、多世帯同居改修工事をし、居住の用に供した場合において、その工事費用に充てるために借り入れた住宅ローンについて、1,000 万円を限度として、その住宅ローンの年末残高の一定割合に相当する金額が 5 年間所得税から控除されます。

② この制度では、年間の控除最高限度額が 12.5 万円、5 年間で最高 62.5 万円の税額控除が受けられます。

③ この増改築等が、一定の要件（借入金等の償還期間が 10 年以上で、工事費用が 100 万円超）を満たしている場合、p.168 の「既存住宅に対する一定の増改築等に係る住宅ローン控除」との選択適用をすることができます。

④ この規定の適用を受けるためには、平成 19 年 4 月 1 日（省エネ改修工事は平成 20 年 4 月 1 日、多世帯同居改修工事は平成 28 年 4 月 1 日）から令和 3 年 12 月 31 日までの間に、それぞれの改修工事をした家屋に居住することが必要です。

⑤ 住宅の増改築等に係る部分のうちに適用対象者の居住の用以外の用に供する部分がある場合、適用対象借入金は、改修工事（改修工事に係る部分の敷地の用に供する土地等の取得を含む）に係る借入金のうち、居住用部分に限られます。

⑥ 平成 29 年 4 月 1 日以後に自己の居住の用に供する場合について、住宅借入金等を有する場合の所得税額の特別控除（措法 41 条）、特定の増改築等に係る住宅借入金等を有する場合の所得税額の特別控除の控除額に係る特例（措法 41 条の 3 の 2）の適用対象となる省エネ改修工事に、居室の窓の断熱改修工事又はその改修工事と併せて行う天井、壁、若しくは床の断熱改修工事で、改修後の住宅全体の断熱等性能等級が改修前から一段階相当以上向上し、改修後の住宅全体の省エネ性能が断熱等性能等級 4 又は一次エネルギー消費量等級 4 以上及び断熱等性能等級 3 となること等の要件を満たす改修工事が加えられました。

⑦ この規定が適用される省エネ改修工事と併せて行う一定の耐久性向上改修工事をし、その家屋を平成 29 年 4 月 1 日から令和 3 年 12 月 31 日までの間に居住の用に供した場合が加えられました。

(1) バリアフリー改修工事の適用可否チェックリスト

チェック項目			チェック欄	
			新築	中古
適用対象者	①	イ　国内に住所を有する者又は現在まで引き続いて 1 年以上国内に居所を有する者（以下「居住者」という）		
		ロ　非居住者期間中に、国内において住宅の取得等をした非居住者		
	②	その年（適用年）の合計所得金額が 3,000 万円以下であること		
	③	その年（適用年）の年末まで引き続き居住の用に供していること（注 1）		
	④	確定申告をすること		
	⑤	増改築後 6 ヵ月以内に居住の用に供すること		
	⑥	その工事をした家屋の所有者であること		
	⑦	次のいずれかに該当する者		
		㋑ 50 歳以上の者（注 1）		
		㋺介護保険法の要介護又は要支援の認定を受けている者		
		㋩障害者である者		
		㊁上記㋺若しくは㋩に該当する者又は 65 歳以上の者（高齢者等）のいずれかに該当する親族と同居を常況としている者（注 1）		
適用対象工事等	①	その工事をした家屋は、その者が主として居住の用に供すると認められるものであること		
	②	工事費用は 50 万円超であること（補助金等（注 2）を除いた負担額）		
	③	高齢者等居住改修工事等（注 3）であること（その改修工事が行われる構造又は設備と一体になって効用を果たす設備の取替え又は取付けに係る工事を含む）		
	④	その工事に係る部分のうちに、その者の居住用以外の部分がある場合は、居住用部分に係る工事費用の額が総工事費用の額の 1/2 以上であること		
	⑤	増改築後の床面積の 1/2 以上が、専ら自己の居住の用に供されていること		
	⑥	増改築後の床面積が 50m^2 以上であること（区分所有の場合も同じ）		
	⑦	省エネ改修促進税制の規定に適合する改修工事		
適用対象借入金等	①	次のいずれかに該当する借入金等であること		
		㋑償還期間又は賦払期間が 5 年以上である借入金等		
		㋺死亡時に一括償還する借入金等		
	②	給与取得者等が使用人である地位に基づいて貸付を受けた借入金等でその借入金等に係る金利（利子補給金がある場合は実質負担金）が年 0.2％ 未満でないこと		
	③	給与所得者等が使用者から、使用人である地位に基づいて家屋の敷地を時価の 1/2 未満の価額で譲り受けた場合でないこと		
	④	住宅の増築の日前に購入したその家屋の敷地の購入に係る借入金等の年末残高のみがあり、その住宅の増築に係る借入金等の年末残高がない場合に該当しないこと		

		チェック項目	チェック欄
その他	①	控除を受ける金額の計算明細書の提出	
	②	適用要件を証する証明書の添付	

特 殊 ケ ー ス	専門家に相　談

（注 1）50 歳・65 歳・同居の判定は、居住年の 12 月 31 日（年の途中で死亡した場合には死亡の時）の現況で判定します。

（注 2）補助金等とは、国又は地方公共団体から交付される補助金又は給付金その他これらに準ずるものをいいます。

（注 3）高齢者等居住改修工事とは国土交通大臣が財務大臣と協議して定める高齢者等が自立した日常生活を営むのに必要な構造及び設備の基準に適合させるための改修工事をいい、次に掲げる工事のいずれかに該当する工事で、増改築等工事証明書によって証明がされたものをいいます。

控除額

控除額は次の区分によります。

居住年	控除期間	ローンの年末残高	年間最高控除税額	控　除　額（㋑＋㋺）		
平成 26 年 4 月〜令和 3 年 12 月	5 年間	1,000 万円以下の部分	12.5 万円（5 年で最大62.5 万円）	㋑	バリアフリー改修工事費用 − 補助金等の額に相当する住宅ローン年末残高（㋐：最高 250 万円）	×2 ％
				㋺	㋑以外の住宅ローン年末残高（最高 1,000 万円 − ㋐）	×1 ％

(2) 省エネ改修工事の適用可否チェックリスト

			チェック項目	チェック欄
適用対象者	①	イ	国内に住所を有する者又は現在まで引き続いて1年以上国内に居所を有する者（以下「居住者」という）	
		ロ	非居住者期間中に、国内において既存住宅の増改築等をした非居住者	
	②		その年（適用年）の合計所得金額が3,000万円以下であること	
	③		その年（適用年）の年末まで引き続き居住の用に供していること	
	④		確定申告をすること	
	⑤		増改築後6ヵ月以内に居住の用に供すること	
	⑥		その工事をした家屋の所有者であること	
適用対象工事等	①		その工事をした家屋は、その者が主として居住の用に供すると認められるものであること	
	②		工事費用は50万円超であること（補助金等（注1）を除いた負担額）	
	③		次のいずれかに該当する工事	
		イ	特定断熱改修工事等又は特定断熱改修工事等以外のエネルギーの使用の合理化に資する改修工事で一定の工事であること（その改修工事が行われる構造又は設備と一体となって効用を果たす設備の取替え又は取付けに係る工事を含む）（注2）	
		ロ	上記イの工事と併せて行う一定の耐久性向上改修工事であること（その改修工事が行われる構造又は設備と一体になって効用を果たす設備の取替え又は取付けに係る工事を含む）（注3）	
	④		改修部位の省エネ性能が平成25年基準以上であること	
	⑤		改修後の住宅全体の省エネ性能が改修前から一段階相当以上上がると認められる工事内容であること	
	⑥		省エネ改修工事を行った住宅について都市の低炭素化の促進に関する法律に規定する低炭素建築物の認定を受けていること（注4）	
	⑦		その工事に係る部分のうちに、その者の居住用以外の部分がある場合は、居住用部分に係る工事費用の額が総工事費用の額の1/2以上であること	
	⑧		増改築後の建物の床面積の1/2以上が、専ら居住の用に供されていること	
	⑨		増改築後の床面積が50m²以上であること（区分所有の場合も同じ）	
適用対象借入金等	①		償還期間又は賦払期間が5年以上である借入金等	
	②		給与取得者等が使用人である地位に基づいて貸付を受けた借入金等でその借入金等に係る金利（利子補給金がある場合は実質負担金）が年0.2%未満でないこと	
	③		給与所得者等が使用者から、使用人である地位に基づいて家屋の敷地を時価の1/2未満の価額で譲り受けた場合でないこと	
	④		住宅の増築の日前に購入したその家屋の敷地の購入に係る借入金等の年末残高のみがあり、その住宅の増築に係る借入金等の年末残高がない場合に該当しないこと	

	チェック項目	チェック欄
その他 ①	控除を受ける金額の計算明細書の提出	
その他 ②	適用要件を証する証明書の添付	

特 殊 ケ ー ス	専門家に相談

適用あり

（注1）

補助金等とは、国又は地方公共団体から交付される補助金又は給付金その他これらに準ずるものをいいます。

控除額

控除額は次の区分によります。

居住年	控除期間	ローンの年末残高	年間最高控除税額	控 除 額 （イ＋ロ）	
平成26年4月〜令和3年12月	5年間	1,000万円以下の部分	12.5万円（5年で最大62.5万円）	イ 省エネ改修工事費用 − 補助金等の額に相当する住宅ローン年末残高（⑦：最高250万円）	×2%
				ロ イ以外の住宅ローン年末残高（最高1,000万円 − ⑦）	×1%

(3) 多世帯同居改修工事の適用可否チェックリスト

			チェック項目	チェック欄
適用対象者	①	イ	国内に住所を有する者又は現在まで引き続いて 1 年以上国内に居所を有する者（以下「居住者」という）	
		ロ	非居住者期間中に、国内において既存住宅の増改築等をした非居住者	
	②		その年（適用年）の合計所得金額が 3,000 万円以下であること	
	③		その年（適用年）の年末まで引き続き居住の用に供していること	
	④		確定申告をすること	
	⑤		増改築後 6 ヵ月以内に居住の用に供すること	
	⑥		その工事をした家屋の所有者であること	
適用対象工事	①		その工事をした家屋は、その者が主として居住の用に供すると認められるものであること	
	②		工事費用は 50 万円超であること（補助金等 (注1) を除いた負担額）	
	③		多世帯同居改修工事であることの証明 (注2) がされたものであること（その改修工事が行われる構造又は設備と一体となって効用を果たす設備の取替え又は取付に係る工事を含む）	
	④		その工事に係る部分のうちに、その者の居住用以外の部分がある場合には、居住用部分に係る工事費用の額が総工事費用の額の 1/2 以上であること	
	⑤		増改築後の建物の床面積の 1/2 以上が、専ら居住の用に供されていること	
	⑥		増改築後の床面積が 50m^2 以上であること（区分所有の場合も同じ）	
適用対象借入金等	①		償還期間又は賦払期間が 5 年以上である借入金等	
	②		給与取得者等が使用人である地位に基づいて貸付を受けた借入金等でその借入金等に係る金利（利子補給金がある場合は実質負担金）が年 0.2% 未満でないこと	
	③		給与所得者等が使用者から、使用人である地位に基づいて家屋の敷地を時価の 1/2 未満の価額で譲り受けた場合でないこと	
	④		家屋の増築の日前に購入したその家屋の敷地の購入に係る借入金等の年末残高のみがあり、その家屋の増築に係る借入金等の年末残高がない場合に該当しないこと	
その他	①		控除を受ける金額の計算明細書の提出	
	②		適用要件を証する証明書の添付	

特殊ケース	専門家に相談

適用あり

（注１）補助金等とは、国又は地方公共団体から交付される補助金又は給付金その他これらに準ずるものをいいます。

（注２）証明とは、国土交通大臣が財務大臣と協議して定める他の世帯との同居をするのに必要な次に掲げる設備（※）の数を増加させるための増改築等（増改築等後、①から④までのいずれか２つ以上が複数となるものに限る）に該当するものであることにつき、財務省令で定めるところにより証明がされたものをいいます。

（※）必要な設備とは、次に掲げる設備をいいます。

①調理室　②浴室　③便所　④玄関

控除額

控除額は次の区分によります。

居住年	控除期間	ローンの年末残高	年間最高控除税額	控除額（イ＋ロ）		
平成26年4月〜令和3年12月	5年間	1,000万円以下の部分	12.5万円（5年で最大62.5万円）	イ	多世帯同居改修工事 − 補助金等の額に相当する住宅ローン年末残高（㋐：最高250万円）	×2％
				ロ	イ以外の住宅ローン年末残高（最高1,000万円 − ㋐）	×1％

〔4〕 自己資金により既存住宅の耐震改修工事をした場合の 所得税額の特別控除（措法41条の19の2）

　平成17年11月に行われた「耐震改修促進法」の改正により、税制上も住宅の耐震改修の促進を支援する観点から、平成26年4月1日から令和3年12月31日までの間に、居住者が居住用家屋について一定の耐震改修工事をした場合には、その者のその年分の所得税の額から一定額を控除する規定が創設されました。

（1）適用可否チェックリスト

<table>
<tr><th colspan="3">チェック項目</th><th>チェック欄</th></tr>
<tr><td rowspan="4">適用対象者</td><td rowspan="2">①</td><td>イ</td><td>国内に住所を有する者又は現在まで引き続いて1年以上国内に居所を有する者（以下「居住者」という）</td><td></td></tr>
<tr><td>ロ</td><td>非居住者期間中に、国内において住宅の増改築等をした非居住者</td><td></td></tr>
<tr><td colspan="2">②</td><td>その年（適用年）の年末まで引き続き居住の用に供していること</td><td></td></tr>
<tr><td colspan="2">③</td><td>確定申告をすること</td><td></td></tr>
<tr><td rowspan="5">適用対象工事・家屋</td><td colspan="2">①</td><td>平成26年4月1日から令和3年12月31日までの間に耐震改修工事が完了していること</td><td></td></tr>
<tr><td colspan="2">②</td><td>地震に対する安全性の向上を目的とした増築、改築、修繕又は模様替えとして財務省令で定めるところにより証明がされた工事であること（注1）</td><td></td></tr>
<tr><td colspan="2">③</td><td>昭和56年5月31日以前に建築された家屋であること</td><td></td></tr>
<tr><td colspan="2">④</td><td>適用を受けようとする居住者の居住の用に供する家屋であること</td><td></td></tr>
<tr><td colspan="2">⑤</td><td>その者が居住の居に供する家屋が2以上有する場合には、これらの家屋のうち、その者が主として居住の用に供すると認められる一の家屋であること</td><td></td></tr>
<tr><td rowspan="2">その他</td><td colspan="2">①</td><td>控除を受ける金額の計算明細書の提出</td><td></td></tr>
<tr><td colspan="2">②</td><td>適用要件を証する証明書の添付</td><td></td></tr>
</table>

（2）控除額

居住年	控除期間	控除額		税額控除限度額
平成26年4月〜令和3年12月	初年度	住宅耐震改修工事に係る標準的な費用の額（注1）－補助金等の額（最高250万円）	×10%	25万円

（注1）国土交通省告示で定められている「標準的な費用の額」が見直されることになりました。
　　　新しい「標準的な費用の額」は、令和2年1月1日以後に行う耐震改修工事について適用されます。
（注2）消費税率8%以外又は10%以外が適用される住宅の取得等の場合は、20万円が年間最大控除額となります。

〔5〕 自己資金により既存住宅に係る特定の省エネ改修工事をした場合の所得税額の特別控除（措法41条の19の3）

① その年分の合計所得金額が3,000万円以下の一定の居住者が、その者の居住用家屋について自己資金で一定のバリアフリー改修工事、一定の省エネ改修工事、一定の多世帯同居改修工事をし、平成26年4月1日（多世帯同居改修工事は平成28年4月1日）から令和3年12月31日までの間に居住の用に供した場合には、下記の控除が受けられます。

② この規定の適用を受けることができる工事の工事費用（工事費用－補助金）は、50万円超です。

③ 平成29年4月1日以後に自己の居住の用に供する場合について、自己資金により既存住宅の改修工事をした場合の税額控除の適用対象となる省エネ改修工事に、居室の窓の断熱改修工事又はその改修工事と併せて行う天井、壁、若しくは床の断熱改修工事で、改修後の住宅全体の断熱等性能等級が改修前から一段階相当以上向上し、改修後の住宅全体の省エネ性能が断熱等性能等級4又は一次エネルギー消費量等級4以上及び断熱等性能等級3となること等の要件を満たす改修工事が加えられました。

④ この規定が適用される耐震改修工事又は省エネ改修工事と併せて行う一定の耐久性向上改修工事をし、その家屋を平成29年4月1日から令和3年12月31日までの間に居住の用に供した場合が加えられました。

⑤ この規定を選択適用した場合は、次の規定の適用を受けることはできません。
（イ）〔2〕の住宅ローン控除（措法41条）
（ロ）〔3〕の特定の増改築等に係る住宅ローン控除（措法41条の3の2）

⑥ 初年度の前年以前3年内の各年分の所得税について、これらの規定（次の（1）～（4））の適用を受けている場合は、これらの規定の適用を受けることは出来ません。ただし、これらの規定を受けた居住用の家屋と異なる居住用の家屋について、これらの規定に係る改修工事を行った場合は、これらの規定の適用を受けることができます。

(1) バリアフリー改修工事

（適用可否はp.173～174のバリアフリー改修工事の適用可否チェックリストを参照）

居住年	控除期間	控除額		控除限度額
平成26年4月～令和3年12月	初年度	バリアフリー改修工事の標準的な費用の額（注1）－補助金等（最高200万円）	× 10%	20万円

（注1）国土交通省告示で定められている「標準的な費用の額」が見直されることになりました。新しい「標準的な費用の額」は、特定のバリアフリー改修工事をした住宅を同日以後に居住の用に供した場合に適用されます。

（注2）消費税率8%以外又は10%以外が適用される住宅の取得等の場合は、15万円が年間最大控除額となります。

(2) 省エネ改修工事

（適用可否は p.175 〜 176 の省エネ改修工事の適用可否チェックリストを参照）

居住年	控除期間	控除額		控除限度額
平成 26 年 4 月〜 令和 3 年 12 月	初年度	省エネ改修工事の標準的な費用の額(注1) (注2) － 補助金等（最高 250 万円、併 せて太陽光発電設備を設置する場合は最高 350 万円）	× 10%	25 万円 (35 万円)

（注1）標準的な費用の額の対象となる省エネ改修工事の対象

平成 26 年 4 月 1 日以後居住の用に供した場合において、省エネ改修工事が行われる構造又は設備と一体になって効用を果たす一定の省エネ設備の取替え又は取付けに係る工事を加えます。尚、一定の省エネ設備とは、改正後の省エネ基準において設計一次エネルギー消費量の評価対象となる建築設備であって、住宅におけるエネルギー消費量の多い設備である高効率空調機、高効率給湯器及び太陽熱利用システムのうち一定のものをいいます。

（注2）国土交通省告示で定められている「標準的な費用の額」が見直されることになりました。新しい「標準的な費用の額」は、特定の省エネ改修工事をした住宅を同日以後に居住の用に供した場合に適用されます。

（注3）消費税率 8% 以外又は 10% 以外が適用される住宅の取得等の場合は、20 万円 (太陽光発電設備設置工事が含まれる場合は 30 万円) が年間最大控除額となります。

(3) 多世帯同居改修工事

（適用可否は p.177 〜 178 の多世帯同居改修工事の適用可否チェックリストを参照）

居住年	控除期間	控除額		控除限度額
平成 28 年 4 月〜 令和 3 年 12 月	初年度	多世帯同居改修工事の標準的な費用の額 （注1）－ 補助金等（最高 250 万円）	× 10%	25 万円 (30 万円)

（注1）国土交通省告示で定められている「標準的な費用の額」が見直されることになりました。新しい「標準的な費用の額」は、特定の多世帯同居改修工事をした住宅を同日以後に居住の用に供した場合に適用されます。

（4）耐震改修工事又は省エネ改修工事と併せて行う一定の耐久性向上改修工事

①省エネ改修工事の適用要件については、p.175 〜 176 の省エネ改修工事の適用可否チェックリストを参照して下さい。

②耐震改修工事の適用要件については、p.179 の耐震改修工事の適用可否チェックリストを参照して下さい。

③一定の耐久性向上改修工事とは、①小屋裏、②外壁、③浴室、脱衣室、④土台、軸組等、⑤床下、⑥基礎若しくは⑦地盤に関する劣化対策工事又は⑧給水管若しくは給油管に関する維持管理若しくは更新を容易にするための工事で次の要件を満たすもの。

　（イ）認定を受けた長期優良住宅建築等計画に基づくものであること。

　（ロ）改修部位の劣化対策並びに維持管理及び更新の容易性が、いずれも増改築による長期優良住宅の認定基準に新たに適合することとなること。

　（ハ）工事費用の合計額が 50 万円超（補助金等控除後の金額）であること。

④この規定と p.179 の「自己資金により既存住宅の耐震改修工事をした場合の所得税額の特別控除」の規定、p.180 の「自己資金により既存住宅に係る特定の省エネ改修工事をした場合の所得税額の特別控除」の規定は重複適用は受けることはできません。

⑤省エネ改修工事と併せて耐久性向上改修工事をした場合において、初年度の前年以前 3 年内の各年分の所得税について、この規定の適用を受けている場合は適用を受けることはできません。ただし、この規定の適用を受けた居住用の家屋と異なる居住用の家屋について省エネ改修工事を行った場合は、この規定の適用を受けることができます。

⑥耐震改修工事（又は省エネ改修工事）と併せて耐久性向上改修工事をした場合

居住年	控除期間	控除額		控除限度額
平成 29 年 4 月〜令和 3 年 12 月	初年度	耐震改修工事（又は省エネ改修工事）の標準的な費用の額（注 1）と耐久性向上改修工事の標準的な費用の額との合計額 − 補助金等（最高 250 万円、併せて太陽光発電設備を設置する場合は最高 350 万円）	× 10%	25 万円（35 万円）

（注 1）国土交通省告示で定められている「標準的な費用の額」が見直されることになりました。新しい「標準的な費用の額」は、耐震改修工事（又は省エネ改修工事）と併せて行った耐久性向上改修工事をした住宅を同日以後に居住の用に供した場合に適用されます。

⑦耐震改修工事及び省エネ改修工事とそれらの工事に併せて耐久性向上改修工事をした場合

居住年	控除期間	控除額		控除限度額
平成 29 年 4 月〜令和 3 年 12 月	初年度	耐震改修工事及び省エネ改修工事の標準的な費用の額（注 1）と耐久性向上改修工事の標準的な費用の額との合計額 − 補助金等（最高 500 万円、併せて太陽光発電設備を設置する場合は最高 600 万円）	× 10%	50 万円（60 万円）

（注1）国土交通省告示で定められている「標準的な費用の額」が見直されることになりました。新しい「標準的な費用の額」は、耐震改修工事（又は省エネ改修工事）と併せて行った耐久性向上改修工事をした住宅を同日以後に居住の用に供した場合に適用されます。

(5) バリアフリー改修工事、省エネ改修工事、多世帯同居改修工事の適用要件等

同一年中に行われた改修工事のそれぞれの限度額は次のとおりです。

改 修 工 事 名		限 度 額
イ	耐震改修工事	25万円
ロ	バリアフリー改修工事	20万円
ハ	省エネ改修工事	25万円
ニ	太陽光発電設置工事	10万円
ホ	多世帯同居改修工事	25万円
ヘ	耐震改修工事又は省エネ改修工事と併せて行う耐久性向上改修工事	25万円
ト	耐震改修工事及び省エネ改修工事と併せて行う耐久性向上改修工事	50万円

※1．上記の工事を合わせて行った場合はそれぞれの限度額を合計します。

2．太陽光発電設置工事は省エネ改修工事の一環として行われるので、省エネ改修工事以外の改修工事とは結びつきません。

〔6〕 自己資金により認定住宅を取得した場合の税額控除

(措法 41 条の 19 の 4)

(1) 認定住宅とは

認定住宅とは次に掲げる住宅で、認定住宅に該当することにつき一定の証明がされたもの。

① 認定長期優良住宅とは、「住宅の用に供する長期優良住宅の普及の促進に関する法律」に規定する認定長期優良住宅をいいます。

② 認定低炭素住宅とは、「住宅の用に供する都市の低炭素化の促進に関する法律」に規定する低炭素建築物及び同法の規定により低炭素建築物とみなされる同法に規定する特定建築物（認定集約都市開発事業により整備されるものに限る）をいいます。

(2) 自己資金で認定住宅を取得した場合

その年分の合計所得金額が 3,000 万円以下の居住者が、国内において認定住宅（認定長期優良住宅、認定低炭素住宅）の新築又は取得（建築後使用されたことのないものに限る）をし、下記の期間内に居住の用に供した場合、下記の控除が受けられます。

① 認定長期優良住宅については、平成 21 年 6 月 4 日から令和 3 年 12 月 31 日までの間に居住の用に供すること。

② 認定低炭素住宅については、平成 26 年 4 月 1 日から令和 3 年 12 月 31 日までの間に居住の用に供すること。

住宅の種類	居住年	控除期間	控除額	控除限度額
認定長期優良住宅	平成21年6月4日〜令和3年12月31日	初年度（注1）	認定住宅に係る標準的な性能強化費用の額（注2）－補助金等（最高650万円）×10%	65万円
認定低炭素住宅	平成26年4月1日〜令和3年12月31日			

（注 1）この控除は居住年のみ適用がありますが、居住年で控除不足が生じた場合には、その翌年で控除が可能です。

（注 2）国土交通省告示で定められている「標準的な性能強化費用の額」が見直されることになりました。新しい「標準的な費用の額」は、新築等した認定住宅を同日以後に居住の用に供した場合に適用されます。

（注 3）消費税率 8 ％以外又は 10 ％以外が適用される住宅の取得等の場合は、50 万円が年間最大控除額となります。

(3) 適用可否チェックリスト

チェック項目			チェック欄	
			新築	中古
適用対象者	①	イ　国内に住所を有する者又は現在まで引き続いて1年以上国内に居所を有する者（以下「居住者」という）		
		ロ　非居住者期間中に、国内において住宅の取得等をした非居住者		
	②	その年（適用年）の合計所得金額が3,000万円以下であること		
	③	その年（適用年）の年末まで引き続き居住の用に供していること（注1）		
	④	取得等後6ヵ月以内に居住の用に供すること		
	⑤	確定申告をすること		
	⑥	令和3年、令和2年、令和元年の譲渡で居住用3,000万円特別控除の特例等（注1）を受けないこと、又は、受けていないこと		
	⑦	令和4年、令和5年において、この規定の適用を受ける資産以外の資産の譲渡をした場合において、居住用3,000万円特別控除の特例等（注1）を受けないこと		
	⑧	住宅ローン控除の適用を受けていないこと		
適用対象取得等	①	その取得等した家屋は、その者の主として居住の用に供すると認められるものであること		
	②	家屋の床面積が50m^{2}以上であること		
	③	家屋の床面積の1/2以上が専ら自己の居住の用に供されること		
	④	中古住宅の場合は取得の日以前20年以内（耐火建築物の場合は25年以内）に建築されたものであること		
	⑤	贈与による取得でないこと		
その他	①	控除を受ける金額の計算明細書の提出		
	②	適用要件を証する証明書の添付		

特殊ケース	①	生計を一にする親族からの取得の場合	
	②	夫婦共有の場合	
	③	居住用割合が翌年以後減少した場合	専門家に相談
	④	借入金を繰上返済して償還期間が10年未満となる場合	
	⑤	店舗併用住宅の場合	
	⑥	年の中途で海外勤務等で非居住者となった場合	
	⑦	住宅の敷地を先行取得した場合	
	⑧	その他特殊ケース	

適用あり

（注1）居住用3,000万円特別控除の特例等とは次に掲げるものです。
　（1）措法31条の3第1項（居住用財産を譲渡した場合の長期譲渡所得の課税の特例）
　（2）措法35条第1項（居住用財産の譲渡所得の3,000万円特別控除）（但し、同上第3項（空き家特例）の規定により適用する場合を除く）

〔7〕すまい給付金（地方税）

消費税の税率引上げの措置として、平成26年4月1日から令和3年12月31日までの間に、居住用住宅及び土地を取得し居住した一定の者について、すまい給付金が支払われます。

1. 適用可否チェックリスト

		チェック項目	チェック欄
適用対象者	①	住宅を取得し不動産登記上の持分保有者であること	
	②	住民票において、取得した住宅への居住が確認できる者	
	③	市区町村が発行する住民税の課税証明書における道府県民税の所得割が一定額以下の者	
		イ 居住月が1月から6月の場合は前年度に発行された課税証明書	
		ロ 居住月が7月から12月の場合は当年度に発行された課税証明書	
	④	収入が一定以下の者であること。目安として、夫婦（妻は収入なし）及び中学生以下の子供が2人のモデル世帯で、消費税率8%時は510万円、10%時は775万円以下です	
適用対象取得等	①	家屋の取得対価に係る消費税率は8%又は10%であること	
	②	床面積が50㎡以上であること。但し、一定の期間に契約した場合は40㎡以上（p.13参照）	
	③	住宅ローンの利用がある場合	
		イ 住宅の取得のための借入金であること	
		ロ 償還期間が5年以上であること	
		ハ 金融機関等からの借入金であること	
		ニ 新築 施工中に第三者の現場検査を受け一定の品質が確認された住宅であること（例：住宅瑕疵担保責任保険加入住宅）（A）	
		ニ 中古 売買時に第三者の検査を受け一定の品質が確認された住宅であること（例：既存住宅売買瑕疵保険加入住宅）（B）(注1)	
		中古 売主は宅地建物取引業者であること	
		住宅ローンの利用がない場合	
		イ 住宅取得者の年齢は50歳以上で収入額の目安が650万円以下であること	
		ロ 新築 （A）の要件を満たし、且つ、フラット35Sと同等の基準を満たす住宅であること	
		ロ 中古 （B）の要件を満たす住宅であること	

2. 給付金の額の算式

給付金の額は下記の算式により計算されます。

給付額＝給付基礎額×持分割合

イ 給付基礎額

⑦ 消費税率が8%の場合

収入要件の目安	道府県民税の所得割	給付基礎額
425万円以下	68,900円以下	30万円
425万円超～475万円以下	68,900円超～83,900円以下	20万円
475万円超～510万円以下	83,900円超～93,800円以下	10万円

※神奈川県は、他の都道府県と住民税の税率が異なるため、都道府県民税所得割額が少し違ってきますので注意して下さい。

㋺　消費税率が 10 ％の場合

収入要件の目安	道府県民税の所得割	給付基礎額
450 万円以下	76,000 円以下	50 万円
450 万円超〜 525 万円以下	76,000 円超〜 97,900 円以下	40 万円
525 万円超〜 600 万円以下	97,900 円超〜 119,000 円以下	30 万円
600 万円超〜 675 万円以下	119,000 円超〜 140,600 円以下	20 万円
675 万円超〜 775 万円以下	140,600 円超〜 172,600 円以下	10 万円

※1 神奈川県は、他の都道府県と住民税の税率が異なるため、都道府県民税所得割額が少し違ってきますので注意して下さい。
※2 住宅ローンの利用がない場合は、目安として収入額が 650 万円（所得割額は目安として 133,000 円）を超える者は、この規定の適用を受けることができないので、10 万円の欄は使用できなくなることがあります。

（注１）施工中の検査

施工中等に第三者の現場検査を受け一定の品質が確認される以下の①〜③のいずれかに該当する住宅。またいずれの検査も原則として施工中に検査を行うものであるため、着工前に申込が必要となりますので注意して下さい。

① 住宅瑕疵担保責任保険へ加入した住宅
② 建設住宅性能表示を利用する住宅
③ 住宅瑕疵担保責任保険法人により保険と同等な検査が実施された住宅

（2）その他

平成 21 年 1 月 1 日から令和 3 年 12 月 31 日までの間に、p.160 の「（1）住宅ローン型」の「1 一般住宅型」の①又は「2 認定住宅型」を取得等した場合において、その者のその年分の住宅借入金等特別税額控除額からその年分の所得税額（住宅借入金等特別税額控除の適用がないものとした場合の所得税額）を控除した残額があるものについては、翌年度分の個人住民税において、その残額に相当する額を、次の控除限度額の範囲内で減額します。

改正後	個人住民税からの控除限度額
平成 26 年 4 月〜令和 3 年 12 月	所得税の課税総所得金額 × 7 ％ （最高 13.65 万円）

（注）取得した住宅に係る消費税の税率が 10 ％であり、令和元年 10 月 1 日から令和 2 年 12 月 31 日までの間に居住の用に供した場合に適用される延長部分である 11 年目から 13 年目についてもこの規定は適用される。

〔8〕住宅ローン控除額の計算表

〈平成 26 年 4 月 1 日から令和 3 年 12 月 31 日までに居住した場合〉

[Ⅰ] 住宅ローン控除額の計算表

（1）この計算表は次の場合に使用します。
　1.住宅に係る消費税の税率が 8％である場合
　2.住宅に係る消費税の税率が 10％である場合の初年度から 10 年度までの間

(A) 土地等・家屋の購入代金等の計算	（1）単独所有の場合　土地等・家屋の購入代金 (注1)　〔① 　　　　　円〕	
	（2）共有の場合 　　　　土地等の購入代金　　　　持分割合 （イ）〔　　　　　円〕×〔　　　%〕=〔　　　　　円〕 　　　　家屋の購入代金　　　　持分割合 （ロ）〔　　　　　円〕×〔　　　%〕=〔　　　　　円〕 （ハ）　（イ）　　　　+　　（ロ）　=〔①　　　　円〕 　　※土地等と家屋の所有者が違う場合には土地の所有者は適用なし	①　　　　　　円
(B) ローン控除対象金額の計算	（1）借入金等年末残高　　　　　　〔　　　　　円〕 　　　　（年末残高証明書より） （2）4,000 万円（認定住宅の場合 5,000 万円） 　　　　上記の①の金額　　　居住割合 (注2) （3）①　　　円 ×〔　　　%〕=〔　　　円〕 （4）（1）（2）（3）のうち最も小さい方　　　〔②　　　円〕	②　　　　　円
(C) 住宅ローン控除額の計算	一般住宅　ローン控除額 10 年　　②　　　円 ×1％（最高 40 万円） 認定住宅　ローン控除額 10 年　　②　　　円 ×1％（最高 50 万円 (注3)）	（百円未満切捨） ③　　　　円

（2）記載上の注意点
　（注1）土地・家屋の購入代金について（平成 23 年 6 月 30 日以後に増改築等の契約を締結する場合について適用されます）
　　（1）土地等の購入代金・家屋の購入代金は売買契約書、建物建築請負契約書等に記載されている金額です。
　　（2）住宅の取得に関し、下記の補助金等の交付又は住宅取得資金の贈与を受けた場合には、その補助金等の額又は住宅取得資金の額を控除した金額となります。
　　　　住宅取得資金とは、直系尊属から住宅取得資金の贈与を受けた場合の贈与税の非課税の規定又は特定の贈与者から住宅取得資金の贈与を受けた場合の相続時精算課税の特例の規定に規定する住宅取得資金をいい、その額は直系尊属から住宅取得資金の贈与を受けた場合の贈与税の非課税又は相続時精算課税に係る贈与税の特別控除の規定の適用を受けた部分の金額に

限られます。

（3）一定の増改築の場合は、「土地・家屋の購入代金」とあるのを「家屋の増改築代金 − 補助金等の額」と読み替えてください。

（注2）居住割合

$$\frac{居住用部分の床面積 〔\qquad m^2〕}{家屋の総床面積 〔\qquad m^2〕} = 〔\qquad \%〕 \left(\begin{array}{l}0.1\%未満の端数は切り上げ\\90\%以上である場合は100\%\end{array}\right)$$

［Ⅱ］住宅ローン控除額の計算表

（1）この計算表は次の場合に使用します。

1. 住宅に係る消費税の税率が10％である場合

2. 令和元年10月1日から3年12月31日までの間に居住の用に供している場合

3. 上記の1及び2の両方に該当する者が居住開始年後11年目から13年目までの間

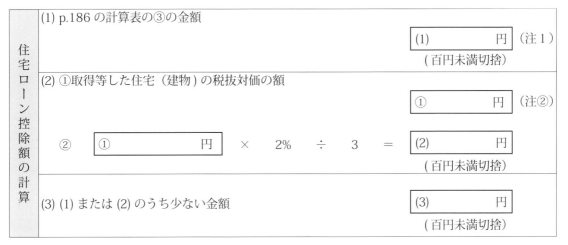

住宅ローン控除額の計算	(1) p.186 の計算表の③の金額		(1)　　　　　円 （注1）（百円未満切捨）
	(2) ①取得等した住宅（建物）の税抜対価の額		①　　　　　円 （注②）
	②	①　　　　円 × 2% ÷ 3 =	(2)　　　　　円 （百円未満切捨）
	(3) (1) または (2) のうち少ない金額		(3)　　　　　円 （百円未満切捨）

（2）記載上の注意点

（注1）の金額は、p.188 の③の金額を記載する。この場合、一般住宅は40万円、認定住宅は50万円が限度となります。

（注2）①取得等とは、居住用家屋の新築若しくは居住用家屋で建築後使用されたことのないもの若しくは既存住宅の取得又はその者の居住の用に供する家屋の増改築等をいいます。

②住宅の取得等の対価の額又は費用の額とは、次の（イ）及び（ロ）のとおりで、土地の取得に要した金額を含みません。

（イ）取得等をした住宅のうちにその者の居住用以外の部分がある場合には、その住宅の床面積のうちに居住用部分の床面積の占める割合を乗じて計算した金額です。

（ロ）取得等に関し、補助金等の交付を受ける場合又は直系尊属から住宅取得等資金の贈与を受けた場合の贈与税の非課税の適用を受ける場合であっても、その補助金等の額又はその適用を受けた住宅取得等資金の額は控除しません。

（注3）その住宅が、一般住宅の場合4,000万円、認定住宅の場合5,000万円が限度となります。

〔9〕連帯債務による借入金がある場合の借入金等年末残高の計算

　住宅取得資金の一部が連帯債務による借入金である場合においては、その連帯債務について各債務者に内部規約がある場合とない場合とでは、p.188の（B）住宅ローン控除対象金額の計算のうち（1）借入金等年末残高の金額が異なります。

(1) 当事者間に内部規約がない場合

1　各共有者の取得した資産に係る取得対価の額等の計算

連帯債務者（共有者）の氏名			Ⓐ（あなた）	Ⓑ（共有者）	Ⓒ（共有者）	Ⓓ　合　計　等
取得した資産	家屋（増改築等）	家屋の取得対価の額－補助金等の額（増改築等の費用の額－補助金等の額）①				円
		各共有者の共有持分 ②	———	———	———	
		各共有者の持分に係る家屋の取得対価の額等（①×②）③	円	円	円	
	土地等	土地等の取得対価の額－補助金等の額 ④				円
		各共有者の共有持分 ⑤	———	———	———	
		各共有者の持分に係る土地等の取得対価の額（④×⑤）⑥	円	円	円	
		各共有者の取得した資産に係る取得対価の額等（③＋⑥）⑦				
取得した資産に係る資金の状況		各共有者の自己資金負担額 ⑧				(Ⓐ＋Ⓑ＋Ⓒ)　円
	借入金	各共有者の単独債務による当初借入金額 ⑨				(Ⓐ＋Ⓑ＋Ⓒ)
		当該債務に係る住宅借入金等に係る年末残高 ⑩				
		連帯債務による当初借入金額 ⑪				円
		当該債務に係る住宅借入金等に係る年末残高 ⑫				

※1　⑩欄及び⑫欄には、金融機関等から交付を受けた「住宅取得資金に係る借入金の年末残高等証明書」（以下「証明書」といいます。）に記載されている住宅借入金等の年末残高を書きます（2か所以上から証明書の交付を受けている場合には、全ての証明書に基づいて書きます。）。

※2　①欄と④欄の金額の合計額(以下「取得対価の額の合計額」といいます。)と、⑧欄及び⑨欄のⒹの金額と⑪欄の金額の合計額(以下「取得資金の額の合計額」といいます。)とが異なる場合には、次により調整が必要となります。

・取得対価の額の合計額の方が多い場合……「各共有者の自己資金負担額」を各共有者間で調整し、増額します。

・取得資金の額の合計額の方が多い場合……「各共有者の自己資金負担額」を各共有者間で調整し、減額します。

2　各共有者の住宅借入金等の年末残高

				Ⓐ	Ⓑ	Ⓒ	
	各共有者の負担すべき連帯債務による借入金の額（⑦－⑧－⑨）		⑬	（赤字のときは0）円	（赤字のときは0）円	（赤字のときは0）円	
	連帯債務による借入金に係る各共有者の負担割合（⑬÷⑪）※小数点以下第2位まで書きます。		⑭	％	％	％	％　100.00
	連帯債務による借入金に係る各共有者の年末残高（⑫×⑭）		⑮	円	円	円	
各共有者の住宅借入金等の年末残高（⑩＋⑮）			⑯				

(2) 当事者間に内部規約がある場合

1 各共有者の取得した資産に係る取得対価の額等の計算

連帯債務者（共有者）の氏名				Ⓐ（あなた）	Ⓑ（共有者）	Ⓒ（共有者）	Ⓓ 合 計 等
取得した資産	家屋（増改築等）	家屋の取得対価の額−補助金等の額（増改築等の費用の額−補助金等の額）	①				円
		各共有者の共有持分	②	——	——	——	
		各共有者の持分に係る家屋の取得対価の額等（①×②）	③	円	円	円	
	土地等	土地等の取得対価の額−補助金等の額	④				円
		各共有者の共有持分	⑤	——	——	——	
		各共有者の持分に係る土地等の取得対価の額（④×⑤）	⑥	円	円	円	
		各共有者の取得した資産に係る取得対価の額等（③＋⑥）	⑦				
取得した資産に係る資金の状況		各共有者の自己資金負担額	⑧				（Ⓐ＋Ⓑ＋Ⓒ） 円
	借入金	各共有者の単独債務による当初借入金額	⑨				（Ⓐ＋Ⓑ＋Ⓒ）
		当該債務に係る住宅借入金等に係る年末残高	⑩				
		連帯債務による当初借入金額	⑪				円
		当該債務に係る住宅借入金等に係る年末残高	⑫				

※1　⑩欄及び⑫欄には、金融機関等から交付を受けた「住宅取得資金に係る借入金の年末残高等証明書」（以下「証明書」といいます。）に記載されている住宅借入金等の年末残高を書きます（2か所以上から証明書の交付を受けている場合には、全ての証明書に基づいて書きます。）。

※2　①欄と④欄の金額の合計額（以下「取得対価の額の合計額」といいます。）と、⑧欄及び⑨欄のⒹの金額と⑪欄の金額の合計額（以下「取得資金の額の合計額」といいます。）とが異なる場合には、次により調整が必要となります。
　　・取得対価の額の合計額の方が多い場合……「各共有者の自己資金負担額」を各共有者間で調整し、増額します。
　　・取得資金の額の合計額の方が多い場合……「各共有者の自己資金負担額」を各共有者間で調整し、減額します。

2 各共有者の住宅借入金等の年末残高

		Ⓐ	Ⓑ	Ⓒ	Ⓓ
各共有者の負担すべき連帯債務による借入金の額（⑦−⑧−⑨）	⑬	（赤字のときは0）円	（赤字のときは0）円	（赤字のときは0）円	
連帯債務による借入金に係る各共有者の負担割合（⑬÷⑪）※小数点以下第2位まで書きます。	⑭	％	％	％	％ 100.00
連帯債務による借入金に係る各共有者の年末残高（⑫×⑭）	⑮	円	円	円	
各共有者の住宅借入金等の年末残高（⑩＋⑮）	⑯				

（注1）　連帯債務に係る負担割合が任意に取り決められている場合には、当該者の負担すべき連帯債務に係る住宅借入金等の年末残高が当該者の取得した資産に係る取得対価の額を超える場合がある。この場合には、当該取得した資産に係る取得対価の額に達するまでの部分の金額が当該連帯債務に係る住宅借入金等の金額となることから、その調整のために⑬欄は、「⑪×⑭」ではなく「⑦−⑧−⑨」により計算する。

（注2）　⑭欄には、任意の負担割合を記載する。

（注3）　⑯欄には、「（⑩＋（⑬と⑮のいずれか少ない方の金額））」を記載する。

その他の税金

〔1〕消費税

[1] 消費税とは

　消費税とは、物の販売、貸付、サービスの提供に対して課税される税金です。

　令和元年10月1日以後は税率が８％から１０％になりました。

　ただし、食品等一定のものは８％（軽減税率）に据え置かれています。

　次の全ての要件に該当する取引が原則として課税の対象となります。

①	国内取引であること。
②	事業者が事業として行う取引であること。
③	対価を得て行うものであること。
④	資産の譲渡、資産の貸付、サービスの提供であること。

　例えば、個人が住宅を売却した場合には、所得税が課税されますが、消費税は課税されません。それは、個人が自宅を売却する行為は、事業者が事業として行う取引ではないからです。従って、個人事業者が事業に関係のない自宅を売却しても消費税は課税されません。

　事業者とは、個人事業者と法人（株式会社、有限会社等）をいいます。事業とは資産の譲渡等を対価を得て反復、継続、独立して行うことです。

　事業者と消費税の課税関係を図示すると下図のようになります。

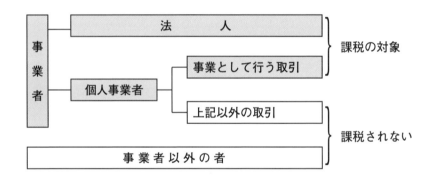

[2] 課税取引と非課税取引

取引は次のように区分されます。

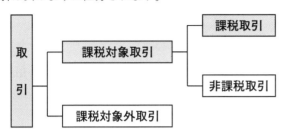

全ての取引（譲渡、貸付、サービスの提供等）は消費税の課税において課税対象取引と課税対象外取引に分かれ、さらに、課税対象取引は課税取引と非課税取引に分かれます。

非課税取引は、土地の譲渡・貸付、住宅の貸付等のように、特定のもの（政策的、国民感情的に課税しないことが望ましいもの）が定められています。

(1) 土地の譲渡・貸付

① 土地の譲渡そのものは非課税となります。

② 土地の貸付は原則非課税となりますが、次の(イ)又は(ロ)に該当するものは課税されます。

　（イ）貸付期間が1月未満の場合

　（ロ）駐車場、駐輪場（用途に応じる地面の整備又はフェンス、区画、建物の設置等をしているものに限ります）

(2) 建物の譲渡・貸付

① 建物の譲渡については、［1］の消費税を参照して下さい。

② 住宅の貸付は原則非課税ですが、貸付期間が1月未満のものは課税されます。

③ 事務所、店舗のように居住用でないものの貸付は課税されます。

④ 店舗兼住宅の場合は、住宅部分のみが非課税となり店舗部分は課税の対象となります。

⑤ 家賃には月ぎめ家賃のほか次のものが含まれます。

　（イ）共益費

　（ロ）敷金、礼金、保証金、一時金のうち、返還を要しない部分

[3] 納税義務と免除

(1) 納付義務があるかどうかは基準期間の課税売上高が、1,000万円超か、1,000万円以下かで判定します。基準期間は次の通りです。
　① **個人　　前々年**
　② **法人　　前々期事業年度**
　具体的にいいますと、個人の場合は令和元年度の課税売上高が1,000万円超であれば、令和3年度は課税事業者となり、令和元年度の課税売上高が1,000万円以下であれば、令和3年度は免税事業者となります。
　もっと分かりやすく説明しますと、令和元年度の課税売上高が1,000万円以下であるならば、令和3年度の課税売上高が10億円あっても、令和3年度は消費税の納税義務はありません。
　逆に、令和元年度の課税売上高が1,000万円超であるならば、令和3年度の課税売上高が500万円でも納税義務が生じます。

個人事業者	法　人	
前々年	前々期事業年度	
課税売上高が1,000万円超の場合		課税事業者
課税売上高が1,000万円以下の場合		免税事業者

(2) 個人事業者の新規開業年とその翌年、法人の設立事業年度とその翌事業年度は基準期間そのものがないため、原則として、免税事業者となります。

(3) 基準期間の課税売上高が1,000万円を超えるかどうかの判定は、以下のようになります。
　① 基準期間において、その者が課税事業者であった場合には、税抜きの金額で判定します。
　② 基準期間において、その者が免税事業者であった場合には、税込みの金額で判定します。

(4) 平成23年度税制改正により、平成25年1月1日以後に開始する個人事業者のその年又は法人のその事業年度からは、基準期間の課税売上高が1,000万円以下でも、前年（又は前期）の上半期（個人事業者の場合は前年の1月〜6月）の課税売上高が1,000万円超の場合には、課税事業者となることになりました。

この場合、個人事業者等の事務負担軽減のため、前年（又は前期）の上半期の給与等の総額を課税売上高とすることもできます。

個人事業者	法　　　人
① 前々年の課税売上高が1,000万円以下でも、前年の1月から6月の課税売上高が1,000万円超の場合には、今年度は課税事業者となります。 ② 前年の1月から6月の給与等の総額を課税売上高とすることもできます。	前々期の課税売上高が1,000万円以下でも、次の①の課税売上高が1,000万円超の場合は、今期は課税事業者となります。 ① 前期がある法人 　（イ）前期の開始日から6ヵ月の課税売上高 　　※前期が7ヵ月以下の場合は前々期開始日から6ヵ月の期間 　　※前々期が6ヵ月以下の場合はその期間 ② ①の課税売上高に代えてその期間の給与等の総額を課税売上高とすることもできます。

(5) 消費税課税事業者選択届出書

免税事業者は消費税の納税義務がない代わりに消費税の還付も受けられません。

そこで、免税事業者となる課税期間に不動産投資等で消費税の還付が見込める場合には、その課税期間の前年末までに「消費税課税事業者選択届出書」を所轄の税務署長に提出して、課税事業者になる必要があります。

新規開業の場合には、その課税期間中に提出すればよいことになっています。

(6) 消費税課税事業者選択不適用届出書

「消費税課税事業者選択届出書」を提出した場合には、2年間は免税事業者に戻ることはできません。そこで、消費税の免税事業者に戻るためには2年目の課税期間中に「消費税課税事業者選択不適用届出書」を所轄の税務署長に提出しなければなりません。

(7) 新設法人の特例

新設法人については設立事業年度とその翌事業年度には基準期間がないため原則として免税になることは既に説明しましたが、期首の資本金が1,000万円以上の法人については、設立事業年度から納税義務を負うことになっています。もっとも、第3期目からは原則通り、基準期間（設立事業年度）の課税売上高で判定します。設立事業年度が1年未満である場合には、その課税売上高を年換算して1,000万円以下となれば、第3期目は免税となります。

[4] 簡易課税と原則課税

　消費税額の計算方法には簡易課税方式と原則課税方式がありますが、不動産賃貸業の場合は経費の種類からみても簡易課税方式が通常有利となります。

　但し、簡易課税方式は基準期間の課税売上高が5,000万円以下の場合にしか適用することができません。

(1) 簡易課税制度

　簡易課税制度とは、その課税期間の課税売上高に対する消費税（A）から（A）にみなし仕入れ率を乗じて算出した仕入控除額を控除する方法です。

$$\left[\begin{array}{c}\text{課税売上高に対する}\\\text{消費税額（A）}\end{array}\right] - \left[（A）×みなし仕入率\right] = 納付消費税額$$

① みなし仕入率

　みなし仕入率は次の通りです。（平成27年4月1日以後開始する課税期間より）

事業区分	みなし仕入率	該 当 す る 事 業
第1種事業	90%	卸売業
第2種事業	80%	小売業
第3種事業	70%	建設業、製造業、農林水産業、鉱業等
第4種事業	60%	飲食店業、その他の事業
第5種事業	50%	運輸通信業、金融業、保険業、サービス業（飲食店業を除く）
第6種事業	40%	不動産業

② 消費税簡易課税制度選択届出書

　簡易課税の適用を受けるためには、「消費税簡易課税制度選択届出書」を簡易課税の適用を受けようとする課税期間（事業年度）の直前の課税期間の末日までに所轄の税務署長に提出しなければなりません。但し、一度簡易課税制度の適用を受けると2年間は変更できません。

③ 簡易課税制度のデメリット

　簡易課税制度の適用を受けている場合には、多額の設備投資をしても、それに係る消費税は控除できません。消費税の還付は絶対にあり得ないことになります。

　そこで、将来設備投資等をする予定がある場合には、その課税期間が原則課税になるように「消費税簡易課税制度選択不適用届出書」をその簡易課税をやめようとする課税期間の直前の課税期間の末日までに所轄の税務署長に提出しておく必要があります。

(2) 原則課税制度（本則課税制度）

　原則課税制度とは、課税売上高に対する消費税額から課税仕入高に対する消費税額を控除することにより、納付する消費税額を算出する計算制度です。

$$\left[\begin{array}{c}\text{課税売上高に}\\\text{対する消費税額}\end{array}\right] - \left[\begin{array}{c}\text{課税仕入高に}\\\text{対する消費税額}\end{array}\right] = 納付消費税額$$

但し、その課税期間中の課税売上割合が95％以上か95％未満かによって課税仕入高に対する消費税の計算方法が異なってきます。

① 課税売上割合

　課税売上割合は次の算式で計算します。

$$課税売上割合 ＝ \frac{課税売上高}{課税売上高＋非課税売上高}$$

不動産賃貸業を例にとれば、課税売上は事務所用・店舗用家賃で、非課税売上は居住用家賃や、土地の地代と考えて下さい。

② 課税売上割合が95％以上の場合

　課税仕入高に対する消費税額、すなわち、その課税期間中に支払った消費税額の全額が控除できます。

　平成24年4月1日以後に開始する課税期間から、課税売上割合が95％以上の場合であっても、課税売上高が5億円超の事業者については課税仕入れに係る消費税額の合計額の全額控除が認められなくなり、課税仕入れに係る消費税額の合計額のうち課税売上割合に相当する部分しか課税売上に係る消費税額から控除できなくなりました。

	適用年
個人事業者	平成25年分から適用
法　　　人	平成24年4月1日以後に開始する事業年度から適用

　具体的計算方法は③の課税売上高割合が95％未満の場合と同じです。

③ 課税売上割合が95％未満の場合

　課税売上割合が95％未満の場合には、その課税期間中に支払った消費税額の全額は控除できません。次の一括比例配分方式か個別対応方式により控除できる消費税額を計算します。

（イ）一括比例配分方式

　一括比例配分方式の算式は以下の通りですが、いったん適用しますと、2年間は継続適用が義務づけられています。

　　課税仕入高の消費税額×課税売上割合 ＝ 控除できる消費税額

（ロ）個別対応方式

$$\left[\begin{array}{c}課税売上高のみに\\対応する課税仕入\\高の消費税額\end{array}\right] ＋ \left[\begin{array}{c}課税・非課税に共\\通対応する課税仕\\入高の消費税額\end{array}\right] × 課税売上割合 ＝ 控除できる消費税額$$

個別対応方式を適用する場合には課税仕入高の消費税額を

（イ）課税売上のみに対応するもの

（ロ）課税売上・非課税売上に共通対応するもの

（ハ）非課税売上のみに対応するもの

のいずれかに区分する必要があります。

〔2〕登録免許税

不動産を取得した場合、その権利関係を明らかにするため、又は住宅ローンを借りるため種々の登記をしなければなりません。この登記をする時にかかる税金を登録免許税といいます。

[1] 登記の種類（主なもの）

具 体 的 ケ ー ス		登記の種類
①	建物を新築した場合	表題登記、所有権保存登記
②	建物を増築した場合	表題変更登記
③	建物を取壊して新築した場合	滅失登記、表題登記、所有権保存登記
④	土地・建物を購入、あるいは相続・贈与を受けた場合	所有権移転登記
⑤	住宅ローンのため抵当権を設定する場合	抵当権設定登記

[2] 登録免許税額（主なもの）

登記の種類		内容	課税標準	令和4年3月31日まで	
				本則税率	軽減税率
(1) 土地の所有権の移転登記		売買	固定資産税評価額	2.0%	―
		（令和4年3月31日までに登記を受ける場合）		―	1.5%
		相続・共有物の分割		4.0%	―
		贈与・交換・収用・競売等		2.0%	―
(2) 建物の保存登記・移転登記		所有権の保存	（注1）	4.0%	―
		売買・競売	（注1）	2.0%	―
		相続		4.0%	―
		贈与・交換・収容等		2.0%	―
住宅用家屋の軽減税率	①住宅用家屋の所有権の保存登記（措法72の2）		（注1）	―	0.15%
	②住宅用家屋の所有権の移転登記（措法73）		固定資産税評価額	―	0.3%
	③特定認定長期優良住宅の所有権の保存登記等（措法74）			―	0.15%
	（1戸建の特定認定長期優良住宅の移転登記の場合は0.2%）			―	0.2%
	④認定低炭素住宅の所有権の保存登記等（措法74の2）		（注1）	―	0.1%
	⑤特定の増改築等がされた住宅用家屋の所有権の移転登記(措法74の3)		固定資産税評価額	―	0.1%
	⑥住宅取得資金の貸付等の抵当権の設定登記（措法75）		債権金額	4.0%	0.1%
(3) 抵当権の設定登記				4.0%	―

上記の住宅用家屋の軽減税率の内容

①	個人が令和4年3月31日までの間に、住宅用家屋を新築又は建築後使用されたことがない住宅用家屋を取得し、自己の居住用にした場合の保存登記
②	個人が令和4年3月31日までの間に、住宅用家屋の取得（売買・競落に限ります）し、自己の居住用にした場合の移転登記
③	個人が令和4年3月31日までの間に、認定長期優良住宅で住宅用家屋に該当するもの（以下「特定認定長期優良住宅」といいます）を新築又は建築後使用されたことがない特定認定長期優良住宅を取得し、自己の居住用にした場合の保存登記・移転登記 (1戸建の特定認定長期優良住宅の移転登記の場合は0.2%)
④	個人が令和4年3月31日までの間に、低炭素建築物で住宅用家屋に該当するもの（以下「認定特定低炭素住宅」といいます）を新築又は建築後使用されたことがない認定特定低炭素住宅を取得し、自己の居住用にした場合の保存登記・移転登記
⑤	個人が令和4年3月31日までの間に、宅地建物取引業者により、一定の増改築等が行われた、一定の住宅用家屋を取得する場合における当該住宅用家屋の所有権の移転登記
⑥	個人が令和4年3月31日までの間に、住宅用家屋を新築（増築を含む）又は住宅用家屋を取得し、自己の居住用にした場合において、これらの資金の貸付に係る抵当権の設定登記

（注1）新築時は、まだ評価額が決定していないので、法務局ごとに定められた新築建物価格認定基準表により登記官が課税標準を決定する。

（注2）適用要件を満たす居住用建物の場合です。特例居住用建物とは、次の［3］の適用要件を満たす居住用建物のことです。

（注3）競売により取得する場合には土地は2％となります。

（注4）（1）相続により土地を取得した個人が、所有権移転登記をしないで死亡した場合に次に該当する時には、登録免許税が免除されます。
　　　　　①平成30年4月1日から令和4年3月31日の間に
　　　　　②その死亡した個人をその土地の所有権の登記名義人とするための登記
　　　（2）相続により取得した市街化区域外の一定の土地で、かつその土地の登録免許税の課税標準となる不動産の価額が10万円以下である時は、登録免許税が免除されます。
　　　　　①平成30年11月30日から令和4年3月31日の間の申請に適用

［3］特例居住用建物の適用要件

専ら自己の居住の用に供するための建物を取得した場合、登録免許税は、建物についてのみ軽減されます。よって店舗併用住宅やアパートの建物については適用ありません。

	要　件	新築住宅	中古住宅（注1）	住宅ローン
①	新築又は取得後1年以内に登記すること	○	○	○
②	床面積が50㎡以上であること	○	○	○
③	木造は建築後20年以内、鉄骨・鉄筋コンクリート造は建築後25年以内であること(注2)	―	○	○

（注1）平成15年4月1日以後は取得原因が売買又は競売に限り建物の軽減措置が受けられます。

（注2）平成17年4月1日以後取得の中古住宅は築後経過年数要件を満たさなくても新耐震基準に適合すれば適用あります。

［4］新築建物課税標準価格認定基準表

〔基準年度：平成30年度〕

■ 東京法務局管内

(1㎡単価・単位千円)

構造／種類	木　造	れんが造・コンクリートブロック造	軽量鉄骨造	鉄骨造	鉄筋コンクリート造	鉄骨鉄筋コンクリート造
居　宅	95	―	104	116	143	―
共同住宅	100	―	104	116	143	―
旅館・料亭・ホテル	―	―	―	133	144	―
店舗・事務所・百貨店・銀行	70	―	57	137	139	―
劇場・病院	77	―	―	133	144	―
工場・倉庫・市場	47	53	41	83	84	―
土　蔵	―	―	―	―	―	―
附属家	56	63	49	99	100	―

※　本基準により難い場合は、類似する建物との均衡を考慮し個別具体的に認定することとする。

〔3〕不動産取得税

　不動産取得税は不動産を取得した者が納める税金です。不動産の取得とは、建物の購入・建築（新築・増築・改築）、土地の購入・贈与・交換等です。相続等により取得した場合は課税されません。
　課税標準額は、原則として固定資産税評価額であり、固定資産税評価額は、不動産の購入価格、建築工事代金ではなく、市区町村の固定資産税課税台帳に記載されている価格です。

[1] 不動産取得税の計算

固定資産税評価額（注1） （課税標準額）	×	3%（注2） （税率）	=	不動産取得税額

　（注1）令和6年3月31日までに取得した宅地等は固定資産税評価額 $\times \dfrac{1}{2}$ が課税標準となります。
　（注2）税率と課税標準の特例は次のようになります。

		課税標準の特例	税率	適用期限
土地	宅地等 (注1)	$\dfrac{1}{2}$	3％	令和6年3月31日 まで適用
	非宅地等		3％	
建物	住　宅		3％	
	非住宅 (注2)		4％	

　（注1）宅地等とは宅地及び宅地評価された土地をいいます。
　（注2）非住宅とは店舗・事務所・倉庫等をいいます。

[2] 住宅用建物の税額軽減

課税標準額の軽減
　取得した住宅用建物が下記の②の適用要件を満たしている場合は、課税標準額が軽減されます。

固定資産税評価額 － 控除額	×	3%（税率）	=	不動産取得税額

① 控除額（その建物の建築された日によって控除額が違います）

新築された日	控除額
～ 昭和56年6月30日	350万円
昭和56年7月1日 ～ 昭和60年6月30日	420万円
昭和60年7月1日 ～ 平成元年3月31日	450万円
平成元年4月1日 ～ 平成9年3月31日	1,000万円
平成9年4月1日以後	1,200万円(注)

（注）平成21年6月4日から令和4年3月31日までの間に取得した新築の認定長期優良住宅の場合は、1,300万円控除となります。

② 適用要件

	新築住宅	中古住宅
床面積	50 ㎡以上 240㎡以下(注1) ※戸建以外の賃貸住宅は 40㎡以上 240 ㎡以下	50 ㎡以上 240㎡以下(注1)
その他	(イ) 取得者は個人、法人どちらでも可 (ロ) 住宅であればよい (賃貸も可)(注2)	自己居住用に限る(注3)

(注1) ① 共同住宅等の場合は、各独立部分ごとに床面積要件の判定をします。(但し、廊下、階段等共用部分がある場合は、その部分を各戸の床面積の割合に応じて配分した後の各戸あたりの床面積で判定) ……登記簿上の床面積ではありません。
　　　　② 共有の場合はその建物全体の面積で判定します。
(注2) 住宅にはセカンドハウス (別荘は除く) も含まれます。
(注3) 中古住宅は次の要件に該当すれば適用可。
　　　　① 昭和 57 年 1 月 1 日以後に新築されたもの。
　　　　② 新耐震基準に適合していること。次の (イ) (ロ) (ハ) のいずれかが必要です。
　　　　(イ) 耐震基準適合証明書 (建物取得の日前 2 年以内の証明書)
　　　　(ロ) 住宅性能評価書 (建物取得の日前 2 年以内の証明書)
　　　　(ハ) 既存住宅売買瑕疵保険に加入 (加入後 2 年以内のものに限る)
　　　　③ 平成 26 年 4 月 1 日以後に取得する中古住宅の場合において、耐震基準又は経過年数基準を満たしていなくても、次の 2 つの要件を満たせば、税額軽減が受けられます。
　　　　(イ) 取得の日までに耐震改修工事の申請等をしていること
　　　　(ロ) 居住の日までに耐震改修工事を完了していること

③ ポイント
　1.新築建売業者は令和 5 年 3 月 31 日までは住宅を新築した日から 1 年以内に売却 (所有権移転登記完了)すれば建物について不動産取得税が課税されません。
　2.(1) 宅地建物取引業者が中古物件を買取し、一定のリフォーム工事 (耐震・省エネ・バリアフリー・水回り等のリフォーム) を行った後に、個人にその中古物件を再販売した場合には、その宅地建物取引業者に課される不動産取得税の課税標準から①の控除額が控除されます。(適用期間：宅地建物取引業者が建物については平成 27 年 4 月 1 日～令和 5 年 3 月 31 日まで、土地については平成 30 年 4 月 1 日～令和 5 年 3 月 31 日までに取得した物件に限る)
　　(2) (イ) リフォーム工事の改修工事証明書が必要となります。
　　　　(ロ) 宅地建物取引業者が取得した日から 2 年以内に、取得した個人が居住の用に供すること。

[3] 住宅用土地の税額軽減（令和 5 年 3 月 31 日まで適用）

次の②の適用要件に該当すると [1] の税額からさらに、次の①の控除額を控除することができます。

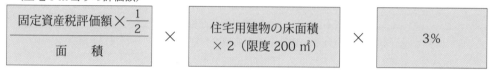

① 控除額

（イ）45,000 円

（ロ）

（土地 1 ㎡当りの評価額）

$$\frac{\text{固定資産税評価額} \times \frac{1}{2}}{\text{面　積}} \times \left(\text{住宅用建物の床面積} \times 2 \text{（限度 200 ㎡）} \right) \times 3\%$$

（ハ）　（イ）（ロ）のうちいずれか多い金額

② 適用要件

	新築住宅用土地	中古住宅用土地
建 物 の 要 件	前頁の[2]の②の適用要件に該当する住宅用建物を取得するための土地	
同時取得の場合	① 本人居住　新築後 1 年以内に取得すること ② 本人居住用以外　新築後 1 年以内に取得すること	自己居住用に限る
土地を先行取得した場合	3 年以内（令和 2 年 4 月 1 日以後は 2 年以内）に住宅を新築すること （注 1）（注 2）（注 3）	1 年以内に既存住宅を取得すること
住宅用建物を先行取得した場合	1 年以内に土地取得	1 年以内に土地取得

（注 1 ）① 不動産業者から土地を購入した人が（不動産業者が取得した日から）3 年以内に前頁の［2］の②の適用要件を満たす住宅を新築した場合には、不動産業者のその土地仕入についても不動産取得税の軽減が受けられます。（令和 5 年 3 月 31 日まで適用）

②ただし、不動産業者から土地を購入した人と、住宅を新築した人が違う場合には、その住宅が 3 年以内の新築で前頁の ［2］の②の適用要件を満たしていても、不動産業者はその土地仕入について不動産取得税の軽減は受けられません。

（注 2 ）住宅を新築する人は土地購入者でなくてもよい。

（例：土地購入者　父、住宅新築者　子）

（注 3 ）100 戸以上ある大規模マンション等でやむを得ない場合に限り 4 年以内に新築すること。

（令和 5 年 3 月 31 日まで適用）

〔4〕固定資産税

(1) 各年の 1 月 1 日現在で、土地・建物の所有者（各市町村の固定資産税課税台帳に登録されている者）に課税される税金です。税率は通常 1.4％ですが、正式には各市町村の条例で定められています。

> 固定資産税額 ＝ 課税標準額 × 1.4％
> （令和 3 年度の固定資産税額 ＝ 令和 3 年度の課税標準額 × 1.4％）

(2) 課税標準額は、各市区町村が定めた固定資産税評価額に一定の調整を加えた価格です。

(3) 固定資産税評価額は、3 年ごと（基準年度：現在は令和 3 年度）に評価替えをします。
    ※固定資産税評価額は基準年度の価格を 3 年間据え置くことになっています。

(4) 納期は原則 4 月、7 月、12 月、翌年の 2 月の 4 回ですが、各市町村で異なります。

[1] 土地の課税標準の軽減
  (1) 商業地の課税標準額
      課税標準額はその土地の負担水準と負担調整率により調整計算されます。
      ※負担水準とは課税標準額が評価額に対してどの程度まで達しているかを示すものです。

商業地の負担水準	$\dfrac{\text{前年度（令和 2 年度）の課税標準額}}{\text{令和 3 年度の評価額}}$ × 100（％）

---

①負担水準が 70％超の場合
　　令和 3 年度の課税標準額 ＝ 令和 3 年度の評価額 × 70％

---

②負担水準が 60％以上 70％以下の場合
　　令和 3 年度の課税標準額 ＝ 令和 2 年度の課税標準額に据え置く
　　※地方自治体の条例により負担水準 60％〜 70％の範囲で減額することができます。

---

③負担水準が 60％未満の場合
　　令和 3 年度の課税標準額 ＝ 令和 2 年度の課税標準額 ＋ 令和 3 年度の評価額 × 5％

この本では、東京都の 23 区をモデルにしています。詳細は各市町村で異なります。

(2) 住宅用地の課税標準額

① 住宅用地の特例措置による軽減
専用住宅の用に供される土地については次の軽減があります。

（イ）小規模住宅用地（200 ㎡までの部分）　　（本則）課税標準額　＝　評価額　$\times \dfrac{1}{6}$

（ロ）一般住宅用地（200 ㎡超の部分）　　（本則）課税標準額　＝　評価額　$\times \dfrac{1}{3}$

② 負担水準と負担調整率による軽減
住宅用地の課税標準額は更に、その土地の負担水準と負担調整率により調整計算されます。
※負担水準とは課税標準額が評価額に対してどの程度まで達しているかを示すものです。

小規模住宅用地（200 ㎡までの部分）の負担水準	$\dfrac{\text{前年度（令和2年度）の課税標準額}}{\text{令和3年度の評価額} \times \dfrac{1}{6}\text{（住宅用地特例率）}}$ $\times$ 100（％）

一般住宅用地（200 ㎡までの部分）の負担水準	$\dfrac{\text{前年度（令和2年度）の課税標準額}}{\text{令和3年度の評価額} \times \dfrac{1}{3}\text{（住宅用地特例率）}}$ $\times$ 100（％）

①負担水準が 100％以上の場合
令和3年度の課税標準額 ＝ 令和2年度の課税標準額に据え置く

②負担水準が 100％未満の場合
令和3年度の課税標準額 ＝ 令和2年度の課税標準額 ＋ 令和3年度の評価額× 5％

[2] 新築住宅の税額の軽減（令和 4 年 3 月 31 日までに新築された建物に適用される）

(1) 新築住宅については、一定の要件に該当すれば、次の税額が軽減されます。

$$固定資産税 \times \frac{1}{2}$$

（注 1）新たに課税される年度から 3 年間（3 階建て以上の耐火・準耐火住宅は 5 年間）。
（注 2）平成 21 年 6 月 4 日から令和 4 年 3 月 31 日までの間に新築された一定の長期優良住宅については新たに課税される年度から 5 年間（3 階建て以上の耐火・準耐火住宅は 7 年間）。
（注 3）居住用部分の床面積 120 ㎡の部分まで。
（注 4）平成 10 年度より居住用であればセカンドハウス（別荘は除く）も対象。

(2) 要件
① 住宅部分が 1/2 以上であること。
② 床面積が 50 ㎡以上 280㎡以下であること。
（戸建以外の貸家住宅の場合は、40㎡以上 280㎡以下）

[3] 中古住宅の耐震改修に伴う固定資産税の減税措置
　　平成 25 年 1 月 1 日から令和 4 年 3 月 31 日までの間に耐震改修を行った場合には、次の要件を満たせば、その住宅の固定資産税の翌年度分に限り 1/2 減額されます。

(1) 減額要件
① 昭和 57 年 1 月 1 日に存している住宅（併用住宅、共同住宅を含む）であること
② 耐震基準に適合する耐震改修であること
③ 耐震改修工事費用が 50 万円超であること
④ 併用住宅・共同住宅の場合は、居住部分の面積が 1/2 以上であること
⑤ 工事完了後 3 ヵ月以内に証明書等を添付して申告すること

(2) 固定資産税の減額

$$固定資産税 \times \frac{1}{2}$$　　※　改修後が認定長期優良住宅に該当すれば 2/3 の減額

（注 1）翌年 1 年間だけの減額
（注 2）1 戸当たり 120㎡まで

[4] 中古住宅のバリアフリー改修に伴う固定資産税の減額措置

平成 19 年 4 月 1 日から令和 4 年 3 月 31 日までにバリアフリー改修を行った場合には、次の要件を満たせば、その住宅の固定資産税の翌年度分に限り 1/3 減額されます。

(1) 減額要件
① 新築された日から 10 年以上を経過した住宅であること
② 賃貸住宅や併用住宅で居住部分の面積が 1/2 未満の住宅でないこと
③ 次のいずれかの者が居住していること
（イ）65 歳以上の者
（ロ）要介護認定又は要支援認定を受けている者
（ハ）障害者
④ バリアフリー改修工事は 50 万円超（国又は地方公共団体からの補助金等を除く自己負担分）であること
⑤ 工事完了後 3 ヵ月以内に証明書等を添付して申告すること
⑥ 改修後の住宅の床面積が 50㎡ 以上 280㎡ 以下であること

(2) 固定資産税の減額

$$固定資産税 \times \frac{1}{3}$$

（注 1）翌年 1 年間だけの減額
（注 2）1 戸当たり 100㎡ まで

[5] 中古住宅の省エネ改修に伴う固定資産税の減額措置

平成 20 年 4 月 1 日から令和 4 年 3 月 31 日までに省エネ改修を行った場合には、次の要件を満たせば、その住宅の固定資産税の翌年度分が 1/3 減額されます。

(1) 減額要件
① 平成 20 年 1 月 1 日に存している住宅であること
② 賃貸住宅は対象外
③ 窓の改修工事等で省エネ基準に適合する工事であること
④ 省エネ改修工事は 50 万円超（国又は地方公共団体からの補助金等を除く自己負担分）であること
⑤ 工事完了後 3 ヵ月以内に証明書を添付して申告すること
⑥ 改修後の住宅の床面積が 50㎡ 以上 280㎡ 以下であること

(2) 固定資産税の減額

$$固定資産税 \times \frac{1}{3}$$ 　※　改修後が認定長期優良住宅に該当すれば 2/3 の減額

（注 1）翌年 1 年間だけの減額
（注 2）1 戸当たり 120㎡ まで

〔5〕都市計画税

(1) 各年の１月１日現在で、都市計画法による市街化区域内の土地・建物の所有者に課税される税金です。税率は通常 0.3％ですが、正式には各市町村の条例で定められています。

> 都市計画税　＝　　課税標準　×　　0.3％（制限税率）

(2) 課税標準は、原則として固定資産税の課税標準と同じです。

(3) 納期は、原則４月、７月、12月、翌年の２月の４回ですが、各市町村で異なります。

〔1〕土地の課税標準の軽減
　　専用住宅の用に供される土地については、次の軽減があります。

　　①　小規模住宅用地（200 ㎡までの部分）

> 評価額　×　$\dfrac{1}{3}$

　　②　一般住宅用地（200 ㎡超の部分）

> 評価額　×　$\dfrac{2}{3}$

〔2〕負担調整率
　　固定資産税（p.205 ～ 206）参照。

〔6〕定期借地権

定期借地権とは期間の定まった借地権で、更新のない借地権です。

よって、一定の期間がくれば土地は地主に戻ることになります。

定期借地権には、一般定期借地権、建物譲渡特約付借地権、事業用借地権の3種類があります。

［1〕定期借地権の種類

	一般定期借地権	建物譲渡特約付借地権	事業用借地権①	事業用借地権②
契約期間	必ず50年以上	必ず30年以上	必ず10年以上30年未満	必ず30年以上50年未満
内　容	① 契約更新しなくてよいので、期間満了時に借地権が消滅します。 ② 建物再築による存続期間の延長をしなくてよい。 ③ 建物を買い取らなくてよい。	① 30年以上経過した日に、地主が借地人から借地上の建物を買い取ることにより借地権が消滅します。 ② 借地人は、建物が買い取られたあとは借家人となります。	① 契約を更新しなくてよいので、期間満了時に借地権が消滅します。 ② 建物再築による存続期間の延長をしなくてよい。 ③ 建物を買い取らなくてよい。	
借地上の建物	居住用・事業用を問いません。	同　左	事業用に限ります。	
期間満了時	特約により借地人は建物を取壊して、更地にして返還しなければなりません。	借地人は建物の買取代金を入手できます。	借地人は建物を取壊して、更地にして返還しなければなりません。	特約により借地人は建物を取壊して、更地にして返還しなければなりません。
契約方式	書面で足りるが、公正証書にするべきです。	口頭でも成立するが、公正証書にするべきです。	必ず公正証書にしなければなりません。	
契約当事者	貸主・借主とも法人・個人を問いません。	同　左	同　左	
借地権の譲渡、転貸	地主の承諾があれば可能。承諾がない場合は借地非訟の申立により解決。新借地人・転借人は当初の契約期間の残存期間しか利用できません。	同　左	同　左	
借地権の相続	相続人は当初の残存期間を相続できます。	同　左	同　左	
借地上の建物の賃貸	可能。 　建物の貸借は、借地の転貸ではありません。	同　左	同　左	
借地上の建物の増改築等	地主の承諾があれば可能。「地主への通知」でよいが一般的です。	地主の承諾があれば可能。	地主の承諾があれば可能。「地主への通知」でよいが一般的です。	

事業用借地権の契約期間が20年以下から50年未満に延長されました。法13条（建物買取請求権）との関係で2区分になりました。

[2] 定期借地権と所得税課税

(1) 定期借地権の設定時に受領する一時金が権利金か保証金かで課税関係が異なってきます。

(2) 権利金の場合は受領保証金の額が土地の時価の $\frac{1}{2}$ 超であれば譲渡所得の課税を受け、そうでなければ不動産所得の課税を受けることになります。

(3) 保証金の場合は受領保証金の額につき特別な経済的利益の額を計算し、その額が土地の時価の $\frac{1}{2}$ 超であれば譲渡所得の課税を受け、そうでなければ保証金の受領それ自体に対しては課税されません。

但し、保証金を返還するまでの毎年の経済的利益の享受に対して、毎年の不動産所得の課税を受けます。このことを保証金の経済的利益の認定課税といいます。

現況下においては、保証金の特別な経済的利益の額が $\frac{1}{2}$ 超となるような高額保証金の受領は想定されないので、保証金の場合は毎年の経済的利益に対する不動産所得の認定課税となるのが通例と思われます。そして、その場合においても保証金の経済的利益の認定課税は、保証金をアパート建築等に充てた場合などの業務用に供した場合、及び預貯金等に運用した場合は経済的利益の認定課税はされず、保証金を相続税納付や自宅建築等自家消費に充てた場合などの非事業用に供した場合のみ認定課税を受けることになります。

認定課税の率	24 年分	25 年分	26 年分	27 年分	28 年分	29 年分	30 年分	元年分	2 年分
	0.80%	0.70%	0.50%	0.30%	0.05%	0.02%	0.01%	0.01%	0.01%

※率の発表が例年翌年になりますので、令和3年分は令和4年の確定申告時期に税務署に問い合わせ下さい。

[3] 定期借地権と底地の評価及び保証金の評価

借地権者…………定期借地権の評価

地　　主…………定期借地権設定地の底地の評価・定期借地権の保証金の評価

(1) 具体的な計算方法はp.216〜217参照

(2) 定期借地権そのものの評価は、それ自体それほど重要なことではないかもしれません。というのは、借地権として評価されても借地権者の方に相続税が課税されるケースは少ないと考えられるからです。問題は地主側の底地評価で、底地の評価は自用地価額から借地権価額を差し引いて評価します。その意味で借地権評価が重要になってくるわけです。

(3) 平成10年8月25日に一般定期借地権の底地評価の個別通達が発表され、普通借地権の借地権割合の区分に応ずる一般定期借地権の底地割合を参酌するように以下のように改正されました。（事業用借地権及び建物譲渡特約付借地権の底地評価は従来通りです）

$$\begin{pmatrix} \text{課税時期の} \\ \text{自用地価額} \end{pmatrix} - \begin{pmatrix} \text{課税時期の} \\ \text{自用地価額} \end{pmatrix} \times (1 - \text{底地割合}) \times \frac{\text{課税時期における一般定期借地権の残存期間に応ずる基準年利率の複利年金現価率}}{\text{一般定期借地権の設定期間に応ずる基準年利率の複利年金現価率}}$$

普通借地権の借地権割合の区分に応ずる一般定期借地権の(初期)底地割合

普通借地権の借地権割合	70%	60%	50%	40%	30%
一般定期借地権の（始期）底地割合	55%	60%	65%	70%	75%

適用時期：平成10年1月1日以後の一般定期借地権の相続・遺贈・贈与に適用

適用除外：一般定期借地権であっても親族・同族会社等に対するものは従来通りの評価となります。

[4] 定期借地権の前払地代の税務上の取扱い

(1) 従来、定期借地権設定時の一時金として権利金・保証金がありましたが、地代の前払としての一時金の取り扱いが不明瞭でした。平成17年１月７日に定期借地権の地代の一部又は全部を前払いとして一括して授受した場合における税務上の取扱いが発表され、一定の条件のもとに下記のように取り扱って差し支えないことになりました。

① 土地所有者は、前払地代を受領した年分の収益に全額を計上するのではなく、いったん「前受収益（前受地代）として負債に計上し、前払期間に按分した地代をその按分した年分の収益に計上します。

② 借地人は、前払地代を支払った年分の費用に全額を計上するのではなく、いったん「前払費用（前払地代）として資産に計上し、前払期間に按分した地代をその按分した年分の費用に算入します。

(2) 主な一定の条件

① 前払部分と毎月払分の明確化
　契約期間の全期間の地代を前払部分と毎月払分に明確に分ける必要があります。
　（イ）通常、前払部分を契約期間に渡って賃料の一部に充当し、毎月払分と併用する
　（ロ）全期間の地代を全額前払してもよい
　（ハ）一部期間を前払して、残存期間を毎月払いの地代支払でもよい

② その他の一時金との区分の明確化
　この前払地代の授受がある場合でも、その他の一時金（権利金、保証金）を別途授受することは可能です。
　但し、複数の一時金を併用する場合は、それぞれの一時金の性格及び金額等を予め明確に定めておく必要があります。

③ 賃料水準の適正化
　地代の一部又は全部を一括して前払いする場合であっても、地代の額が、前払い方式によらない地代水準に照らして逸脱するような水準となることは適当でないと解されます。

④ 中途解約
　中途解約の場合、土地所有者は未経過前払地代を借地人に返還をしなければなりません。

　未経過前払地代の返還とは別に、違約金等の取り決めを行うことは可能です。
　但し、未経過前払地代の全部又は一部を、違約金等とみなして借地人に返還しないこととしている場合は、前払地代としての一時金とその他の一時金（権利金、保証金）との区別ができなくなることから、その一時金は、前払地代として取り扱われません。
　（前払地代の返還の取り決めとは別に、違約金等の算定方法等を明確にしておくことが望ましい）

(3) 税務上の取り扱い

1) 契約時

土地所有者	前払地代を受領しても、それ自体では損益に影響しない（課税関係を生じない）。
借 地 人	前払地代を支払っても、それ自体では損益に影響しない（課税関係を生じない）。

2) 契約期間内

土地所有者	前払期間に按分した前払地代と毎月払地代との合計が、その年分の収益になる。
借 地 人	前払期間に按分した前払地代と毎月払地代との合計が、その年分の費用になる。

3) 中途解約

土地所有者	未経過前払地代を借地人に返還しても、それ自体では損益に影響しない（課税関係を生じない）。
借 地 人	未経過前払地代を土地所有者から返還を受けても、それ自体では損益に影響しない（課税関係を生じない）。

4) 借地人の期間内譲渡

① 新借地人が未経過前払地代を旧借地人に支払い、未経過前払地代を含まない金額を定期借地権の売買代金としている場合

旧借地人	売買代金を定期借地権の譲渡所得の総収入金額（譲渡代金）として課税関係が生じ、未経過前払地代は前払地代の減として消滅するだけで課税関係は生じない。
新借地人	売買代金を定期借地権として計上し、未経過前払地代を前払地代として計上する。

② 未経過前払地代の授受は行わないで、未経過前払地代を含んだ金額を定期借地権の売買代金としている場合

旧借地人	売買代金の額から未経過前払地代を控除した金額を定期借地権の譲渡所得の総収入金額（譲渡代金）として課税関係が生じ、未経過前払地代は前払地代の減として消滅するだけで課税関係は生じない。
新借地人	売買代金の額から未経過前払地代を控除した金額を定期借地権として計上し、未経過前払地代を前払地代として計上する。

③ 旧借地人が、土地所有者から未経過前払地代の返還を受けた後、新借地人が、土地所有者との間で契約期間の残存期間を前提とした新たな契約を締結して前払地代を支払う方法の場合

旧借地人	中途解約した場合と同様の課税関係である。
新借地人	新規契約した場合と同様の課税関係である。

5) 土地所有者の期間内譲渡

① 未経過前払地代を新土地所有者に支払い、未経過前払地代を含めない金額を定期借地権設定土地の売買代金としている場合

旧土地所有者	売買代金を土地の譲渡所得の総収入金額（譲渡代金）として課税関係が生じ、未経過前払地代は前受地代の減として消滅するだけで課税関係は生じない。
新土地所有者	売買代金を土地の取得価額に計上し、未経過前払地代を前受地代として計上する。

② 未経過前払地代の授受は行わないで、未経過前払地代を含んだ金額を定期借地権設定土地の売買代金としている場合

旧土地所有者	未経過前払地代分だけ売買代金が少なく計算されているので、売買代金の額と未経過前払地代を合計した金額を土地の譲渡所得の総収入金額（譲渡代金）として課税関係が生じ、未経過前払地代は前受地代の減として消滅するだけで課税関係は生じない。
新土地所有者	未経過前払地代分だけ売買代金が少なく計算されているので、売買代金の額と未経過前払地代を合計した金額を土地として計上し、未経過前払地代を前受地代として計上する。

(注1) 土地所有者（借地権設定者）、借地人（借地権者）
(注2) ① 権利金は、定期借地権設定の対価そのものなどとして収受し、返還を要しない一時金
② 保証金は、地代不払いや建物撤去不履行の際の担保などとして収受し、原則返還を要する一時金
③ 前払賃料は、地代の前払金で中途解約時には未経過分を返還する一時金
(注3) ① 前受地代の資金を非事業用に充てた場合は保証金と同様な課税関係が生じると想定される
② 前受地代の相続税の債務評価も保証金と同様な課税関係が生じると想定される

一般定期借地権（50年）の底地の評価割合一覧表

普通借地権の借地権割合の区分に応ずる一般定期借地権の（始期）底地割合

普通借地権の借地権割合			70%	60%	50%	40%	30%
一般定期借地権の（始期）底地割合			55%	60%	65%	70%	75%

経過年数	複利年金現価率	借地権割合逓減率	底地割合	底地割合	底地割合	底地割合	底地割合
	1.50%						
0年	35.000	100.0%	55.0%	60.0%	65.0%	70.0%	75.0%
2年	34.043	97.3%	56.2%	61.1%	66.0%	70.8%	75.7%
4年	33.056	94.4%	57.5%	62.2%	66.9%	71.7%	76.4%
6年	32.041	91.5%	58.8%	63.4%	68.0%	72.5%	77.1%
8年	30.994	88.6%	60.2%	64.6%	69.0%	73.4%	77.9%
10年	29.916	85.5%	61.5%	65.8%	70.1%	74.4%	78.6%
12年	28.805	82.3%	63.0%	67.1%	71.2%	75.3%	79.4%
14年	27.661	79.0%	64.4%	68.4%	72.3%	76.3%	80.2%
16年	26.482	75.7%	66.0%	69.7%	73.5%	77.3%	81.1%
18年	25.267	72.2%	67.5%	71.1%	74.7%	78.3%	82.0%
20年	24.016	68.6%	69.1%	72.6%	76.0%	79.4%	82.8%
22年	22.727	64.9%	70.8%	74.0%	77.3%	80.5%	83.8%
24年	21.399	61.1%	72.5%	75.5%	78.6%	81.7%	84.7%
26年	20.030	57.2%	74.2%	77.1%	80.0%	82.8%	85.7%
28年	18.621	53.2%	76.1%	78.7%	81.4%	84.0%	86.7%
30年	17.169	49.1%	77.9%	80.4%	82.8%	85.3%	87.7%
32年	15.673	44.8%	79.8%	82.1%	84.3%	86.6%	88.8%
34年	14.131	40.4%	81.8%	83.9%	85.9%	87.9%	89.9%
36年	12.543	35.8%	83.9%	85.7%	87.5%	89.2%	91.0%
38年	10.908	31.2%	86.0%	87.5%	89.1%	90.7%	92.2%
40年	9.222	26.3%	88.1%	89.5%	90.8%	92.1%	93.4%
42年	7.486	21.4%	90.4%	91.4%	92.5%	93.6%	94.7%
44年	5.896	16.8%	92.4%	93.3%	94.1%	94.9%	95.8%
46年	3.950	11.3%	94.9%	95.5%	96.1%	96.6%	97.2%
48年	1.999	5.7%	97.4%	97.7%	98.0%	98.3%	98.6%
50年	0	0.0%	100.0%	100.0%	100.0%	100.0%	100.0%

〈計算例〉 普通借地権の借地権割合60％地区の一般定期借地権（50年）の底地の評価（単位：千円）

経過年数	自用地価額	底地割合	地価価額
10年	40,000	65.8%	26,320
20年	40,000	72.6%	29,040
30年	40,000	80.4%	32,160
40年	40,000	89.5%	35,800
50年	40,000	100.0%	40,000

※自用地価額（更地価額）は50年間変動なしとします。

普通借地権の借地権割合60％地区の一般定期借地権の（50年）の底地の評価（単位：千円）

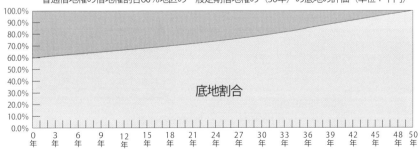

定期借地権と底地の評価及び保証金の評価の計算例

〔設例〕 (単位：千円)

定期借地権の種類	一般定期借地権（設定期間50年）	課税時期は長期の基準年利率が1.5%
自用地の価額	相続税評価額　40,000千円（設定時の時価50,000千円）	
授受される一時金等	保証金　10,000千円（無利息、期間満了時に全額返還）	
相続開始日	設定後　10年（残存期間40年）	

〈定期借地権の評価〉

権利金(設定時)　　　保証金(設定時)　　　設定期間に応ずる p.218の複利現価率

① 0 千円 + ② 10,000 千円 × （1 - ③ 0.475 ） = ④ 5,250 千円

自用地価額(更地価額)　　　　　残存期間に応ずる p.218の複利年金現価率　　　借地権の評価

⑤ 40,000 千円 × $\dfrac{④\ 5,250\ 千円}{⑥\ 50,000\ 千円}$ × $\dfrac{⑧\ 29.916}{⑦\ 35.000}$ = ⑨ 3,590 千円

土地の時価(設定時)　　　設定期間に応ずる p.218の複利年金現価率

（時価不明の時は相続税評価額÷0.8）　　　（設定時の $\dfrac{⑧}{⑦}$ は1となります）

〈底地の評価〉

1．一般定期借地権

自用地価額(更地価額)　　　自用地価額(更地価額)　　　(始期)底地割合　　残存期間に応ずる p.218の複利年金現価率　　底地権の評価

⑤ 40,000 千円 - ⑤ 40,000 千円 × （1 - 60% ） × $\dfrac{⑧\ 29.916}{⑦\ 35.000}$ = 26,324 千円

設定期間に応ずる p.218の複利年金現価率

2．事業用借地権　建物譲渡特約付借地権

普通借地権の借地権割合の区分に応ずる一般定期借地権の(始期)底地割合

普通借地権の借地権割合	70%	60%	50%	40%	30%
一般定期借地権の(始期)底地割合	55%	60%	65%	70%	75%

(1) 原則法

自用地価額(更地価額)　　　借地権の評価

⑤ 千円 - ⑨ 千円 = ⑩ 千円

(2) 定額法

自用地価額(更地価額)　　　自用地価額(更地価額)　　　逓酌率

⑤ 千円 - ⑤ 千円 × ⑪ % = ⑫ 千円

底地の評価

残存期間が15年を超えるもの	20%
残存期間が10年を超え15年以下のもの	15%
残存期間が5年を超え10年以下のもの	10%
残存期間が5年以下のもの	5%

(3) ⑩と⑫の少ない方　⑨ 千円

〈保証金の評価〉

保証金　　　残存期間に応ずる p.218の複利現価率　　　保証金の評価

10,000 千円 × 0.551 = 5,510 千円

※保証金の債務控除額は保証金の額面ではなく、保証金の現在価値しか控除できません。

定期借地権と底地の評価及び保証金の評価の計算表

課税上弊害がない限り、次の算式にて評価します（低額地代の場合は省略）

〈定期借地権の評価〉

権利金(設定時)　　　　　保証金(設定時)　　　　　　設定期間に応ずる
　　　　　　　　　　　　　　　　　　　　　　　　　p.218の複利現価率

| ① | 千円＋ | ② | 千円×（1－ | ③ | ）＝ | ④ | 千円 |

　　　　　　　　　　　　　　　　　　　残存期間に応ずる
自用地価額　　　　　　　　　　　　　　p.218の複利年金現価率
(更地価額)　　　　　　　　　　　　　　　　　　　　　　　借地権の評価

| ⑤ | 千円× | ④ 千円 / ⑥ 千円 | × | ⑧ / ⑦ | ＝ | ⑨ | 千円 |

　　　　　　　　　　　土地の時価(設定時)　　設定期間に応ずる
　　　　　　　　　　（時価不明の時は　　　　p.218の複利年金現価率
　　　　　　　　　　　相続税評価額÷0.8）

（設定時の $\dfrac{⑧}{⑦}$ は1となります）

〈底地の評価〉

1．一般定期借地権

　　　　　　　　　　　　　　　　　　　　　　残存期間に応ずる
自用地価額　　　　自用地価額　　　　　　　　p.218の複利年金現価率
(更地価額)　　　　(更地価額)　　(始期)底地割合　　　　　　　底地権の評価

| ⑤ | 千円－ | ⑤ | 千円×（1－ | ％ | ）× | ⑧ / ⑦ | ＝ | 千円 |

　　　　　　　　　　　　　　　　　　　設定期間に応ずる
　　　　　　　　　　　　　　　　　　　p.218の複利年金現価率

2．事業用借地権　建物譲渡特約付借地権

(1) 原則法

普通借地権の借地権割合の区分に応ずる一般定期借地権の(始期)底地割合

普通借地権の借地権割合	70%	60%	50%	40%	30%
一般定期借地権の(始期)底地割合	55%	60%	65%	70%	75%

自用地価額
(更地価額)　　　　　　借地権の評価

| ⑤ | 千円－ | ⑨ | 千円 ＝ | ⑩ | 千円 |

(2) 定額法

自用地価額　　　　自用地価額
(更地価額)　　　　(更地価額)　　　　　　樹酌率

| ⑤ | 千円－ | ⑤ | 千円 × | ⑪ | ％ ＝ | ⑫ | 千円 |

残存期間が15年を超えるもの	20%
残存期間が10年を超え15年以下のもの	15%
残存期間が5年を超え10年以下のもの	10%
残存期間が5年以下のもの	5%

　　　　　　　　　　底地の評価

(3) ⑩と⑫の少ない方　⑨ 千円

〈保証金の評価〉

　　　　　　　　残存期間に応ずる
保証金　　　　　p.218の複利現価率　　　保証金の評価

| | 千円× | | ＝ | | 千円 |

※保証金の債務控除額は保証金の額面ではなく、保証金の現在価値しか控除できません。

基準年利率の複利表の例

　基準年利率（複利表）は、平成16年分から短期（3年未満）、中期（3年以上7年未満）及び長期（7年以上）に区分され、各月ごとに基準年利率が定められるようになりました（平成15年分まで年間を通して一律。16年4月4日に改正が発表）。16年分の長期は1.5％の月と2％の月がありました。

年数	年0.05％の複利年金現価	年0.05％の複利現価	年0.05％の年賦償還率
1	1.000	1.000	1.001
2	1.999	0.999	0.500

年数	年0.5％の複利年金現価	年0.5％の複利現価	年0.5％の年賦償還率
3	2.970	0.985	0.337
4	3.950	0.980	0.253
5	4.926	0.975	0.203
6	5.896	0.971	0.170

年数	年1.5％の複利年金現価	年1.5％の複利現価	年1.5％の年賦償還率
7	6.598	0.901	0.152
8	7.486	0.888	0.134
9	8.361	0.875	0.120
10	9.222	0.862	0.108
11	10.071	0.849	0.099
12	10.908	0.836	0.092
13	11.732	0.824	0.085
14	12.543	0.812	0.080
15	13.343	0.800	0.075
16	14.131	0.788	0.071
17	14.908	0.776	0.067
18	15.673	0.765	0.064
19	16.426	0.754	0.061
20	17.169	0.742	0.058
21	17.900	0.731	0.056
22	18.621	0.721	0.054
23	19.331	0.710	0.052
24	20.030	0.700	0.050
25	20.720	0.689	0.048
26	21.399	0.679	0.047
27	22.068	0.669	0.045
28	22.727	0.659	0.044
29	23.376	0.649	0.043
30	24.016	0.640	0.042
31	24.646	0.630	0.041
32	25.267	0.621	0.040
33	25.879	0.612	0.039
34	26.482	0.603	0.038
35	27.076	0.591	0.037

年数	年1.5％の複利年金現価	年1.5％の複利現価	年1.5％の年賦償還率
36	27.661	0.585	0.036
37	28.237	0.576	0.035
38	28.805	0.568	0.035
39	29.365	0.560	0.034
40	29.916	0.551	0.033
41	30.459	0.543	0.033
42	30.994	0.535	0.032
43	31.521	0.527	0.032
44	32.041	0.519	0.031
45	32.552	0.512	0.031
46	33.056	0.504	0.030
47	33.553	0.497	0.030
48	34.043	0.489	0.029
49	34.525	0.482	0.029
50	35.000	0.475	0.029
51	35.468	0.468	0.028
52	35.929	0.461	0.028
53	36.383	0.454	0.027
54	36.831	0.448	0.027
55	37.271	0.441	0.027
56	37.706	0.434	0.027
57	38.134	0.428	0.026
58	38.556	0.422	0.026
59	38.971	0.415	0.026
60	39.380	0.409	0.025
61	39.784	0.403	0.025
62	40.181	0.397	0.025
63	40.572	0.391	0.025
64	40.958	0.386	0.024
65	41.338	0.380	0.024
66	41.712	0.374	0.024
67	42.081	0.369	0.024
68	42.444	0.363	0.024
69	42.802	0.358	0.023
70	43.155	0.353	0.023

※各月ごとに公表されますので、具体的な計算時には税務署に問い合わせて下さい。ここでは長期1.5％の表を例示しました。

〔7〕 不動産所得の損益通算

平成3年分	平成4年分以降
不動産所得の金額の計算上、生じた損失は他の各種所得と損益通算することができる。	不動産所得の金額の計算上、生じた損失のうち土地等に対応する借入金利子の金額は損益通算することができない。

① 損益通算が不適用となる金額

  (イ) 土地等の借入金利子の金額 ＞ 不動産所得の損失額 → 不動産所得の損失額

  (ロ) 土地等の借入金利子の金額 ≦不動産所得の損失額 → 土地等の借入金利子の金額

② 土地等と建物を一括取得した場合の借入金利子の区分方法

要 件	(a) 土地等と建物を一の契約により同一の者から取得すること。
	(b) 借入金が土地等と建物に区分されていないため、その借入金を土地等、建物の別に区分することが困難であること。
区 分	借入金はまず建物の取得に充てられ、残額を土地等の取得に充てられたものとして計算することができる。

損 益 通 算 図 解

(1) **前提**　① 取得価格　　土地　50,000千円　　建物　50,000千円

        ② 自己資金　　30,000千円

        ③ 借入金　　　70,000千円（土地35,000千円、建物35,000千円）

        ④ 金利　　　　8%

(2) **不動産所得の損益計算書**

〈ケース1〉 一般費用 1,500／建物 2,800／土地 2,800／利子／利益 2,900　収入 10,000

〈ケース2〉 一般費用 1,500／建物 2,800／土地 2,800／利子　収入 6,000　損失△1,100

〈ケース3〉 一般費用 1,500／建物 2,800／土地 2,800／利子　収入 3,500　損失 △3,600

〈ケース4〉 一般費用 1,500／建物 2,800／土地 2,800／利子　収入 1,000　損失 △6,100

(3) **損益通算**

①	土地借入金利子	2,800	2,800	2,800	2,800
②	不動産所得	2,900	△1,100	△3,600	△6,100
③	損益通算不能損失額	0	△1,100	△2,800	△2,800
④	損益通算可能損失額	0	0	△800	△3,300

損益通算の計算例

[設問] 木村氏は地方に賃貸用マンションを所有していましたが、そのマンションを譲渡したところ、500万円の譲渡損が発生しました。令和3年分確定申告における納税額（還付金）はいくらになりますか。

〈前提条件〉給与収入　14,150千円（源泉徴収税額1,440千円）所得控除額3,300千円（住民税2,850千円）

損益通算の計算表

（単位：千円）　　　　　　　【所得税】

不動産所得		収入金額	①	1,600
	必要経費	租税公課	②	100
		損害保険料	③	5
		修繕費	④	5
		減価償却費	⑤	340
		借入利子（土地分）	⑥	1,300
		借入利子（建物分）	⑦	1,400
		借入利子（その他分）	⑧	
			⑨	
		その他経費	⑩	180
		計②〜⑩	⑪	3,330
	差引金額　①－⑪		⑫	△ 1,730
	専従者給与（控除）		⑬	
	青色申告控除前の所得金額　⑫－⑬		⑭	△ 1,730
	青色申告控除額		⑮	
	所得金額　⑭－⑮		⑯	△ 1,730
	損益通算不能損失額		⑰	△ 1,300
	損益通算可能損失額		⑱	△ 430
事　業　所　得			⑲	
給　与　所　得			⑳	12,200
その他の所得（譲渡所得）			㉑	(△5,000) 0
その他の所得（　　　）			㉒	
所得合計	⑯が利益の場合　⑯＋（⑲〜㉒）		㉓ =	0
	⑯が損失の場合　⑱＋（⑲〜㉒）			11,770
所　得　控　除　額			㉔	3,300
課税所得金額　㉓－㉔			㉕	8,470
税　　　額			㉖	1,312
復興特別所得税　㉖×2.1%			㉗	27
合　計　税　額			㉘	1,339
配　当　控　除			㉙ △	
住宅ローン控除			㉚ △	
差　引　税　額			㉛	1,339
源　泉　徴　収　税　額			㉜	1,440
申　告　納　税　額			㉝ △	101

【住民税】

㉔	2,850
㉕	8,920
㉖	892
㉘	892
㉛	892
㉝	892

〈合計税額〉 2,231

所得税の速算表

課税所得金額	税率	控除額
195万円以下	5%	——
195万円超 330万円以下	10%	97.5千円
330万円超 695万円以下	20%	427.5千円
695万円超 900万円以下	23%	636千円
900万円超 1,800万円以下	33%	1,536千円
1,800万円超 4,000万円以下	40%	2,796千円
4,000万円超	45%	4,796千円

住民税の速算表

道府県民税	市町村民税	合　計
税率	税率	税率
4%	6%	10%

※市町村により、税率が異なる場合がありますが、合計は10%です。

10万円（又は65万円）と⑭の少ない方

⑯が損失の場合は⑰⑱へ。利益の場合は⑰⑱はなし

⑯の絶対値と⑥との少ない方

⑯－⑰

収入金額（年収）　　　給与所得控除額　　　給与所得
〔14,150千円〕 －〔1,950千円〕 ＝〔12,200千円〕

給与所得控除額

収入金額（年収）	給与所得控除額
1,625千円以下	550千円
1,625千円超〜1,800千円以下	40%－100千円
1,800千円超〜3,600千円以下	30%＋80千円
3,600千円超〜6,600千円以下	20%＋440千円
6,600千円超〜8,500千円以下	10%＋1,100千円
8,500千円超	1,950千円

損益通算の計算表

（単位：千円）　　　　　　　【所得税】

		収入金額	①	
不動産所得	必要経費	租税公課	②	
		損害保険料	③	
		修繕費	④	
		減価償却費	⑤	
		借入利子(土地分)	⑥	
		借入利子(建物分)	⑦	
		借入利子(その他分)	⑧	
			⑨	
		その他経費	⑩	
		計②～⑩	⑪	
	差引金額　①－⑪		⑫	
	専従者給与（控除）		⑬	
	青色申告控除前の所得金額　⑫－⑬		⑭	
	青色申告控除額		⑮	
	所得金額　⑭－⑮		⑯	
	損益通算不能損失額		⑰ △	
	損益通算可能損失額		⑱ △	
事　業　所　得			⑲	
給　与　所　得			⑳	
その他の所得 (譲渡所得)			㉑	
その他の所得 (　　　)			㉒	
所得合計	⑯が利益の場合　⑯＋(⑲～㉒)		㉓	
	⑯が損失の場合　⑱＋(⑲～㉒)			
所　得　控　除　額			㉔	
課税所得金額　㉓－㉔			㉕	
税　　　額			㉖	
復興特別所得税　㉖×2.1%			㉗	
合　計　税　額			㉘	
配　当　控　除			㉙ △	
住宅ローン控除			㉚ △	
差　引　税　額			㉛	
源　泉　徴　収　税　額			㉜	
申　告　納　税　額			㉝ △	

【住民税】

〈合計税額〉

所得税の速算表

課税所得金額	税率	控除額
195万円以下	5%	――
195万円超330万円以下	10%	97.5千円
330万円超695万円以下	20%	427.5千円
695万円超900万円以下	23%	636千円
900万円超1,800万円以下	33%	1,536千円
1,800万円超4,000万円以下	40%	2,796千円
4,000万円超	45%	4,796千円

住民税の速算表

道府県民税	市町村民税	合　　計
税率	税率	税率
4%	6%	10%

※市町村により、税率が異なる場合がありますが、合計は10%です。

10万円（又は65万円）と⑭の少ない方

⑯が損失の場合は⑰⑱へ。利益の場合は⑰⑱はなし

⑯の絶対値と⑥との少ない方

⑯－⑰

収入金額（年収）		給与所得控除額		給与所得
〔　　千円〕	－	〔　　千円〕	＝	〔　　千円〕

給与所得控除額

収入金額（年収）	給与所得控除額
1,625千円以下	550千円
1,625千円超～1,800千円以下	40%－100千円
1,800千円超～3,600千円以下	30%＋80千円
3,600千円超～6,600千円以下	20%＋440千円
6,600千円超～8,500千円以下	10%＋1,100千円
8,500千円超	1,950千円

〔8〕印紙税一覧表（抜粋）

番号	文 書 の 種 類	印紙税額(1通または1冊につき)	
1	〔不動産、鉱業権、無体財産権、船舶、航空機又は営業の譲渡に関する契約書〕不動産売買契約書、不動産交換契約書、不動産売渡証書など **上記以外** 〔地上権又は賃借権の設定又は譲渡に関する契約書〕土地賃貸借契約書、賃料変更契約書など〔消費貸借に関する契約書〕金銭借用証書、金銭消費貸借契約書など 　1千万円を超え5千万円以下　2万円 　5千万円を超え1億円以下　6万円 　1億円を超え5億円以下　10万円 　5億円を超え10億円以下　20万円 　10億円を超え50億円以下　40万円 　50億円を超えるもの　60万円	記載された契約金額が1万円未満 　〃　　50万円以下 　〃　　50万円を超え100万円以下 　〃　　100万円を超え500万円以下 　〃　　500万円を超え1千万円以下 　〃　　1千万円を超え5千万円以下 　〃　　5千万円を超え1億円以下 　〃　　1億円を超え5億円以下 　〃　　5億円を超え10億円以下 　〃　　10億円を超え50億円以下 　〃　　50億円を超えるもの 契約金額の記載のないもの	非課税 200円 500円 1千円 5千円 1万円 3万円 6万円 16万円 32万円 48万円 200円
2	〔請負に関する契約書〕工事請負契約書、工事注文請書、物品加工注文請書 建設業法第2条第1項に関する建設工事の請負に係るものに限る **上記以外の請負契約書** 　1千万円を超え5千万円以下　2万円 　5千万円を超え1億円以下　6万円 　1億円を超え5億円以下　10万円 　5億円を超え10億円以下　20万円 　10億円を超え50億円以下　40万円 　50億円を超えるもの　60万円	記載された契約金額が1万円未満 　〃　　200万円以下 　〃　　200万円を超え300万円以下 　〃　　300万円を超え500万円以下 　〃　　500万円を超え1千万円以下 　〃　　1千万円を超え5千万円以下 　〃　　5千万円を超え1億円以下 　〃　　1億円を超え5億円以下 　〃　　5億円を超え10億円以下 　〃　　10億円を超え50億円以下 　〃　　50億円を超えるもの 契約金額の記載のないもの	非課税 200円 500円 1千円 5千円 1万円 3万円 6万円 16万円 32万円 48万円 200円
17	〔売上代金に係る金銭又は有価証券の受取書〕 商品販売代金の受取書、不動産の賃貸料の受取書、請負代金の受取書、広告料の受取書など (注) 売上代金とは、資産を譲渡することによる対価、資産を使用させること（当該資産に係る権利を設定することを含みます）による対価及び役務を提供することによる対価をいいます。	記載された受取金額が5万円未満のもの 　〃　　100万円以下 　〃　　100万円を超え200万円以下 　〃　　200万円を超え300万円以下 　〃　　300万円を超え500万円以下 　〃　　500万円を超え1千万円以下 　〃　　1千万円を超え2千万円以下 　〃　　2千万円を超え3千万円以下 　〃　　3千万円を超え5千万円以下 　〃　　5千万円を超え1億円以下 　〃　　1億円を超え2億円以下 　〃　　2億円を超え3億円以下 　〃　　3億円を超え5億円以下 　〃　　5億円を超え10億円以下 　〃　　10億円を超えるもの 受取金額の記載のないもの 営業に関しないもの 有価証券、預貯金証書など特定の文書に追記した受取書	非課税 200円 400円 600円 1千円 2千円 4千円 6千円 1万円 2万円 4万円 6万円 10万円 15万円 20万円 200円 非課税 非課税
	〔売上代金以外の金銭又は有価証券の受取書〕	記載された受取金額が5万円未満 　　　　　〃　　　5万円以上 受取金額に記載のないもの 営業に関しないもの 有価証券、預貯金証書など特定の文書に追記した受取書	非課税 200円 200円 非課税 非課税

巻末資料

〔1〕所得税のしくみ

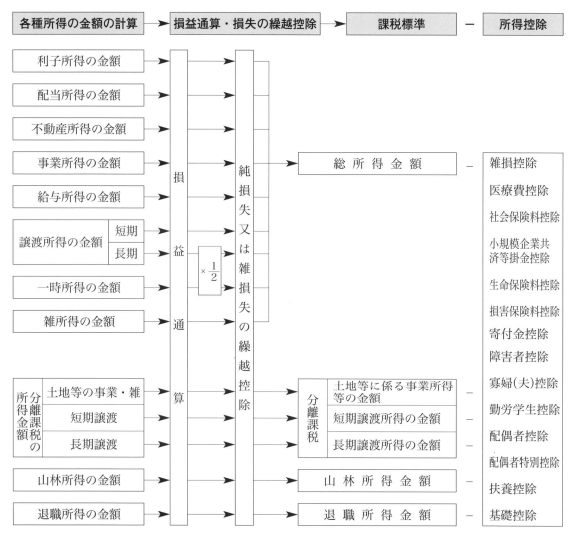

所得税の速算表

課税所得金額	税率	控除額
195万円以下	5%	──
195万円超330万円以下	10%	97.5千円
330万円超695万円以下	20%	427.5千円
695万円超900万円以下	23%	636千円
900万円超1,800万円以下	33%	1,536千円
1,800万円超4,000万円以下	40%	2,796千円
4,000万円超	45%	4,796千円

参考：合計所得金額

　合計所得金額とは、純損失及び雑損失の繰越控除をしないで計算した総所得金額、分離短期譲渡所得の金額（特別控除前）、分離長期譲渡所得の金額（特別控除前）、山林所得金額（特別控除後）、及び退職所得金額（$\frac{1}{2}$ 後）等の合計額をいいます。

　但し、分離短期譲渡所得の金額、分離長期譲渡所得の金額の計算上生じた赤字のうち損益通算適用不可のものについては合計所得金額の計算に算入しない。

課税所得金額	×	税　率	=	算出税額	−	税額控除	=	所得税額

課税所得金額	×	税　率	=	

算　出　税　額

− 配当控除　住宅取得控除　特別税額控除 = 所得税額

土地等に係る課税事業所得等の金額	×	特別税率	=
課税短期譲渡所得金額	×	特別税率	=
課税長期譲渡所得金額	×	特別税率	=
課税山林所得金額	×	$\frac{1}{5}$ ×税率×5	=
課税退職所得金額	×	税　率	=

+

復興特別所得税額
（所得税額
×2.1%）

（令和19年まで課税）

住民税の速算表

道府県民税	市町村民税	合　計
税率	税率	税率
7%	3%	10%

〔2〕減価償却

(1) 減価償却の法定償却方法は、個人の場合は定額法、法人の場合は定率法と定められています。
但し、平成10年4月1日以後に取得する建物の償却方法は個人・法人を問わず定額法になりました。
(2) 法人・個人とも平成28年4月1日以後に取得する建物付属設備・構築物の減価償却の方法について、定率法が廃止され定額法のみとなりました。

平成19年改正の主なもの

①	平成19年4月1日以後取得の減価償却資産は取得価額の100%が減価償却費として費用に算入されるようになりました。但し、1円の備忘価額を残します。
②	平成19年3月31日以前取得の減価償却資産も備忘価額1円まで償却できるようになりました。
③	償却率の表が平成19年4月1日以後取得分と平成19年3月31日以前取得分との2区分になりました。（p.245参照） （平成19年3月31日以前取得分の定額法は「旧定額法」に、定率法は「旧定率法」に名称変更） （新）定額法の償却率は旧定額法の償却率と基本的に同じですが、一部端数処理で異なる率になった箇所があります。 （新）定率法の償却率は大幅に改正され、「改定償却率」・「保証率」という新しい概念が導入されました。

平成23年12月改正の主なもの

（1）定率法の償却率の見直し

①	平成24年4月1日以後に取得する減価償却資産の定率法の償却率が、定額法の償却率を2.5倍した償却率（250%定率法）から、定額法の償却率を2.0倍した償却率（200%定率法）に引き下げられました。
②	償却率が改訂されたので、それに伴い改訂償却率・保証率も改訂されました。
③	償却率が下がるので当初の償却費が従前より減少します。

減価償却資産は取得時期により次のように償却方法が変わります。

取得区分	償却方法	適用償却	
平成19年3月31日以前取得分	旧 定 額 法	旧定額法の償却率	(p.233参照)
	旧 定 率 法	旧定率法の償却率	(p.233参照)
平成19年4月1日以後取得分	定 額 法	定額法の償却率	(p.233参照)
	定 率 法	定率法の償却率 定額法の償却率を2.5倍した償却率	(p.233参照)
平成19年4月1日から平成24年3月31日までに取得分	250%定率法	定額法の償却率を2.5倍した償却率	(p.233参照)
平成24年4月1日以後取得分	200%定率法	定額法の償却率を2.0倍した償却率	(p.234参照)

（2）原則

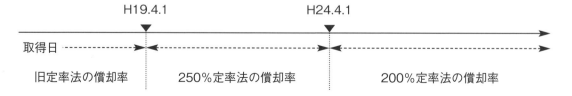

[1] 平成19年4月1日以後取得の減価償却資産の償却方法

(1) 定額法

改正前	償却費 ＝ 取得価額 × 90% × 旧定額法の償却率
改正後	償却費 ＝ 取得価額 × 定額法の償却率

（注）非業務用は、改正前と同じです。

(2) 定率法

改正前	償却費 ＝ 期首未償却残高 × 旧定率法の償却率

<table>
<tr><td rowspan="7">改正後</td><td colspan="2">（新）定率法の率で償却していくと耐用年数を経過しても未償却残高が1円とならない。そのため、一定の時期から残存未償却残高を定額法方式で償却し、耐用年数を経過すれば未償却残高が1円となるように調整する方式を採用し、次の新しい概念を導入した。</td></tr>
<tr><td>調整前償却費</td><td>期首未償却残高 × 定率法の償却率
※これは従来の定率法の計算仕組みと同じである。</td></tr>
<tr><td>償却保証額</td><td>取得価額 × 保証率
※これは従来の定率法の計算仕組みで計算した償却額（調整前償却費）が一定額（償却保証額）未満だと、償却方法を定額法に切替すべき時期であることを知る目安として利用する。</td></tr>
<tr><td>改定取得価額</td><td>調整前償却費が償却保証額に満たない最初の年分の期首未償却残高</td></tr>
<tr><td>改定償却率</td><td>改定取得価額に対して使用する償却率である
※これは耐用年数から切替年度を控除した残存年数に対応する定額法の償却率である。</td></tr>
<tr><td colspan="2">① 調整前償却費 ≧ 償却保証額

償却費 ＝ 調整前償却費</td></tr>
<tr><td colspan="2">② 調整前償却費 ＜ 償却保証額

償却費 ＝ 改定取得価額 × 改定償却率</td></tr>
</table>

［2］平成19年3月31日以前取得の減価償却資産の償却方法

(1)前期末で未償却残高が取得価額の5％に達している場合

　当期から取得価額の5％を5年間で均等償却します。

(2)前期末で未償却残高が取得価額の5％に達していない場合

　①未償却残高が取得価額の5％に達するまで、これまで通りの償却をします。

　②未償却残高が取得価額の5％に達した期の翌期から取得価額の5％を5年間で均等償却します。

＜算式＞

償却費　＝　（　取得価額　－　取得価額の95％　－　1円　）　×	その事業年度の月数 / 60

（償却可能限度額）

　（注）定額法も定率法も同じく、5年間で均等償却します。

減価償却費の例（250％定率法率）
平成19年4月1日から平成24年3月31日までに取得をされた減価償却資産に適用

取得価額	1,000,000円
耐用年数	10年
定率法償却率	0.250
改定償却率	0.334
保証率	0.04448

左記の条件で新定率法の減価償却費の計算の仕組みを説明します。各年の償却期間は1年とします。

(単位：円)

経過年数	期首未償却残高		毎年の償却限度額		償却費累計額		期末未償却残高		償却保証額	採用償却費
	①	②	③	④	⑤	⑥	⑦	⑧	⑨	⑩
	定率法	定額法	定率法	定額法	定率法	定額法	定率法	定額法		
	改定前	改定取得価額	調整前償却費	改定後	改定前	改定後	改定前	改定後		
1年目	1,000,000		250,000		250,000		750,000		44,480	250,000
2年目	750,000		187,500		437,500		562,500		44,480	187,500
3年目	562,500		140,625		578,125		421,875		44,480	140,625
4年目	421,875		105,468		683,593		316,407		44,480	105,468
5年目	316,407		79,101		762,694		237,306		44,480	79,101
6年目	237,306		59,326		822,020		177,980		44,480	59,326
7年目	177,980		44,495		866,515		133,485		44,480	44,495
8年目	133,485	133,485	33,371	44,583	899,886	911,098	100,114	88,902	44,480	44,583
9年目	100,114	133,485	25,028	44,583	924,914	955,681	75,086	44,319	44,480	44,583
10年目	75,086	133,485	18,771	44,318	943,685	999,999	56,315	1	44,480	44,318

(1) ①③⑤⑦は19年の改正前の定率法で償却した数値

(2) 19年の改正で取得価額の全額（備忘価額の1円を残す）を償却できるようになりました。
　⑦の改正前の定率法の期末未償却残高が耐用年数10年を経過して、例えば15年・20年を経過しても1円になりません。

(3) そこで、未償却残高が一定の額になった時には最低額以上は償却し取得費価額の全額が償却できる方式を採用しました。
　⑨の取得価額　1,000,000円　×　保証率　0.04448　＝　44,480円が最低償却できる償却保証額です。

(4) ③の7年目の定率法の調整前償却費は44,495円で⑨の償却保証額44,480円以上なので、調整前償却費44,495円を採用します。

(5) ③の8年目の定率法の調整前償却費は33,371円で⑨の償却保証額44,480円未満なので、償却方法を変更します。
　①の8年目の期首未償却残高133,485円を②の改定取得価額とし、その額に改定償却率0.334を乗じて定額法方式にて償却費を計算します。
　133,485円　×　0.334　＝　44,583円を8年目の償却費として採用します。
　改定償却率　0.334は残存償却期間3年の定額法の耐用年数です。

(6) 9年目も8年目と同じ定額法で計算します。

(7) 10年目も8年目と同じ定額法で計算しますが、9年目の未償却残高が44,319円ですので、44,583円を償却すると償却オーバーとなります。
　9年目の未償却残高　44,319円　－　1円　＝　44,318円　が10年目の償却費です。

(8) 表の網かけの部分が採用される部分です。

減価償却費の例（200％定率法率）
平成24年4月1日以後に取得をされる減価償却資産から適用

平成24年4月1日以後に取得をされる減価償却資産について償却率・改訂償却率・保証率が改正されました。

取得価額	1,000,000円
耐用年数	10年
定率法償却率	0.200
改定償却率	0.250
保証率	0.06552

左記の条件で新定率法の減価償却費の計算の仕組みを説明します。各年の償却期間は1年とします。

（単位：円）

経過年数	期首未償却残高		毎年の償却限度額		償却費累計額		期末未償却残高		償却保証額	採用償却費
	①	②	③	④	⑤	⑥	⑦	⑧	⑨	⑩
	定率法	定額法	定率法	定額法	定率法	定額法	定率法	定額法		
	改定前	改定取得価額	調整前償却費	改定後	改定前	改定後	改定前	改定後		
1年目	1,000,000		200,000		200,000		800,000		65,520	200,000
2年目	800,000		160,000		360,000		640,000		65,520	160,000
3年目	640,000		128,000		488,000		512,000		65,520	128,000
4年目	512,000		102,400		590,400		409,600		65,520	102,400
5年目	409,600		81,920		672,320		327,680		65,520	81,920
6年目	327,680		65,536		737,856		262,144		65,520	65,536
7年目	262,144	262,144	52,428	65,536	790,284	803,392	209,716	196,608	65,520	65,536
8年目	209,716	262,144	41,943	65,536	832,227	868,928	167,773	131,072	65,520	65,536
9年目	167,773	262,144	33,554	65,536	865,781	934,464	134,219	65,536	65,520	65,536
10年目	134,219	262,144	26,843	65,535	892,624	999,999	107,376	1	65,520	65,535

(1) ①③⑤⑦は19年の改正前の定率法で償却した数値。

(2) 19年の改正で取得価額の全額（備忘価額の1円を残す）を償却できるようになりました。
　　⑦の改正前の定率法の期末未償却残高が耐用年数10年を経過して、例えば15年・20年を経過しても1円になりません。

(3) そこで、未償却残高が一定の額になった時には最低額以上は償却し取得費価額の全額が償却できる方式を採用しました。
　　⑨の取得価額　1,000,000円　×　保証率　0.06552　＝　65,520円が最低償却できる償却保証額です。

(4) ③の6年目の定率法の調整前償却費は65,536円で⑨の償却保証額65,520円以上なので、調整前償却費65,536円を採用します。

(5) ③の7年目の定率法の調整前償却費は52,428円で⑨の償却保証額65,520円未満なので、償却方法を変更します。
　　①の7年目の期首未償却残高　262,144円を②の改定取得価額とし、その額に改定償却率0.250を乗じて定額法方式にて償却費を計算します。
　　　　262,144円　×　0.250　＝　65,536円を8年目の償却費として採用します。
　　　　改定償却率　0.250は残存償却期間4年の定額法の耐用年数です。

(6) 8〜9年目も7年目と同じ定額法で計算します。

(7) 10年目は7年目と同じ定額法で計算しますが、9年目の未償却残高が65,536円ですので、65,535円を償却すると未償却残高が1円となります。

(8) 表の網かけの部分が採用される部分です。

耐用年数（抜粋）

※ 平成10年から耐用年数が変更されています。

（建　物）

種類	構造又は用途	細　　　　目	耐用年数	
			旧耐用年数 平成9年まで	新耐用年数 平成10年から
建物	鉄骨鉄筋コンクリート造又は鉄筋コンクリート造のもの	事務所用又は美術館用のもの及び下記以外のもの	65年	50年
		住宅用、寄宿舎用、宿泊所用、学校用又は体育館用のもの	60	47
		飲食店用、貸席用、劇場用、演奏場用、映画館用又は舞踏場用のもの		
		① 飲食店用又は貸席用のもので、延べ面積の木造内装部分の面積が3割を超えるもの	40	34
		② その他のもの	50	41
		旅館用又はホテル用のもの		
		① 延べ面積のうちに占める木造内装部分の面積が3割を超えるもの	36	31
		② その他のもの	47	39
		店舗用のもの	47	39
	金属造のもの（骨格材の肉厚が4mmを超えるものに限る）	事務所用又は美術館用のもの及び下記以外のもの	45	38
		店舗用、住宅用、寄宿舎用、宿泊所用、学校用又は体育館用のもの	40	34
		飲食店用、貸席用、劇場用、演奏場用、映画館用又は舞踏場用のもの	35	31
		変電所用、発電所用、送受信所用、停車場用、車庫用、格納庫用、荷扱所用、映画製作ステージ用、屋内スケート場用、魚市場用又はと畜場用のもの	35	31
		旅館用、ホテル用又は病院用のもの	33	29
	金属造のもの（骨格材の肉厚が3mmを超え4mm以下のものに限る）	事務所用又は美術館用のもの及び下記以外のもの	34	30
		店舗用、住宅用、寄宿舎用、宿泊所用、学校用は体育館用のもの	30	27
		飲食店用、貸席用、劇場用、演奏場用、映画館用又は舞踏場用のもの	28	25
		変電所用、発電所用、送受信所用、停車場用、車庫用、格納庫用、荷扱所用、映画製作ステージ用、屋内スケート場用、魚市場用又はと畜場用のもの	28	25
		旅館用、ホテル用又は病院用のもの	26	24
	金属造のもの（骨格材の肉厚が3mm以下のものに限る）	事務所用又は美術館用のもの及び下記以外のもの	24	22
		店舗用、住宅用、寄宿舎用、宿泊所用、学校用又は体育館用のもの	20	19
		飲食店用、貸席用、劇場用、演奏場用、映画館用又は舞踏場用のもの	20	19
		変電所用、発電所用、送受信所用、停車場用、車庫用、格納庫用、荷扱所用、映画製作ステージ用、屋内スケート場用、魚市場用又はと畜場用のもの	20	19
		旅館用、ホテル用又は病院用のもの	18	17
	木造又は合成樹脂造のもの	事務所用又は美術館用のもの及び下記以外のもの	26	24
		店舗用、住宅用、寄宿舎用、宿泊所用、学校用又は体育館用のもの	24	22
		飲食店用、貸席用、劇場用、演奏場用、映画館用又は舞踏場用のもの	22	20
		変電所用、発電所用、送受信所用、停車場用、車庫用、格納庫用、荷扱所用、映画製作ステージ用、屋内スケート場用、魚市場用又はと畜場用のもの	18	17
		旅館用、ホテル用又は病院用のもの	18	17
	木骨モルタル造のもの	事務所用又は美術館用のもの及び下記以外のもの	24	22
		店舗用、住宅用、寄宿舎用、宿泊所用、学校用又は体育館用のもの	22	20
		飲食店用、貸席用、劇場用、演奏場用、映画館用又は舞踏場用のもの	20	19
		変電所用、発電所用、送受信所用、停車場用、車庫用、格納庫用、荷扱所用、映画製作ステージ用、屋内スケート場用、魚市場用又はと畜場用のもの	16	15
		旅館用、ホテル用又は病院用のもの	16	15

種類	構造又は用途	細 目	耐用年数	
			旧耐用年数	新耐用年数
			平成9年まで	平成10年から
建物	簡易建物	木製主要柱が10cm角以下のもので、土居ぶき、杉皮ぶき、ルーフィングぶき又はトタンぶきのもの	10	10
		掘立造のもの及び仮設のもの	7	7

（建物附属設備）

種類	構造又は用途	細 目	耐用年数
建物附属設備	電気設備（照明設備を含む）	蓄電池電源設備	6
		その他のもの	15
	給排水又は衛生設備及びガス設備		15
	冷房、暖房、通風又はボイラー設備	冷暖房設備（冷凍機の出力が22キロワット以下のもの）	13
		その他のもの	15
	昇降機設備	エレベーター	17
		エスカレーター	15
	消火、排煙又は災害報知設備及び格納式避難設備		8
	エアーカーテン又はドアー自動開閉設備		12
	アーケード又は日よけ設備	主として金属性のもの	15
		その他のもの	8
	店用簡易装備		3
	可動間仕切り	簡易なもの	3
		その他のもの	15
	前提のもの以外のもの及び前掲の区分によらないもの	主として金属性のもの	18
		その他のもの	10

（構築物）

種類	構造又は用途	細 目	耐用年数
構築物	緑化施設及び庭園	工場緑化施設	7
		その他の緑化施設及び庭園（工場緑化施設に含まれるものを除く）	20
	舗装道路及び舗装路面	コンクリート敷、ブロック敷、れんが敷又は石敷のもの	15
		アスファルト敷又は木れんが敷のもの	10
		ビチューマルス敷のもの	3

減価償却資産の償却率表（抄）＜1＞

耐用年数	旧定額法償却率	旧定率法償却率
2	0.500	0.684
3	0.333	0.536
4	0.250	0.438
5	0.200	0.369
6	0.166	0.319
7	0.142	0.280
8	0.125	0.250
9	0.111	0.226
10	0.100	0.206
11	0.090	0.189
12	0.083	0.175
13	0.076	0.162
14	0.071	0.152
15	0.066	0.142
16	0.062	0.134
17	0.058	0.127
18	0.055	0.120
19	0.052	0.114
20	0.050	0.109
21	0.048	0.104
22	0.046	0.099
23	0.044	0.095
24	0.042	0.092
25	0.040	0.088
26	0.039	0.850
27	0.037	0.082
28	0.036	0.079
29	0.035	0.076
30	0.034	0.074
31	0.033	0.072
32	0.032	0.069
33	0.031	0.067
34	0.030	0.066
35	0.029	0.064
36	0.028	0.062
37	0.027	0.060
38	0.027	0.059
39	0.026	0.057
40	0.025	0.056
41	0.025	0.550
42	0.024	0.530
43	0.024	0.520
44	0.023	0.510
45	0.023	0.500
50	0.020	0.045

＜参考＞ 償却方法切替年度の目安

経過年数	残存年数
―	―
2	1
3	1
4	1
4	2
5	2
5	3
6	3
7	3
7	4
8	4
8	5
9	5
10	5
10	6
11	6
11	7
12	7
13	7
13	8
14	8
14	9
15	9
16	9
16	10
17	10
17	11
18	11
18	12
19	12
20	12
20	13
21	13
21	14
22	14
23	14
23	15
24	15
25	15
25	16
26	16
26	17
27	17
28	17
31	19

平成19年4月1日〜平成24年3月31日取得分

耐用年数	定額法償却率	定率法 償却率	定率法 改定償却率	定率法 保証率
2	0.500	1.000	―	―
3	0.334	0.833	1.000	0.02789
4	0.250	0.625	1.000	0.05274
5	0.200	0.500	1.000	0.06249
6	0.167	0.417	0.500	0.05776
7	0.143	0.357	0.500	0.05496
8	0.125	0.313	0.334	0.05111
9	0.112	0.278	0.334	0.04731
10	0.100	0.250	0.334	0.04448
11	0.091	0.227	0.250	0.04123
12	0.084	0.208	0.250	0.03870
13	0.077	0.192	0.200	0.03633
14	0.072	0.179	0.200	0.03389
15	0.067	0.167	0.200	0.03217
16	0.063	0.156	0.167	0.03063
17	0.059	0.147	0.167	0.02905
18	0.056	0.139	0.143	0.02757
19	0.053	0.132	0.143	0.02616
20	0.050	0.125	0.143	0.02517
21	0.048	0.119	0.125	0.02408
22	0.046	0.114	0.125	0.02296
23	0.044	0.109	0.112	0.02226
24	0.042	0.104	0.112	0.02157
25	0.040	0.100	0.112	0.02058
26	0.039	0.096	0.100	0.01989
27	0.038	0.093	0.100	0.01902
28	0.036	0.089	0.091	0.01866
29	0.035	0.086	0.091	0.01803
30	0.034	0.083	0.084	0.01766
31	0.033	0.081	0.084	0.01688
32	0.032	0.078	0.084	0.01655
33	0.031	0.076	0.077	0.01585
34	0.030	0.074	0.077	0.01532
35	0.029	0.071	0.072	0.01532
36	0.028	0.069	0.072	0.01494
37	0.028	0.068	0.072	0.01425
38	0.027	0.066	0.067	0.01393
39	0.026	0.064	0.067	0.01370
40	0.025	0.063	0.067	0.01317
41	0.025	0.061	0.063	0.01306
42	0.024	0.060	0.063	0.01261
43	0.024	0.058	0.059	0.01248
44	0.023	0.057	0.059	0.01210
45	0.023	0.056	0.059	0.01175
50	0.020	0.050	0.053	0.01072

減価償却資産の償却率表（抄）＜2＞

耐用年数	平成24年4月1日以後取得分 定率法		
	償却率	改定償却率	保証率
2	1.000	—	—
3	0.667	1.000	0.11089
4	0.500	1.000	0.12499
5	0.400	0.500	0.10800
6	0.333	0.334	0.09911
7	0.286	0.034	0.08680
8	0.250	0.034	0.07909
9	0.222	0.250	0.07126
10	0.200	0.250	0.06552
11	0.182	0.200	0.05992
12	0.167	0.200	0.05566
13	0.154	0.167	0.05180
14	0.143	0.167	0.04854
15	0.133	0.143	0.04565
16	0.125	0.143	0.04294
17	0.118	0.125	0.04038
18	0.111	0.112	0.03884
19	0.105	0.122	0.03693
20	0.100	0.122	0.03486
21	0.095	0.100	0.03335
22	0.091	0.100	0.03182
23	0.087	0.091	0.03052
24	0.083	0.084	0.02969
25	0.080	0.084	0.02841
26	0.077	0.084	0.02716
27	0.074	0.077	0.02624
28	0.071	0.072	0.02568
29	0.069	0.072	0.02463
30	0.067	0.072	0.02366
31	0.065	0.067	0.02286
32	0.063	0.067	0.02216
33	0.061	0.063	0.02161
34	0.059	0.063	0.02097
35	0.057	0.059	0.02051
36	0.056	0.059	0.01974
37	0.054	0.056	0.01950
38	0.053	0.056	0.01882
39	0.051	0.053	0.01860
40	0.050	0.053	0.01791
41	0.049	0.050	0.01741
42	0.048	0.050	0.01694
43	0.047	0.048	0.01664
44	0.045	0.046	0.01664
45	0.044	0.046	0.01634
50	0.040	0.042	0.01440

〔3〕 減価償却の計算

平成10年1月1日から建物の耐用年数が短縮されました。

したがって、平成9年までは旧耐用年数の償却率を使用し、平成10年からは新耐用年数の償却率を使用して計算しなければなりません。

この表は非居住用の建物の定額法の計算表です。（昭和29年以前取得は計算できません）

（居住用の建物は上記の区分をする必要はなく、すべてを新耐用年数の償却率で計算します）

p.49の事業用買換の設例の減価償却費を具体的に計算すると下記のようになります。

業務用の減価償却の計算表〈平成19年3月31日以前に取得分〉

取得日　昭和・平成　8 年 10 月　　　　　取得価額　　　　　償却基礎金額
売却日　平成・令和　3 年 4 月　　　　　（A） 10,000 × 0.9 ＝（B） 9,000 千円

(1) 購入年度の償却計算

償却基礎金額　　　旧耐用年数 65 年　　　経過月数〈参考1〉 3 ヶ月
（B） 9,000 千円× 旧償却率 0.016 × ──────── ＝ ① 36 千円
　　　　　　　　　　　　　　　　　　　　12 ヶ月

(2) 購入年度の翌年から平成9年12月31日までの償却計算

償却基礎金額　　　　　　　　　　　　　　経過年数〈参考2〉
（B） 9,000 千円× 旧償却率 0.016 × 1 年 ＝ ② 144 千円

(3) 平成10年から令和2年までの償却計算

償却基礎金額　　　新耐用年数 50 年　　　経過年数
（B） 9,000 千円× 新償却率 0.020 × 23 年 ＝ ③ 4,140 千円

(4) 令和3年の売却月までの償却計算

償却基礎金額　　　　　　　　　　　　　　経過月数 4 ヵ月
（B） 9,000 千円× 新償却率 0.020 × ──────── ＝ ④ 60 千円
　　　　　　　　　　　　　　　　　　　　12 ヵ月

[A]平成27年12月31日で未償却残高が取得価格の5%に達していない場合

(5) 償却費　　　　　① ＋ ② ＋ ③ ＋ ④ ＝ ⑤ 4,380 千円

(6) 譲渡代金から控除される取得費　（A）－⑤ ＝ ⑥ 5,620 千円

[B]平成27年12月31日で未償却残高が取得価格の5%に達している場合

(5) 償却費　（A）×95％ ＋ （A）×5％ × 未償却残高が取得価格の5%になった翌年からの経過月数 / 60 ＝ ⑤ 千円

(6) 譲渡代金から控除される取得費　（A）－⑤ ＝ ⑥ 千円

〈参考1〉

取　得　月	1月	2月	3月	4月	5月	6月	7月	8月	9月	10月	11月	12月
経過月数	12ヵ月	11ヵ月	10ヵ月	9ヵ月	8ヵ月	7ヵ月	6ヵ月	5ヵ月	4ヵ月	3ヵ月	2ヵ月	1ヵ月

〈参考2〉

取得年度	30年	31年	32年	33年	34年	35年	36年	37年	38年	39年	40年	41年
経過年数	42	41	40	39	38	37	36	35	34	33	32	31

取得年度	42年	43年	44年	45年	46年	47年	48年	49年	50年	51年	52年	53年
経過年数	30	29	28	27	26	25	24	23	22	21	20	19

取得年度	54年	55年	56年	57年	58年	59年	60年	61年	62年	63年	1年	2年
経過年数	18	17	16	15	14	13	12	11	10	9	8	7

取得年度	3年	4年	5年	6年	7年	8年	9年
経過年数	6	5	4	3	2	1	0

減価償却の計算表 〈平成19年3月31日以前に取得分〉

取得日　昭和・平成 ☐ 年 ☐ 月　　　　　取得価額　　　　　　　償却基礎金額

売却日　平成・令和 ☐ 年 ☐ 月　　　（A）☐ × 0.9 ＝（B）☐ 千円

（1）購入年度の償却計算

償却基礎金額　　　　旧耐用年数 ☐ 年　　　経過月数〈参考1〉

（B）☐　　　千円×旧償却率 ☐　× $\dfrac{☐ \text{ヵ月}}{12 \text{ヵ月}}$ ＝ ① ☐ 千円

（2）購入年度の翌年から平成9年12月31日までの償却計算

償却基礎金額　　　　　　　　　　　　　経過年数〈参考2〉

（B）☐　千円×旧償却率 ☐ × ☐ 年 ＝ ② ☐ 千円

（3）平成10年から令和2年までの償却計算

償却基礎金額　　　　新耐用年数 ☐ 年　　経過年数

（B）☐　千円×新償却率 ☐ × ☐ 年 ＝ ③ ☐ 千円

（4）令和3年の売却月までの償却計算

償却基礎金額　　　　　　　　　　　　経過月数

（B）☐　千円×新償却率 ☐ × $\dfrac{☐ \text{ヵ月}}{12 \text{ヵ月}}$ ＝ ④ ☐ 千円

[A]平成27年12月31日で未償却残高が取得価格の5％に達していない場合

（5）償却費　　　　　　① ＋ ② ＋ ③ ＋ ④　　　　＝ ⑤ ☐ 千円

（6）譲渡代金から控除される取得費　（A）－ ⑤　　　＝ ⑥ ☐ 千円

[B]平成27年12月31日で未償却残高が取得価格の5％に達している場合

（5）償却費　（A）×95％　＋　（A）×5％ × $\dfrac{\text{未償却残高が取得価格の5％になった翌年からの経過月数 } ☐}{60}$ ＝ ⑤ ☐ 千円

（6）譲渡代金から控除される取得費　（A）－ ⑤　　　＝ ⑥ ☐ 千円

〈参考1〉

取得月	1月	2月	3月	4月	5月	6月	7月	8月	9月	10月	11月	12月
経過月数	12ヵ月	11ヵ月	10ヵ月	9ヵ月	8ヵ月	7ヵ月	6ヵ月	5ヵ月	4ヵ月	3ヵ月	2ヵ月	1ヵ月

〈参考2〉

取得年度	30年	31年	32年	33年	34年	35年	36年	37年	38年	39年	40年	41年
経過年数	42	41	40	39	38	37	36	35	34	33	32	31

取得年度	42年	43年	44年	45年	46年	47年	48年	49年	50年	51年	52年	53年
経過年数	30	29	28	27	26	25	24	23	22	21	20	19

取得年度	54年	55年	56年	57年	58年	59年	60年	61年	62年	63年	1年	2年
経過年数	18	17	16	15	14	13	12	11	10	9	8	7

取得年度	3年	4年	5年	6年	7年	8年	9年
経過年数	6	5	4	3	2	1	0

業務用の減価償却の計算表〈平成19年4月1日以後に取得分〉

　平成10年1月1日から建物の耐用年数が短縮されました。

　したがって、平成9年までは旧耐用年数の償却率を使用し、平成10年からは新耐用年数の償却率を使用して計算しなければなりません。

　この表は非居住用の建物の定額法の計算表です。（昭和29年以前取得は計算できません）

　（居住用の建物は上記の区分をする必要はなく、すべてを新耐用年数の償却率で計算します）

取得日　昭和・平成　19　年　10　月　　　　平成19年4月1日以後に取得分から取得価額 ×0.9がなくなりました。
売却日　平成・令和　3　年　4　月　　　　取得価額×償却率となります。

（1）購入年度の償却計算

経過月数〈参考1〉

取得価額　　　　　新耐用年数　24　年　　　3　ヵ月
（A）10,000 千円　×　新償却率　0.042　　×　12　ヵ月　　　　＝　①　105　千円

（2）購入年度の翌年から売却年度の前年までの償却計算

取得価額　　　　　　　　　　　　　　　　経過年数
（A）10,000 千円　×　新償却率　0.042　　×　13　年　　　　＝　②　5,460　千円

（3）令和3年の売却月までの償却計算

経過月数
4　ヵ月

取得価額　　　　　　　　　　　　　　　　
（A）10,000 千円　×　新償却率　0.042　　×　12　ヵ月　　　　＝　③　140　千円

（4）償却費　　　　　　　①＋②＋③　　　　　　　　　　　＝　④　5,705　千円

（5）譲渡代金から控除される取得費　（A）－④　　　　　　　＝　⑤　4,295　千円

〈参考1〉

取 得 月	1月	2月	3月	4月	5月	6月	7月	8月	9月	10月	11月	12月
経過月数	12ヵ月	11ヵ月	10ヵ月	9ヵ月	8ヵ月	7ヵ月	6ヵ月	5ヵ月	4ヵ月	3ヵ月	2ヵ月	1ヵ月

業務用の減価償却の計算表〈平成 19 年 4 月 1 日以後に取得分〉

取得日　昭和・平成　　　年　　　月
売却日　平成・令和　　　年　　　月

（1）購入年度の償却計算

取得価額
（A）　　　千円　×　新耐用年数　　　年　新償却率　　　×　経過月数〈参考1〉　　　カ月 / 12 カ月　＝　①　　　千円

（2）購入年度の翌年から売却年度の前年までの償却計算

取得価額
（A）　　　千円　×　新償却率　　　×　経過年数　　　年　＝　②　　　千円

（3）令和 3 年の売却月までの償却計算

取得価額
（A）　　　千円　×　新償却率　　　×　経過月数　　　カ月 / 12 カ月　＝　③　　　千円

（4）償却費

①＋②＋③　　　　　＝　④　　　千円

（5）譲渡代金から控除される取得費　（A）－④

＝　⑤　　　千円

〈参考1〉

取　得　月	1月	2月	3月	4月	5月	6月	7月	8月	9月	10月	11月	12月
経過月数	12ヵ月	11ヵ月	10ヵ月	9ヵ月	8ヵ月	7ヵ月	6ヵ月	5ヵ月	4ヵ月	3ヵ月	2ヵ月	1ヵ月

〔4〕建物の標準的な建築価額表
（建築価額表）

使用上の注意点

1．使用目的とその範囲

(1) 土地と建物を一括で取得し、各々の代金が不明の場合に便宜上、建物の購入代金を算定するための一方法として使用する。

(2) 契約書等でそれぞれの価値が判明している場合、又は建物の消費税が判明しているため消費税率で割り戻して建物価額が算出できる場合は使用できません。

(3) 又、原則として、譲渡所得の計算を行う場合にのみ使用することを目的としたものですので、これ以外の目的には使用できません。

2．使用方法

(1) 譲渡建物の建築年に対応する建築価額表の建築単価（建築年別：構造別）にその建物の床面積（延床面積）を乗じた金額が、その建物の購入代金となります。

マンションの場合の床面積は、専有部分の床面積として差し支えありません。

（例）昭和62年に総床面積が140m²の新築木造住宅を購入した場合

110,000円 × 140m² ＝ 15,400,000円（建物の購入代金）

購入代金の総額 － 15,400,000円 ＝ 土地の購入代金

(2) 建物の構造については、契約書又は登記簿等に記載された構造により判定します。

（参考）

木造・木骨モルタル造	木材を骨格とした建物。ツーバイフォー工法による建物も木造に該当します。
鉄骨鉄筋コンクリート造	主要構造物（骨組等）が鉄骨と鉄筋コンクリートを一体化した構造の建物。
鉄筋コンクリート造	主要構造物（骨組等）が型わくの中に鉄骨を組みコンクリートを打ち込んで一体化した構造の建物。
鉄　骨　造	主要骨組が軽量鉄骨造の建物。ＡＬＣ（軽量気泡コンクリート）板を使用した建物は、通常この鉄骨造に該当します。

(3) 中古の建物を取得した場合には、新築時の上記（1）の価額から中古建物取得時までの減価償却費を控除した金額を購入代金としても差し支えありません。

（例）平成5年に総床面積が140m²の中古木造住宅（昭和62年新築）を購入した場合

110,000円 × 140m² ＝ 15,400,000円（新築時の建物の価額）

15,400,000円 × 0.9 × 0.031 × 6年 ＝ 2,577,960円（減価償却費）

15,400,000円 － 2,577,960円 ＝ 12,822,040円（建物の購入代金）

購入代金の総額 － 12,822,040円 ＝ 土地の購入代金

建物の標準的な建築価額表

(千円／㎡)

建築年	木　　造 木骨モルタル造	鉄骨鉄筋 コンクリート造	鉄　　筋 コンクリート造	鉄　骨　造
昭和 54	82.5	128.9	114.3	75.4
昭和 55	92.5	149.4	129.7	84.1
昭和 56	98.3	161.8	138.7	91.7
昭和 57	101.3	170.9	143.0	93.9
昭和 58	102.2	168.0	143.8	94.3
昭和 59	102.8	161.2	141.7	95.3
昭和 60	104.2	172.2	144.5	96.9
昭和 61	106.2	181.9	149.5	102.6
昭和 62	110.0	191.8	156.6	108.4
昭和 63	116.5	203.6	175.0	117.3
平成元	123.1	237.3	193.3	128.4
平成 2	131.7	286.7	222.9	147.4
平成 3	137.6	329.8	246.8	158.7
平成 4	143.5	333.7	245.6	162.4
平成 5	150.9	300.3	227.5	159.2
平成 6	156.6	262.9	212.8	148.4
平成 7	158.3	228.8	199.0	143.2
平成 8	161.0	229.7	198.0	143.6
平成 9	160.5	223.0	201.0	141.0
平成 10	158.6	225.6	203.8	138.7
平成 11	159.3	220.9	197.9	139.4
平成 12	159.0	204.3	182.6	132.3
平成 13	157.2	186.1	177.8	136.4
平成 14	153.6	195.2	180.5	135.0
平成 15	152.7	187.3	179.5	131.4
平成 16	152.1	190.1	176.1	130.6
平成 17	151.9	185.7	171.5	132.8
平成 18	152.9	170.5	178.6	133.7
平成 19	153.6	182.5	185.8	135.6
平成 20	156.0	229.1	206.1	158.3
平成 21	156.6	265.2	219.0	169.5
平成 22	156.5	226.4	205.9	163.0
平成 23	156.8	238.4	197.0	158.9
平成 24	157.6	223.3	193.9	155.6
平成 25	159.9	258.5	203.8	164.3
平成 26	163.0	276.2	228.0	176.4
平成 27	165.4	262.2	240.2	197.3
平成 28	165.9	308.3	254.2	204.1
平成 29	166.7	350.4	265.5	214.6
平成 30	168.5	304.2	263.1	214.1
令和元年	170.1	369.3	285.6	228.8

(注) この表に掲載している金額は、「建築統計年報（国土交通省）」の「構造別：建築物の数、床面積の合計、工事費予定額」表の 1㎡当たりの工事費予定額によっています。

令和 2 年度主要改正点

〔1〕 土地・住宅関係

(1) 配偶者居住権の新設

① 平成 30 年 7 月 13 日に公布された民法改正で、新規に「配偶者居住権」という新規の債権が創設されました（令和 2 年 4 月 1 日から施行）。

② 配偶者居住権とは、相続開始の時に被相続人の建物に居住していた配偶者が、その建物を終身または一定期間、無償で居住できる権利です。

③ この民法の大改正により、生存配偶者が自宅での居住を確保しながら、老後生活資金である金融資産の確保も考慮した遺産分割が図れ、安心した老後がより一層可能となります。

④ これに伴って税法では、相続税では配偶者居住権等の評価方法が定められ、また配偶者居住権等の有償消滅の場合の譲渡所得税・無償消滅の場合の贈与税の計算方法が定められました。

⑤ 本書では譲渡所得税・贈与税の課税は、まだ当分ないと思われるので説明は割愛しています。

(2) 配偶者短期居住権の新設

① 配偶者居住権の簡易版です。

② 相続開始の時に、被相続人の建物に居住していた配偶者が、その建物を無償で居住できる権利です。

③ 相続開始日から遺産分割確定日のいずれか遅い日から 6 ヶ月を経過する日まで住むことができます。

④ 登記簿制度はありません。

(3) 低未利用土地等の 100 万円特別控除の特例

個人が、令和 2 年 7 月 1 日から令和 4 年 12 月 31 日までの間において、都市計画区域内にある一定の低未利用土地等を 500 万円以下で譲渡した場合には、譲渡益から 100 万円を控除することができる制度が新設されました。

<h1 style="text-align:center">〔2〕その他</h1>

(1) 給与所得控除額

　(1) 給与所得控除額が一律 10 万円引き下げられます。

　(2) 令和 2 年分以後の所得税及び令和 3 年分以後の個人住民税から適用されます。

	給与等の収入金額		給与所得控除額
改正前	162.5 万円以下		65 万円
改正前	162.5 万円超	180 万円以下	収入金額 × 40%
改正前	180 万円超	360 万円以下	収入金額 × 30% ＋ 18 万円
改正前	360 万円超	660 万円以下	収入金額 × 20% ＋ 54 万円
改正前	660 万円超	1,000 万円以下	収入金額 × 10% ＋ 120 万円
改正前	1,000 万円超		220 万円

	給与等の収入金額		給与所得控除額
改正後	162.5 万円以下		55 万円
改正後	162.5 万円超	180 万円以下	収入金額 × 40% － 10 万円
改正後	180 万円超	360 万円以下	収入金額 × 30% ＋ 8 万円
改正後	360 万円超	660 万円以下	収入金額 × 20% ＋ 44 万円
改正後	660 万円超	850 万円以下	収入金額 × 10% ＋ 110 万円
改正後	850 万円超		195 万円

(2) 基礎控除額

　(1) 基礎控除額が一律 10 万円引き上げられます。

　(2) 合計所得金額が 2,400 万円を超える場合には次のようになります。

　(3) 令和 2 年分以後の所得税及び令和 3 年分以後の個人住民税から適用されます。

合計所得金額	改正前		改正後	
	所得税	住民税	所得税	住民税
2,400 万円以下	38 万円	33 万円	48 万円	43 万円
2,400 万円超 2,450 万円以下	38 万円	33 万円	32 万円	29 万円
2,450 万円超 2,500 万円以下	38 万円	33 万円	16 万円	15 万円
2,500 万円超				

(3) 青色申告特別控除額

　(1) 青色申告特別控除額が 65 万円から 55 万円に引き下げられます。

　　　ただし、次のいずれかを満たす場合は 65 万円控除適用可です。

　　　　① 総勘定元帳等について電磁的記録の備付けおよび保存を行なっていること。

　　　　② 確定申告書をその提出期限までに e-Tax で申告すること。

　(2) 令和 2 年分以後の所得税及び令和 3 年分以後の個人住民税から適用されます。

〈著者プロフィール〉

佐藤清次税理士事務所
税理士　佐藤　清次

〈経歴〉
昭和23年、宮崎県に生まれる。昭和46年、中央大学商学部卒業後、会計事務所、不動産管理会社勤務を経て、昭和59年、税理士事務所開業。昭和62年、税理士六税会（若手税理士6名で資産税の実務について研究討議する会）設立。
「不動産税額ハンドブックソフト」「新相続対策シミュレーションソフト」などのコンピュータソフトを開発。
主な著書「決定版　定期借地権」（共著　にじゅういち出版）
　　　　「定期借地権の衝撃」（共著　日経BP社）
　　　　「定期借地権活用事業開発資料集」（共著　綜合ユニコム）
　　　　「不動産事業収支の計算手法」（共著　綜合ユニコム）

● 表紙デザイン—スカイリミテッドデザイン事務所　大倉　暁雄

令和3年改正版　不動産税額ハンドブック 定価2,530円（本体2,300円＋税10%）

令和3年5月15日 令和3年改正版発行
　　　　　　　著　者　佐藤清次
　　　　　　　発行者　宮沢　隆
　　　　　　　発行所　株式会社 にじゅういち出版

　　　　　　　〒101-0032　東京都千代田区岩本町1-8-15 岩本町喜多ビル6F
　　　　　　　TEL 03-5687-3460　FAX 03-5687-3470
　　　　　　　URL：https://www.21-pub.co.jp/
　　　　　　　E-Mail：m21@21-pub.co.jp
　　　　　　　郵便振替：00100-6-52460
　　　　　印　刷　株式会社日本制作センター